本书为作者承担的中共中央宣传部文化名家暨"四个一批"人才科研资助项目《中国文化的现代魅力》书系（项目编号：中宣干字【2020】118号）的阶段性研究成果

本书为作者承担的国家社会科学基金重点项目"新时代文化创新的内在逻辑和实践路径研究"（项目批号：18AKS011）的阶段性研究成果

《论语》
智慧赏析

张艳国 著

人民出版社

责任编辑：赵圣涛
封面设计：胡欣欣　王欢欢
责任校对：吕　飞

图书在版编目（CIP）数据

《论语》智慧赏析/张艳国 著 . — 北京：人民出版社，2020.11
ISBN 978 - 7 - 01 - 022195 - 3

I.①论… II.①张… III.①儒家 ②《论语》- 研究 IV.① B222.25

中国版本图书馆 CIP 数据核字（2020）第 096755 号

《论语》智慧赏析

LUNYU ZHIHUI SHANGXI

张艳国　著

人民出版社 出版发行

（100706　北京市东城区隆福寺街 99 号）

北京盛通印刷股份有限公司印刷　新华书店经销

2020 年 11 月第 1 版　2020 年 11 月北京第 1 次印刷

开本：710 毫米 ×1000 毫米 1/16　印张：25

字数：408 千字

ISBN 978 - 7 - 01 - 022195 - 3　定价：79.00 元

邮购地址 100706　北京市东城区隆福寺街 99 号

人民东方图书销售中心　电话：（010）65250042　65289539

目　录

序言　体悟中华元典精义

冯天瑜

公元前 6 世纪先后的几百年间，东地中海沿岸、南亚次大陆、东亚大陆的几大古文明，不约而同地进入一个精神飞跃时期。德国存在主义哲学家雅思贝尔斯将这一时期命名为"轴心时代"，也即人类精神枢轴形成的时代。轴心时代的一个显在成果，便是先哲历经数代锻冶，构建观照宇宙、社会、人生的文本，成为延传后世的经籍，笔者将其称为"文化元典"（参见拙著《中华元典精神》，上海人民出版社 1994 年版），堪称"元典"的论著略如下述——

希伯来的《旧约全书》《新约全书》；

古希腊的柏拉图《美诺篇》《巴门尼德篇》《理想国》，亚里士多德《工具论》《物理学》《形而上学》等群哲论著；

古印度的《吠陀》及承续其绪的《梵书》《森林书》《奥义书》，以及由《经藏》《律藏》《论藏》组成的《佛典》；

中国先秦的"五经"（《诗》《书》《礼》《易》《春秋》），以及《论语》《孟子》《老子》《庄子》《荀子》《韩非子》诸书。

元典提供第一批原创性理念与范畴，构筑诸民族乃至整个人类的精神家园。作为先民智慧的结晶、后人思想运行的基轴和腾跃的起跳板，元典精神具有历久弥新的价值。过程哲学创立者、英国科学哲学家怀特海说："两千五百年的西方哲学史不过是柏拉图的一连串注脚。"可见西方人对其元典的依凭。中国哲人张载说，"为往圣继绝学，为万世开太平"，王夫之说，"六经责我开生面"，将作为"往圣绝学"的元典（如"六经"）视作开辟"万世太平"的精神起点。

"六经"乃中华元典的基干，而"乐"本无经，传之后世的实为"五经"。"五经"是殷周王官的集体创作,流传数百载,由下移民间的晚周诸子(如孔子及门徒)修纂成册。春秋末年的孔子(前551—前479)并非《诗》《书》《礼》《易》《春秋》的著作者,而是整理者、阐述者,"述而不作"即此之谓。孔门再传弟子追记孔门师徒言行,成《论语》一书。

《论语》成书于战国初年,恰值"五经"编纂、集成的关键时段,也是诸子成书前夕,故《论语》上承"五经",下启战国诸子。诸子书多与《论语》保有因缘关系:或者发扬其遗绪(如《孟子》《荀子》),或者与其展开辩难(如《庄子》《韩非子》)。因此,《论语》处于中华元典的枢纽位置,其着力阐发的仁学与礼学,构成中国传统文化的基干,对于两千余年的中国社会发挥重大影响。

与印度元典、希伯来元典不同,《论语》"敬鬼神而远之",宗教色彩淡薄,并且很少玄谈"性与天道",不大正面言及哲学本体论、宇宙论,其探讨的多是平实的人生哲理,将"五经"要义包蕴于日用常行之中,论仁、论义、论礼、论智、论信、论孝悌、论君子,寓大道于人伦,自成一种非神文的人文思想统系,这是《论语》智慧的特色所在。通过《论语》的解读,能够加深对中国历史、中国文化的认知,有助于把握其优长与缺失。

元典作为蕴藏着丰富文化基元的文本,预留无限宽阔的诠释空间,具有常释常新的潜能。一部《圣经》,其信徒读了两千多年,仍旧兴味盎然;《论语》亦是弦诵之声不绝千古,世世代代的人们在阅读间发出"学而时习之,不亦说乎"的赞叹。千百年来,《论语》的注解及诠释本多不胜举,今次张艳国君著《〈论语〉智慧赏析》,把握住中华元典的人文要义,并以新锐的现代意识观照,从人生哲学入手,旁及政治观、社会观、教育观,纲举而目张。

《赏析》从《论语》的语录体风格出发,采取逐段解析的方式,提炼各篇主题,予以凝练概括,拟就的一些小标题,不失原意,又用语鲜活,富于时代性和感染力。

《赏析》打通时空隧道,连接古与今,多用笔墨于孔门师徒言说的时代条件,又指出这些言说在此后的历史长河中如何"常释常新",通过"与古人对话",发现先哲的现代启示,艳国君还将自己的研究心得融入篇什,如关于"三月不知肉味""久矣不复梦见周公""老而学《易》"等段落的分析,入情入理,展示了新的学术视角。

《赏析》没有采用释读古籍的一般模式(原文 + 注释 + 译文),而是立足于原文本意开掘，把原文所蕴智慧提炼出来，分别作专题式申发，体现一种学术张力。读者在展阅《论语》原文之际，参酌张君评析，引动感悟与思维，或能别有会心。

冯天瑜

撰于武汉大学中国传统文化研究中心

作者为著名历史学家，湖北省首届荆楚社科名家、武汉大学首届人文社科资深教授、教育部社会科学委员会委员。

前言 《论语》是一本什么书

像一本人物传记就一样，书的主要内容是传主的，但作者却是另外的人。《论语》虽然围绕着孔子的言行来展开，体现着孔子的思想主张，但是，编写这本书的人却不是孔子，而是另有其人。孔子死后，他的学生以及他学生的学生辑录孔子的语录，成为本书。这个观点的主要依据是东汉学者班固的《汉书·艺文志》："《论语》者，孔子应答弟子、时人及弟子相语言而接闻于夫子之语也。当时弟子各有所记，夫子既卒，门人相与辑而论纂，故谓之《论语》。"由此看来，《论语》这部经典是成于孔门儒家众人之手的著作。因此，《论语》成书有一个较长的时间过程，后世儒家（包括孔子的再传弟子，徒子徒孙）参与其中，按照孔子的思想、遵循孔子的教诲，下了很大功夫。现在看来，后儒倾力打造《论语》的精神和付出，是极为难能可贵的。根据文献学和版本学的研究，学术界比较倾向于成书在战国初年，即公元前400年左右，曾子的学生们使《论语》这本书基本定型。但是，由于孔子死后，他所创立的儒家学派分为几支，可以想象，当时可能流传着不同版本的《论语》，而这些内容相近、编排不一的《论语》就是各家各派的教材之一。

到了西汉初年，比较有名的本子是：用当时的语言和文体表述的本子《鲁论语》二十篇和《齐论语》二十二篇；用周代的语言和古代的文体表述的本子《古文论语》二十一篇。到了东汉，大学者郑玄细心考订各种版本，综合诸家之说，形成《论语》二十篇，一万五千八百二十二言。也正是从东汉起，《论语》二十篇也跻身儒家经典，成为《诗经》《尚书》《仪礼》《易经》《春秋》《乐经》六经之后的第七部经典。东汉以后，郑玄本《论语》二十篇得到广泛流传；我们今天所研读的《论语》，依然是郑玄删订的本子。

也正是从东汉以后，研究《论语》成为一门专门的学问。在儒家思想长时期占据中国古代社会政治思想主流的两千多年漫长岁月里，《论语》学是一门显学，居于思想学术的主导地位。宋初名相赵普有句名言："半部《论语》治天下。"将《论语》的思想价值和社会功用吹上了天。后来，经过宋代王应麟（1223—1296，浙江宁波人，南宋理宗淳祐年间进士，官至礼部尚书兼给事中。晚年辞官后专事著述，有《深宁集》一百卷，《通鉴地理考》一百卷，《玉海》二百卷等）编写的蒙学读物《三字经》的大肆渲染，《论语》几乎家喻户晓，并被披上了神秘色彩。《三字经》说："赵中令，读《鲁论》。彼既仕，学且勤。"（赵普曾经对宋太祖说："若要齐家、治国、平天下，尽在这《鲁论》语中矣。"）南宋大学者朱熹的《论语集注》，影响和支配了南宋以后的科举考试命题。《元史·选举志》记载，元仁宗皇庆二年（1313），规定考试程式以及内容如下："蒙古、色目人，第一场经问五条，《大学》、《论语》、《孟子》、《中庸》内设问，用朱氏章句集注。其义理精明，文辞典雅者为中选。第二场策一道，以实务出题，限五百字以上。汉人、南人，第一场明经经疑二问，《大学》、《论语》、《孟子》、《中庸》内出题，并用朱氏章句集注，复以己意结之，限三百字以上。"可见，《论语》学成为显学，既有学理的原因，又有现实功利的需要。古代有代表性的《论语》研究成果，在中华书局出版的《十三经注疏》和《诸子集成》中有载录。近代以后，为着整理和研究中国传统文化的目的和需要，不少学者倾力投入，涌现出一批有影响力的著作。如，康有为的《论语注》，程树德的《论语集释》，杨树达的《论语疏证》，钱穆的《论语新解》，杨伯峻的《论语译注》，南怀瑾的《论语别裁》，等等。有专家指出，《论语》成书以后，关于它的注释和研究著作，超过三千种之多，其中不乏名作经典。

《论语》既然是一部书，它的书名应该是从书出现之日起就有的，不可能是后来追加或者经过改名后产生的。书名是什么意思？这也是一个聚讼纷纭的问题。一种意见认为，"论"是编辑的意思，"语"是语言的意思，合起来就是将孔子等人的话语编纂起来的意思。另一种意见则认为，"论"同"伦"，伦理的意思，"语"是记叙的意思，合起来就是记叙人间所应有的伦理的意思。这个意见可以从书的内容如"孝""礼"等论述中得到证实。笔者赞同这个说法。

《论语》二十篇，每篇采用文章起句的头两个字，或者头三个字。采用起句的三个字仅有第五篇《公冶长篇》和第十五篇《卫灵公篇》，则是一个例外。每篇的篇名并没有实质性意义，只是一个编排符号和象征而已。每一篇的每一章，原文用"一、二、三……"隔开，区分为各个部分。

千百年来，研究者对于《论语》各篇各章的真伪进行了研究，意见各异，但是，大家认为，从《论语》所反映的孔子思想、主张和活动的真实性来看，则是可靠的。因而《论语》是研究孔子思想体系和孔儒思想内涵的可靠资料。因此，古往今来，研究孔子，研究孔儒，《论语》都是最基本最原始最权威的材料。

孔子的先祖是宋国贵族，因为宋国内乱，孔子的曾祖父避难出走，逃到鲁国，并定居下来。孔子生于公元前551年（周灵王二十一年、鲁襄公二十二年），死于公元前479年（周敬王四十一年、鲁哀公十六年），享年七十三岁。传统的说法，"七十三，八十四"，就是根据孔子和孟子的行年来说的。孔子一生坎坷，但却凭着自强不息、奋斗不已的精神，取得了不朽的功业。孔子三岁丧父，生活贫困，他说自己"少也贱"。但是，在母亲的严格教育下，孔子自幼就好学不倦，对于周礼和处世之道，格外留心，他说自己"十五而志于学"，学习的内容是十分广博的。二十岁以后，孔子做过一段时间管理仓库和看管牛羊的小官。在三十岁上，孔子终于成为一个博学多能的人。他开办私学，将知识传授给各阶层的好学青年。在五十岁左右，孔子担任过一段时间的中高级官职，其中做过三个月的鲁国代理宰相。纵观他的做官经历，是不成功的。孔子去职后，离开鲁国，带领自己的学生周游列国，长达十四年的时间，孔子到过卫、曹、宋、郑、陈、蔡、楚等七个国家，讲学论道，宣扬自己的尊礼、仁政等主张，但是，他的学说都没有受到国君们的信服。孔子的思想主张不被接受，孔子也得不到各国国君的任用，一个重要的原因是：孔子的政治思想、政治主张是向后看的。孔子说，"用我者，我其为东周乎！""郁郁乎文哉，吾从周。"孔子主张复兴周礼，振兴周代制度，这在当时是不合时宜的。历史常常是这样，合理的主张并不是最实用的主张。在孔子的时代，礼崩乐坏，历史已经走出了周代的社会轨道，要使社会的发展轨迹重新复位到原有的地方，既难，又不现实。总之，孔子的文化思想是充满智慧的，是向前看的，但是，他的政治主张却是迂阔的，不现实的。孔子巡回奔波，遍尝艰辛，史书上说他"急急如丧家之狗"，其中"绝粮七日"最为惊心动魄。孔子大约在六十八岁时回到鲁国，专心从事整理古代典籍和文化教育工作。孔子晚年集毕生之功力，专心整理古代文献，经他编订的《诗》《书》《礼》《乐》《易》《春秋》，后来成为十分重要的儒家经典。我们现在流传的成语"韦编三绝",就是来源于此,至今体会起来,依然十分感人。

《论语》是怎样的一本书?人们从各个不同的角度看,都可以得出不同的结论。《论语》涉及天道与人道,论述人与自然的关系,论述人生观、价值观和世界观,它是一本哲学书;《论语》有着饱满的家国情怀和入世精神,将齐家治国平天下打通并结合起来,它是一本政治书;《论语》阐述教学原则、教育思想和教学方法,它是一本教育书;《论语》还涉及文艺学、卫生学、文献学等,它是一本文化书……这些看法无疑都是成立的。但是,《论语》的立足点是人,它首先是一本成人立人的书,它阐述的是中国人世世代代以来最为关心的人生主题:如何做人?因此,它是一本关于做人智慧的书。

正是因为《论语》系统地、深刻地、精辟地揭示了做人的智慧,因此它始终是中国人自幼开始终生不辍的必读书。孔子为普天之下的中国人,追求进步的中国人设计了一条在他看来是十分理想的人生道路:修身,齐家,治国,平天下。修身是齐家、治国、平天下的开始和根基,离开了修身,万事不成。修身,就是完成做人的功课,就是积累和学习做人的智慧。在《论语》中,孔子论述的孝悌之道、忠恕之道、交友之道、处事之道、忠君之道、治国之道、学习之道、教学之道、生活之道等,无不闪烁着智慧的光芒。直到今天,研究者既将《论语》视为最能影响中国历史进程的著作之一,又将它视为最能影响中国人人生走向的著作之一。在当代,《论语》不仅在中国有广大的读者群,而且在世界的其他地方也有很多喜爱《论语》的读者。人们乐于分析《论语》中的做人智慧,正是为了吸收其中具有方法论意义的精华,便于人们在现实生活中与时俱进,做一个聪明人,明白人,厚道人,高尚人。

学术界有研究者总习惯于将孔子及其《论语》与古希腊贤哲亚里士多德(Aristotle,公元前384—前322)及其《政治学》比较,这是一个有意义的话题。当然,如果从政治学的角度去品味它、考量它,《论语》所阐述治国理念、原则方法和政治主张,无疑显示它是一本政治书。如果说《论语》是一本政治书,那么,它就是中国古代社会一本极其重要的政治经典。为什么这样说呢?

1. 大一统的政治理想

孔子从正反两个方面高度评价管仲辅佐齐桓公成就统一霸业的历史功绩:《论语·宪问》:"子曰:'管仲相桓公,霸诸侯,一匡天下,民到于今受其赐。

微管仲，吾其被发左衽矣。'"

他把大统一的政治理想作为自己入世的人生抱负，大义凛然。《论语·阳货》：子曰："夫召我者，而岂徒哉？如有用我者，吾其为东周乎？"

孔子以大一统作为评价社会明暗的一条政治标准。孔子曰："天下有道，则礼乐征伐自天子出；天下无道，则礼乐征伐自诸侯出。自诸侯出，盖十世希不失矣；自大夫出，五世希不失矣；陪臣执国命，三世希不失矣。天下有道，则政不在大夫；天下有道，则庶人不议。"孔子的政治思想强调正统和名正言顺。天子执掌国政，决定礼乐和征伐，是符合正统要求的，能够做到名正言顺，因此，也容易做到政治清明。反过来，政治腐败，社会黑暗，就不一样了：诸侯僭越天子，制礼作乐，决定征伐；还有权臣犯上篡权的丑行；更有家臣造反欺主的恶行。总之，情况会越来越糟，不会越来越好：诸侯僭越，很少有延续十代而不垮台的；权臣把政，很少有能够持续五代而不被推翻的；家臣把持，很少有在三代以后不覆灭的。民心太重要了。国有正统，天子掌权，就能政令畅通，社会安定，老百姓就安居乐业，而不会蠢蠢欲动了。孔子关于社会政治治乱变易道理的阐述，是对于周代以前中国社会历史进程的深刻总结，它既符合历史实情，又有深刻的辩证法，还有很强的现实针对性。所谓针对现实，就是针对诸侯、卿大夫、家臣僭越礼制，造成社会动乱而言。在孔子看来，违背正统的事情，虽然依靠强权可以得逞于一时一世，但是，由于不能赢得人心民心，终究是要败亡的。

2. 天下大同、仁爱和谐的社会理想

《论语·颜渊》里记载了孔子两个学生的精彩对白，点中了孔子的社会理想的要旨。司马牛忧曰："人皆有兄弟，我独亡。"子夏曰："商闻之矣：死生有命，富贵在天。君子敬而无失，与人恭而有礼。四海之内，皆兄弟也。君子何患乎无兄弟也？"这里没有孔子的话，为何单独成章？尤其值得玩味。大概子夏安慰司马牛的话，得到过孔子的认可，符合孔子的思想，所以也作为孔子的言论收入本书。生死有命，富贵在天。这是一句影响深远的话。有生就有死，生死的发展有自己的规律。它表现为人们常说的"命"，即命运。各人的命运不同，受各自的生死规律支配。富贵相对于贫贱而言，获得富贵，有许多因素起作用，其中有偶然因素的作用，习惯上人们称之为"天"，或者"运气"，即"天命"。四海之内，皆兄弟也。这也是一句很有影响的话。博爱，是它的精神原则。人虽不同血亲，这是无可奈何的事情，但是，可以同普天之下的人结为兄弟，这完全在于自己的思想和作为。如果能够增强自身修养，谨慎小心，没有什么过失，愿意并能够以礼待人，虽然天下广大，其实到处都有自己的兄弟啊！这就是文中讲到的"君子敬而无失，与人恭而有礼"的妙处。

天下大同的社会，一定是一个仁爱的社会、和谐的社会。《论语·学而》有一段孔子学生的论述：有子曰："礼之用，和为贵。先王之道，斯为美；小大由之。有所不行，知和而和，不以礼节之，亦不可行也。"有子认为，礼的运用，在于它所体现的中和原则；先王推行王道，值得称许的也正在这里，所以大事小事都力求体现中和的精神。不过，也有行不通的时候，原因是过分强调中和，而忽视了运用礼来节制。有子既强调和，又强调礼。在社会生活中，中和的原则和精神是极其重要的，但是，如果没有一定的规章制度予以协调，这种"和"，就是和稀泥，导致软弱涣散，没有生气。这就是有序的和谐，而不是没有正义的一团和气。在《颜渊篇》里，孔子说道："克己复礼为仁。一日克己复礼，天下归仁焉。为仁由己，而由人乎哉？"又说："非礼勿视，非礼勿听，非礼勿言，非礼勿动。"颜渊向孔子请教"仁"是什么？孔子认为，克己复礼，就是仁了。克己，就是要超越自我，战胜自我；复礼，就是保持自身的庄严诚敬，按照礼的要求来接物待人。一旦做到了克己复礼，天下人就会仰慕这种仁德。孔子又说，实践这种仁德，完全取决于自己，求仁得仁，不是别人能够包办代替得了的。孔子论述了仁的本相、功用和表象。颜渊进一步问道，如何实践仁呢？孔子认为，不合乎礼的事情不要看，不合乎礼的话不要听，不合乎礼的话也不要说，不合乎礼的事情不要干。仁是孔子思想的核心，礼是孔子思想的表现，离开了仁，礼就失去了价值原则；离开礼，仁就是没有内容的空壳。仁指导人们生活、工作，礼规范人们的行为。举凡父子、夫妻、兄弟、长幼、贵贱等等，都需要用礼来维持。也可以说，仁是精神的东西，礼是实践的东西。"克己复礼"四个字，集中地精辟地概括了孔子思想。人是社会和谐的主体，既是诉求者、要求者，又是组织者、实践者，因此，既要有规范性约束，又要有思想自觉。孔子说道："出门如见大宾，使民如承大祭。己所不欲，勿施于人。在邦无怨，在家无怨。"冉雍向孔子请教什么是仁。孔子说道："行仁之道，在于谦敬。出门的时候，好像去迎接贵宾的样子；役使老百姓的时候，好像在从事盛大的祭典。自己不喜欢的，不要强加于人。在诸侯国干事，无人怨恨；在卿大夫家做事，也无人怨恨。"

3. 国家兴亡、切关自己的社会责任感和政治荣辱观

在《论语·泰伯》中，孔子说道："笃信好学，守死善道。危邦不入，乱邦不居。天下有道则见，无道则隐。邦有道，贫且贱焉，耻也；邦无道，富且贵焉，耻也。"孔子自己热爱"善道"，所以宣扬"善道"，强调于"善道"。这个"善道"不是别的什么理论，恰恰就是他所钟情和执着的仁道。孔子认为，对于善道，既要坚定地信守、维护，又要认真地学习、实践，总之，要至死不渝。在孔子看来，善道不仅可以提高人的道德修养，而且可以帮助人明辨是非，远离祸端、分辨生死：不介入动乱，不卷入危局，做到不入危险的国家，不住动乱的国家；天下太平就站出来做官，为国家服务；否则，就隐居起来，等待时机。这些，都是保全自己的正确选择，保全了身家性命，也就保全了"善道"不被侵扰，这是一种处危善守的文化精神。"善道"还可以帮助人保全良知良心，保存一颗羞恶之心：政治清明，自己却很贫苦，就要自找原因了，自己不努力，这是一件很耻辱的事情；政治混浊，自己居上位、发大财，也要反省自己了，如果是依靠不正当的手段和途径得来的这些，也是一件十分丢人的事情。孔子这里所议论的，虽是做人的修养和法门，但在后来，又成为品评人物的政治道德品行的标准："危邦不入，乱邦不居。天下有道则见，无道则隐。邦有道，贫且贱焉，耻也；邦无道，富且贵焉，耻也。"这几句话，在不同的条件和时代，都有着极强的生命力，被广泛引用。

在《宪问篇》中，学生原宪问耻。孔子曰："邦有道，谷；邦无道，谷耻也。"孔子有感于时局，联系到知识分子的社会责任，认为有两件事对于正直的读书人来说，是很可耻的：一是在国家政治清明、社会安定祥和的时候，你却贪位恋栈而又尸位素餐，无所作为；一是在社会动乱、政治腐败的时候，你却不能挺身而出，匡乱扶正，救民于水火，扶大厦于将倾，自寻苟安，"偷着乐"。孔子对于官员的俸禄，别有一种意味：朝廷的俸禄，有德者才能享有，有为者才能身受；否则，它就不是俸禄，而是一种耻辱了。这种荣耻感，无疑是一种道德鞭策和责罚。

4. 以德治国、仁政兴国的政治主张

孔子能言（孟子善辩），他有一个特点，擅长打比方，以事喻理。《为政篇》一开场，他就打了一个影响至深至远的比方：子曰："为政以德，譬如北辰居其

所，而众星共之。"按照孔子关于做人的思想，有德可以成"君子"；只有君子才能出将入相，为国尽忠，帮助国君推行仁政。因此，这一章开篇即说，为政者要推行德治（仁政）。他强调道德的感召力量，认为为政者有良好的道德品行，就可以赢得众人的支持，从而顺利地推行政治主张，做到令行禁止；否则，就会各唱各调，各吹各号，社会就会无序失控。孔子打了一个十分形象而意味深长的比喻：为政者依靠道德教化来治理国家，他就会像北极星一样受到众星环绕；那么，国家一定是稳定的，老百姓也一定安居乐业了。他又说道，"道之以政，齐之以刑，民免而无耻；道之以德，齐之以礼，有耻且格"。孔子分析了不同的统治术，认为它体现不同的领导水平，收到不同的政治社会效果。用行政命令来治理老百姓，用刑罚来整顿他们，可以使他们免予刑罚，但不能使他们产生羞耻感，这只能治表而不能治本，这种领导方法比较简单，领导水平也显得平常；而治本的方法却不同，用道德来教育老百姓，用礼制来约束他们，使他们懂得羞耻而不断地避免错误发生，这是一种高水平的统治术。孔子主要的目的是以领导方法与领导水平的差别判断与评价，来宣扬他所一贯主张的以"德、礼"（仁政）治理天下的政治思想。主张德治、礼治的思想，这在中国政治思想史上，是一个十分重要的流派，在古代社会的政治实践中很有影响力。

5. 重民爱民、惠民养民的民本理念

在孔子的政治思想体系中，仁政、德治的政治主张是围绕老百姓来展开的。老百姓是仁政的出发点，也是落脚点。因此，孔子的民本理念，对后世影响尤其巨大。在《学而篇》中，孔子说道，子曰："道千乘之国，敬事而信，节用而爱人，使民以时。"孔子认为，治国之要，在于取信于民，关爱民生，珍惜农时。在古代，以农立国，农业对于国家安全、社会安定，具有决定的意义。因此，农业被认为是本业。不伤农时，是取信于民的重要内容，也是爱惜民力，鼓励耕织的重要体现。孔子以后，历代开明的统治者将"敬事而信，节用而爱民，使民以时"视为治国的理念和信条。

孔子在揭示子产成功的秘诀时，阐发了他的惠民养民思想。在《公冶长篇》中，孔子评论郑国宰相子产，说道，"有君子之道四焉：其行己也恭，其事上也敬，其养民也惠，其使民也义"。孔子极力推崇子产，认为子产堪称一代贤相，是因为他有良好的个人品德，在执政中又推行仁道，因此，在复杂的形势下仍然能够建功立业。孔子称赞子产修身治国合乎君子的道德标准："严于律己，行为庄重；敬爱君王，处事谨慎；施恩于民，予民实惠；役使百姓，合乎法度。"子产简直就是孔子所宣扬的"修身齐家治国平天下"这一理想人格的化身，因而他理所当然地受到孔子的喜爱，当然地受到孔子的大力表彰。孔子并不是为表彰子产而宣扬子产，而是为了通过子产来宣扬自己的仁道主张。他以子产的人格模式为典型，说明仁德可修，仁道可行。孔子评价子产的真正用意在这里。这也是孔子运用"微言大义"方法的一个思想写照。

在《雍也篇》中，孔子同他的学生子贡讨论仁政，孔子借题发挥，思想的光芒万丈闪耀。子贡问道："如有博施于民而能济众，何如？可谓仁乎？"孔子回答说："何事于仁！必也圣乎？尧舜其犹病诸！夫仁者，己欲立而立人，己欲达而达人。能近取譬，可谓仁之方也已。"子贡追求仁道，苦于不知如何实行仁道，就请教老师说："一个人如果乐善好施，扶危济困，应该说达到仁了吧？"孔子不同意这个看法，说道："这哪里是仁道！简直就是圣德了！就连尧舜这样的圣君都难以做到哩！我告诉你仁的道理吧，你自己想站得住，就要想到别人也想站得住；你要想办事通达，就要想到别人也想办事通达。凡事能够设身处地，推己及人，就掌握了实践仁的方法了。"孔子关于仁道的精意，正在这一章的阐述中：设身处地，推己及人。不要想到一下子就可以做成天大的好事，而要善于换位思考，顾及别人的合理要求和利益，一点一点地一步一步地做起。这样才可以通向仁道。

重民爱民、惠民养民，才能得到老百姓的爱戴，国家也就安定了，政权也就稳固了。以重爱、惠养为中心，从统治者和老百姓双方来看，这是互利双赢的明智之举。《颜渊篇》写道，子贡问政。子曰："足食，足兵，民信之矣。"子贡曰："必不得已而去，于斯三者何先？"曰："去兵。"子贡曰："必不得已而去，于斯二者何先？"曰："去食。自古皆有死，民无信不立。"在政治运行中，有三条基本的要素：老百姓的物质生活要相对地安定，有衣穿，有饭吃，有房子住；有强大的国防；老百姓对政府有坚定的信心。对于政治家来说，谋政总会有轻重缓急，总会有先有后，迫不得已时，只能先抓一项。子贡向孔子请教如何治国，问的就是优先原则是哪一项。孔子注重众志成城，即老百姓对政府的坚定信念，把它作为治理的优先选项。离开了老百姓对于政府的信任，任何高明的政治家都一定无所作为。"自古皆有死，民无信不立。"是一句千古流传的政治哲言。

6. 以身作则、弘扬正气的政治正义观

《颜渊篇》写道，季康子问政于孔子。孔子对曰："政者，正也。子帅以正，孰敢不正？"俗话说："上梁不正下梁歪，中梁不正倒下来。"又说："正人必先正己。"孔子将政治与端正等同起来，又说政治家首先要正己，就是要使政治伸张正义，循着正道走，促进社会正气上扬。孔子将政治的社会功能揭示得十分准确，概括得十分精练。"子帅以正，孰敢不正？"你带头做一个正直的人、正派的官，谁敢走邪路？内中道理，确实值得每一位从政者深思细品。

他们还有一段讨论。季康子问政于孔子曰："如杀无道，以就有道，何如？"孔子对曰："子为政，焉用杀？子欲善而民善矣。君子之德风，小人之德草，草上之风，必偃。"孔子给季康子的一篇话，旨在说明政治家所承担的治国安邦的重大作用，统治者若以仁德教化百姓，老百姓就会甘心服从。成语"风行草偃"，就出自这一章。季康子请教孔子，是否可以通过以杀止杀的办法，把坏人都杀掉，使社会归于正道，达到天下大治？孔子用"风行草偃"这个成语，予以断然否定：在孔子以前，著名思想家老子就说过非常有名的话，"民不畏死，奈何以死惧之？"[①] 人并不是绝对怕死的，用死来治天下，是压不住人的；只有以仁德来化育百姓，才能治理好国家。政治家心怀一颗善心、慈心来行政，下面的风气就自然而然地跟着好了，这就是人们熟知的"上行下效"的道理。孔子打了一个著名的比方，官与民就像风与草的关系一样，如果一阵风吹过去，草就必然顺着风的方向倒下去；风势、风力越大，草就倒得越快，力量也越大。因此，聪明的政治家，总是善于造成一种风气，以风气引导老百姓。这是一种纯熟的领导艺术啊！这就是一句影响了世世代代的政治家的名言："君子之德风，小人之德草，草上之风，必偃。"

7. 均贫而安的社会公平观

孔子关注正义，也关心公平。季氏将要征伐颛臾国。孔子的两个学生冉有和季路前去征求意见，孔子对学生看来是很不满意，以至发火了。他严厉地说，"求！君子疾夫舍曰欲之而必为之辞。丘也闻有国有家者，不患寡而患不均，不患贫而患不安。盖均无贫，和无寡，安无倾。"颛臾虽然是鲁国的附庸

---

① 《老子》第七十四章。

国，但是，历史文化悠久，五百年前就是周武王分封的国家，与鲁国是血缘相连的兄弟。鲁国的权臣季氏打颛臾的主意，想将它消灭掉。孔子的学生冉有、季路是季氏的家臣，当然可以揣测到孔子对于讨伐颛臾的反对态度。但是，还是事先以很委婉的方式向老师做了通报，以免事后挨老师的臭骂。虽然他们在见孔子的时候，对于通报的口气和用词斟酌再三，但是，孔子毕竟是高人，马上听明白了事由和学生的来意。孔子开门见山，反对讨伐颛臾。孔子认为，虽然颛臾在鲁国之内，但毕竟都是周王的封国啊！冉有不能和老师争辩，只能如实相告，"这并不是我们两人的主意，而是季氏执意所为，我们也不愿意啊。"孔子明明知道这是侵略者的遁词，暂时并不立马揭破。孔子说道，就算你们不愿意，不赞成，但是，你们尽到家臣的责任了吗？如果你们不反对、不制止，你们就是纵容和支持。这份罪恶就有你们的一部分。这就是孔子引用古代史官周任的话的道理所在，分量所在。周任（古代的官吏）说："尽力地行使自己的职责，如果不能，就辞职不干。"见义不勇为，与助纣为虐没有什么不同呢！冉有看看老师的情绪不对，动真格地指责上了，于是找了讨伐颛臾的"理由"：目前颛臾的城防牢固，而且又接近费城，将来终究是祸患啊！在这个时候，孔子不能不揭穿侵略者的托词和借口了！孔子说道，我很讨厌那种明明自己贪得无厌却要拼命掩饰自己贪欲的人。这不是君子所为！接着，孔子从理论上抒发了一段影响深远的议论："虽然我现在不做官了，但是，我知道，治理国家的人，必须牢记：贫穷对于国家和老百姓来说，并不是最可怕的，财富不均才是覆国之患；人口稀少也不是最严重的问题，社会不安定才是亡国之忧。请你们想一想，财富平均，人们才不会觉得贫穷，大家和睦相处就不会觉得人口稀疏，社会安定就不会有覆国的危险。假如做到了均贫、修睦和安定，如果境外的人还不纷纷归附，就使用修文重德这副杀手锏；他们归附以后，就一定要使他们安定地生活下去，一定不要穷折腾啊。"孔子将自己的政治见解说完后，就严厉地批评了他自己的两个学生：仲由、冉求啊！你们是季氏的家臣，责任重大，你们做了一些什么呢？境外的人不来投奔，你们不能招徕；国家正在陷入动乱，你们不能制止；现在，你们还在策划战争。你们这是在辅佐季氏吗？简直是在犯罪啊！

8.外圆内方、进退自如的政治方法

在《公冶长篇》中，子谓南容，"邦有道，不废；邦无道，免于刑戮。"以其兄之子妻之。孔子认为，一个人身处治世也好，身处乱世也罢，个人的道德修养决定人的处境和际遇，也是判断人是否具有高超的人生智慧的依据。南容善于驾驭复杂的社会环境，能够从容地应对社会政治的治乱变化，因此，得到了孔子的高度肯定。孔子乐意将侄女嫁给他。孔子评价南容说，天下太平的时候，南容受到重用；政治混乱的时候，南容也能够避祸。他是一个聪明人啊！实际上，孔子是在通过肯定南容言行谨慎的品德和修养，给南容带来了人生的坦途。在《公冶长篇》中子曰："宁武子，邦有道，则知；邦无道，则愚。其知可及也，其愚不可及也。"宁武子是春秋时期卫国的大夫，辅佐卫成公三十余年，谋政为政有建树；当卫国受到晋国逼迫时，立朝不去，韬光养晦，被时人讥为愚。孔子的这段话，其实是在表彰宁武子，尤其是不同意时人的评价，认为宁武子大智若愚是尽忠的途径，也是一种智慧。孔子说：宁武子在国家安定时，显得很聪明，是一个智者；在国家遭难时，便装傻，是一个大智若愚的智者。他的聪明，一般的人可以达到；而他装傻的聪明，是一般人所不能企及的。由此可见，孔子并不主张愚忠，认为尽忠也是要有智慧的，也是由多种途径达到的。

在《宪问篇》中，孔子说道："邦有道，危言危行；邦无道，危行言孙(逊)。"孔子的学说注重安身立命、处世为人的道理。在太平盛世如何做人？在乱世如何做人？孔子有自己的看法：在正常社会的状况下，做人要正言正行；在黑暗社会的状况下，做人要端正，说话要谨慎，处世要随和。但是，不能简单地、孤立地理解"危行言孙"；否则，孔子就是十足的折中主义和调和主义了。其实，孔子只是讲在与原则不发生冲突的时候，要做到随和与谨慎，当随和与谨慎同原则相互撞击的时候，就要维护原则，勇于杀身成仁、舍生取义。在原则面前，要大义凛然，如孔子在《颜渊篇》第十八章中所说的："苟子之不欲，虽赏之不窃。"可见孔子是强调做人的原则的。

在《卫灵公篇》中，孔子举了两个性格决然不同的例子。孔子说道："直哉，史鱼！邦有道，如矢；邦无道，如矢。君子哉，蘧伯玉！邦有道，则仕；邦无道，则可卷而怀之。"孔子表彰过齐国的管仲。管仲的使用，得力于好友鲍叔牙的举荐。但是，鲍叔牙举荐管仲，并没有遇到什么麻烦，比较顺利。在卫国就不同了，史鱼举荐蘧伯玉就一波三折，死后才得如愿。史鱼是一位难得的直臣。怎么个直法？孔子形象地比喻他就像弓箭发出的箭那样直。无论是在光明的环境中，还是在黑暗的条件下，他都以直面对，决不改变自己的本色。蘧伯玉也是一位贤能的人，他善于进退，周旋自如。在政治清明的时候，他愿意出来为官理政；在政治黑暗的时候，他就将自己的志向牢牢地藏在怀里，决不显露出来。蘧伯玉是孔子所说的"避世的贤者"。对于这两种类型的贤人，孔子都很敬佩，很肯定。看来，在社会政治生活中，像史鱼的"直"和蘧伯玉的"曲"都是需要的。

9. 人的全面发展的主体关怀

在《为政篇》中，孔子很果断而精辟地说道："君子不器。"孔子既是指一个人在学习上要善于会通，多才多艺；而不要像器皿一样，只是一物一用。他又是指做人要灵活机动，能够根据不同的时间、地点和条件，有不同的作为；而不能像器皿一样，只是具有某种特定的功用。当然，孔子的这个思想，是有具体条件和对象的。他虽然在这里是要求"君子"的；但是，决不只是局限于"君子"这一特定的社会人群。在孔子那里，每个人都要依据自己的社会地位、角色和文化素养来实现全面而自由的发展。且看《子路篇》中的一段精妙对白：

樊迟请学稼。子曰："吾不如老农。"

请学为圃。曰："吾不如老圃。"

樊迟出。子曰："小人哉，樊须也！上好礼，则民莫敢不敬；上好义，则民莫敢不服；上好信，则民莫敢不用情。夫如是，则四方之民襁负其子而至矣，焉用稼？"

孔子批评樊迟，没有远大志向。孔子主张"学而优则仕"，他办学的目的，正是为了培养读书人做官，通过入仕来推行他的思想、学说。樊迟既然要当农民、菜农，却来追随孔子，在孔子看来，樊迟自然是投错了门。因此，孔子狠狠地批评樊迟"真没出息"："樊迟呀！如果统治者提倡礼仪，老百姓就不敢不恭敬处事；统治者如果公道正派，老百姓就不会不甘心服从，俯首听命；统治者说话算数，老百姓就一定会真心待他，亲如家人。如果真是这样，四面八方的老百姓就一定会扶老携幼来投奔他，有这么好的民心，有这么多的劳动力，哪里需要当官的去种地啊！"

孔子有很强的社会角色意识，认为读书人的前途就是做官，当官后所考虑的事情是如何提升修养，增长才干，如何治理国家？至于别的事情，自然有别的社会角色来考虑，如农民种田，菜农种菜，各得其所，各显其能，这是天经地义的事情。这反映了孔子劳心者统治人，劳力者被人统治的思想。

10.心系天下、居安思危的忧患意识

孔子一生，可谓"忧心忡忡"，但是，他决不是为一己之忧，而是忧国、忧民和忧中华文化前途。在《述而篇》中，他襟怀坦白地描述了他的社会忧虑："德之不修，学之不讲，闻义不能徙，不善不能改，是吾忧也。"孔子心系天下，忧国忧民，他很早就有了讲学习，讲政治，讲正气的思想：怎么得了啊，到处是不修德，不研学，不向善，不改错的情景呢。孔子的心情是沉痛的，愈是沉痛，愈见他的炽灼。孔子揭示了当时社会风气的衰变，民族精神的颓废，对于民族文化的发展，他就忧心忡忡起来了；反过来，孔子指出了矫正世风人心的途径：研学修德，向善改错。

由此，他在《雍也篇》里，几乎吹响了救亡启蒙的奋进号角。子曰："觚不觚，觚哉！觚哉！"孔子借酒器形制和容量的变化，发出感慨，微言大义，讥讽时弊，张扬正义。他感叹道："觚啊，已经不像一个觚了，这还算觚吗！这还算觚吗！"孔子主张正名，强调名副其实。但是，春秋时期，礼崩乐坏，君不君，臣不臣，父不父，子不子，社会道德滑坡，秩序混乱，孔子十分担忧。孔子担忧的是：一切都在变，变坏了，变糟了，再也不可能恢复良好的原貌了。

正是有这样的忧怀，孔子才有一腔正气、一唱正义。在《八佾篇》中，孔子直接面斥鲁国权臣季孙氏，孔子谓季氏："八佾①舞于庭，是可忍也，孰不可忍也？"

孔子维护周礼，主张尊卑有序，上下有别，反对擅自僭越，认为违礼，就是不仁。在这里，孔子指斥季孙氏使用八佾乐舞，让六十四个人在庭院中奏乐舞蹈，是盗用天子礼仪，既不安分守己，又欺君犯上。因此，孔子指责道："季孙氏连僭越天子仪礼的事都可以忍心做出来，他还有什么事不忍心做呀！"有嘲讽季孙氏厚颜无耻的意思。"是可忍，孰不可忍"，在后世成为鼓励人们弘

---

① 八佾：佾，读音同"意"，古代的配乐舞蹈，排成行，一行（读音同"航"）八人称一佾。这种排成行的乐舞，也有一定的仪礼，体现了政治上的等级制。天子八佾，八八六十四人；诸侯六佾，六八四十八人；大夫四佾，四八三十二人；士二佾，二八一十六人。季氏只能用四佾之礼而使用八佾之礼，就是僭越礼制，是"犯上欺君""大不敬"的行为。这在孔子看来，季氏是不可宽恕的。

扬社会正气，鞭挞歪风邪气的成语，有广泛影响。

可见，在《先进篇》中，孔子呼唤正义，进而发出讨伐的战斗号令，是有深刻的思想基础和情感因素的。季氏富于周公，而求也为之聚敛而附益之。子曰："非吾徒也，小子鸣鼓而攻之，可也。"孔子主张轻徭薄赋，节省民力，反对不顾老百姓的死活而一味索取。鲁国的季孙氏已经十分富有了，可是仍不满足，还让孔子的学生子有去帮助他残酷地搜刮。孔子对此明确地表示过反对，可是子有并没有听从老师的教诲。于是，孔子就对学生们发出号召："子有再也不是我的学生了，学生们可以旗帜鲜明地讨伐他了！"孔子原则性强，有正义感，有号召力。以后，凡是违背原则的不义之行，都使用"鸣鼓而攻之"这个成语。这就是文化号召力，感召力！

此外，在《论语》中，孔子还宣扬了夷夏之辨的民族思想和华夏文化优越论、选贤举能的人才思想、修己安人的内圣外王之道、君贤臣义的政治伦理、等级有序的社会管理等等，这些思想都对中国传统政治文化产生了深远影响。

从政治学的角度看《论语》，这只是一个深化认识《论语》智慧的具体视角。当然，学习《论语》，研究《论语》，总结它所包含的做人智慧，应当采取实事求是的态度和分析批判的方法。今人切不可迷信古人，也不可机械地加以运用。迷信，就容易忽视其中的糟粕；机械地吸收，则背离了《论语》智慧的本质。一分为二的方法，钻研、批判和吸收的方法，才是总结前人智慧的正确方法，才是汲取前人智慧的有效途径，才能收到为人处世事半功倍的积极效果。

时代在变化，社会在发展。但是，《论语》对于"做事必先做人"的原则要求，在任何社会、任何时代都没有变，也不会变。但愿本书可以让读者产生共鸣，并给予智慧的启迪。

学而篇第一

《论语·学而篇》共十六章。其中载录孔子的言论9篇（其中一篇与子贡交叉），有子的言论3篇，曾子的言论2篇，子贡的言论2篇（其中一篇与孔子交叉），子夏的言论1篇，总共十六篇。有子、曾子、子贡、子夏诸人，都是孔子教育的"三千弟子"之一，更是其中的"七十二贤人"成员，颇得孔子思想的真传，因此，他们的论述与孔子思想是一致的，这当然是没有疑问的；否则，就不会将他们的言论收入《论语》之中。

在《学而篇》中，它的思想主题是做人，即按照怎样的价值标准和人生目标进行塑造的问题，因此，在文中就直接出现了"其为人也"的命题。在人生目标上，孔子主张"做君子"，把自己塑造成一个有道德、有修养的人，因此，"君子"的概念在十六条语录中出现了四次，并且明确声明："君子务本，本立而道生。"为此，孔子学说设计了一系列的价值层面，由家庭的人，到社会的人；由自然状态的人，到有道德修养、有学问的人。由此，孔子学说在立身做人、交友处世和读书治学诸方面确立了一套完整的价值体系，并使之成为做人的价值规范。譬如，孔子认为，孝悌是做人的初始，也是做人的根本；没有孝悌，就不会有信、爱、忠、友、温、良、恭、俭、让等做人的道德内涵和社会伦理标准。孔子由家庭的夫妻、父子、兄弟伦理关系抽象出具有普世性的长幼、尊卑、君臣、朋友等社会伦理关系，并赋予它相应的严格的文化意义，从而使之成为儒家文化的根本精神。孔子还十分重视人生态度，在人们应该如何对待传与习、重与威、和与礼、贫与富、人知己与己知人等关系的看法上，都闪烁着人生哲学的智慧。这些论述，不仅没有过时，而且值得继承。

任何时代都有其时代的道德体系。虽然用今天的眼光看，对于孔子学说关于个人道德、家庭道德、社会道德体系的设计与规范，应该予以批判的继承，但是，在上古时代，这一套成体系的思想，还是很睿智的，体现了那个时代先进文化前进的方向，因此，在两千多年漫长的历史时期，孔子学说关于做人的说教成为主流的社会意识形态，影响并支配着世世代代的中国人的人生轨迹和价值追求。

孔子不是一个一味以说教为己任的道德家，而是一位主张和鼓励"知行合一"的教育家。通过实践而完成道德塑造，是孔子学说的要义。孔子关于道德塑造的实践论述了多种途径，如自省、自律、交友，等等，但最重要的却是学习。在这篇文字不多的语录中，"学"字出现了六次之多（一次是用近义词"习"来表述的）。孔子关于向实践学习和向书本学习的论述，十分精辟，影响至为深远。如"学而时习之""君子好学"等更是千古名言，至今仍是求学治学的指南。

一、人生三大快事当珍惜

子①曰："学而时习之，不亦说②乎？有朋自远方来，不亦乐乎？人不知而不愠③，不亦君子④乎？"

注　释

①子：古代人们对男子的尊称，相当于今天的"先生""老师"之类的称呼。《论语》中"子曰"的"子"，指孔子。孔子，名丘，字仲尼，春秋时期鲁国陬邑（在现在的山东省曲阜市东南）人，约生活在公元前551年至公元前479年之间。他是中国古代有名的思想家、教育家，古代儒家学派的创始人。

②说：读音与意思与"悦"相通，愉快。

③愠：怨恨。

④君子：与"小人"对应，孔子设定的一种做人的范畴。在《论语》中，指道德上有修养的人。

评　析

孔子讲的第一句话，强调学习态度与方法，对于学到的知识，主动地按时地温习它，是人生的一大乐事；第二句话，表明对于"朋友"的态度与感情，志同道合的人从远处来，应该感到幸福；第三句话，强调自我修养与人生态度，别人不了解我，我也不烦恼，有一种泰然自安的情调。这三句话作为名言佳句，世世代代地广为流传，在治学、处世、为人方面有很强的文化影响力。

二、靠根本的原则规范人的行为

有子①曰："其为人也孝弟②，而好犯上者，鲜矣；不好犯上，而好作乱者，未之有也③。君子务本，本立而道生。孝弟也者，其④为仁⑤之本与⑥！"

注　释

① 有子：孔子的学生。姓有，名若。

② 孝弟：弟，读音与意思同"悌"相通。孝悌，孔子学说关于家庭伦理的范畴。子女敬爱父母为"孝"，弟敬兄为"悌"。

③ 未之有：古代的语法习惯，"未有之"的倒装句。

④ 其：表示推测，大概、可能的意思。

⑤ 仁：孔子学说的伦理范畴和哲学范畴，孔子说："仁者，爱人。"

⑥ 与：同"欤"，语气助词。在《论语》中，"欤"均写作"与"。

评　析

有若向孔子请教"仁道"，由家庭伦理推演出社会伦理：在家里能够敬父母，尊兄长，就不会以下犯上，也不会欺君作乱。孝悌是做人的根本；有了这个根本，人生的轨迹就能够以"仁道"为依循，就不会有"越轨"的行为了。"孝悌"作为做人的根本，所谓"本立而道生"，为后世儒家所鼓吹，并被历代统治阶级吸纳为主流的意识形态予以倡导，成为统治人、驱使人的思想工具。不过，如果仅仅讨论"孝悌"的家庭伦理意义，就可以发现，它具有普遍的"人性"价值，因此，无疑它在任何历史时代都是有意义的，因而是有合理性的。

三、巧言令色可耻

子曰:"巧言令色①,鲜矣仁②!"

注 释

① 巧言令色:巧言,好听的假话;令色,讨好人的脸色。令,善;色,表情。意思是说有目的地用花言巧语和献媚的神色来讨好人。
② 仁:指具备"仁道"的人。

评 析

孔子对于以花言巧语讨好人,以伪善的面孔取悦人的行为,是极其鄙视的。认为追求仁道的君子自有其做人的本色,决不会"巧言令色"。联系《子路篇》第二十七章所说的"刚、毅、木、讷近仁"来看,孔子强调做人的本色:老实,率真,质朴;否则,又怎么可能做一个道德高尚的人呢!

四、每天都反省自己

曾子①曰:"吾日三省吾身②:为人谋而不忠乎?与朋友交而不信乎?传③不习乎?"

注 释

① 曾子:孔子的学生。姓曾,名参,字子舆,南武城(今山东省费县东南)人。
② 三省吾身:以三条准则来进行自我反省。另一种说法是,一日之内多次进行自我反省。省,读音同"醒"。
③ 传:老师讲授的功课。读音同"船"。

评 析

曾子以三条准则来日日反省自己:替别人出主意是否竭尽忠诚了?与朋友交往是否真诚可靠?老师的讲授是否认真温习了?忠、信、习,在做人上有内在的联系性，是一种做人的规范与要求。南宋大儒朱熹说："忠信为传习之本。"近代思想家康有为也说："忠信以立德，专学以成材。"千百年来，"吾日三省吾身"的道德自律法则，有极强的文化透射力，在社会上广为流播。直到今天，人们依然重视"三省吾身"这样一种道德格律，并予提倡。刘少奇在《论共产党员的修养》一书中说，要将"吾日三省吾身"这个思想古为今用，加强道德修养，经常自觉地检讨自己身上存在的不足，并自觉地加以改正。

五、正确的理念是治国的先导

子曰："道① 千乘之国②，敬事而信，节用而爱人③，使民以时。"

注　释

① 道：读音与意思与"导"相通，治理。

② 千乘之国：拥有兵车一千辆的国家。按照当时以兵车多少来衡量国家大小的习惯，千乘之国是大国。乘：读音同"剩"，兵车的计量单位，一辆四四马拉的车为"一乘"。

③ 爱人：推行"仁道"。爱护老百姓的意思。

评　析

孔子认为，治国之要，在于取信于民，关爱民生，珍惜农时。在古代，以农立国，农业对于国家安全、社会安定，具有决定的意义。因此，农业被认为是本业。在治国中不伤农时，是取信于民的重要内容，也是爱惜民力，鼓励耕织的重要体现。孔子以后，历代开明的统治者将"敬事而信，节用而爱民，使民以时"视为治国的基本理念和政治信条。

六、做人的七条要求

子曰："弟子①，入则孝，出则弟②，谨而信，泛爱众，而亲仁。行有余力，则以学文③。"

注　释

① 弟子：这里是指少年、年轻人。

② 入、出、弟：入，指离开自己的居室晋见父母；出，指离开自己的居室和兄长在一起；弟，读音与意思同"悌"。

③ 文：指古代的文化典籍，如《尚书》《诗经》等。

评　析

孔子把做人放在第一位，而把读书做学问放在次要的位置。他认为，在家庭里，必须遵守孝悌的规范；说话做事，谨慎可靠；与人友善，亲近贤德；这样做了，倘若还有剩余的精力，就可以学习古代典籍，进一步丰富自己了。孔子重视对年轻人进行道德品质教育，他讲的孝、悌、谨、信、泛爱、亲仁、学文的做人七条要求，虽然打上了时代的烙印，但是，如果从德与才的关系上讲，德重于才的观点，无疑是包含真理性价值的。

七、莫把学习的工夫局限在书本上

子夏① 曰："贤贤②，易色③；事父母，能竭其力；事君，能致其身④；与朋友交，言而有信。虽曰未学⑤，吾必谓之学矣。"

注　释

① 子夏：孔子的学生。姓卜，名商，字子夏。

② 贤贤：以贤者为贤。尊重贤哲，并努力向他学习。与《里仁篇》里说的："见贤思齐"近义。前一个"贤"字用做动词，后一个"贤"字用做名词。

③ 易色：易，轻视的意思；色，容貌，指女色。不注重容貌的意思。

④ 致其身：豁出生命。致：奉献的意思。

⑤ 学：指学习古代的文化典籍，提高做人的素质。

评　析

子夏在这里讨论的是夫妇、父子、君臣和朋友四种伦理规范。按照子夏的意见，选择配偶，注重品德而不是容貌；侍奉父母能尽心尽力，就是孝顺；

侍奉君王能奉献生命，就是尽忠；与朋友交往，能谨守信用。这样的人，即使他没有读过典籍，我也认为他学得很不错了。虽然子夏强调学习与做人的德、孝、忠、信相一致有一定的道理，但是，他以德行代替读书学习的论说，就陷入了偏执，显得不那么妥当了。

八、在各个方面都严格要求自己

子曰："君子不重①，则不威；学则不固②。主忠信③。无友④不如己者。过，则勿惮⑤改。"

注　释

① 重：庄重。

② 固：固陋，浅薄。

③ 主忠信：主：推崇。忠信：忠诚、守信的道德。与《颜渊篇》中"主忠信，徙义，崇德也"近义。

④ 友：用作动词，与人交朋友。

⑤ 惮：读音同"但"。害怕。

评　析

孔子认为，君子之所以威严，是因为他庄重；因为他严谨认真，所以在学习中就不会陷于浅薄；做人要推崇忠诚、守信的道德。不要和不如自己的人交朋友。有了过失，就要勇于改正。孔子的这番话，在汉代以后读书人的议论中常加引述，得到遵循，其中的"君子不重不威""无友不如己者""过则勿惮改"在民间流传甚广。由此可见其对于做人的教育意义。

九、既要尽孝，又要简朴

曾子曰："慎终追远①，民德归②厚矣。"

注　释

① 慎终追远：慎：用作动词，对某事要慎重。终：死，终老。追：怀念。这里是针对丧礼而言的。意思是说，要慎重地办理父母的丧事，要认真地追祭自己的祖先。

② 归：返还，回归。

评　析

曾子主张追念祖先，过好当下生活，这样就可使民风淳厚，使人们都有一种深厚的历史感、深切的认同感，从而克服浮躁急切的情绪和作风。上古丧礼风俗很盛，仪礼烦琐，既铺张，又浪费，有损乡俗民德。曾子强调简朴而谨慎地办理丧礼，虔诚地追思祖先，将民风民俗引导到淳厚的方向上。曾子表达了实用的守孝观，认为心诚意足就行了，不必在形式上做文章，花功夫，至于因此而有伤风化，那就更是不足取了。这个见解是很睿智的，因此，慎终追远、民德归厚，在当代仍然是两个很有活力的成语。

十、靠美德赢得人们的尊敬和爱戴

子禽 ① 问于子贡 ② 曰："夫子 ③ 至于是邦也，必闻其政，求之与，抑与 ④ 之与？"子贡曰："夫子温、良、恭、俭、让 ⑤ 以得之。夫子之求之也，其诸 ⑥ 异乎人之求之与？"

注　释

① 子禽：陈亢，字子禽。

② 子贡：孔子的学生。复姓端木，名赐，字子贡。

③ 夫子：古代对人的尊称。这里特指孔子。后来用于称呼老师。

④ 抑与：抑：反问词，还是。与：给予，主动告诉的意思。

⑤ 温、良、恭、俭、让：孔子内在道德修养的五种表现。温，柔和的意思；良，善良的意思；恭，谦逊的意思；俭，节制的意思；让，退让的意思。后来，人们用它们作为评价人的道德标准，使之具有道德的约束力量。

⑥ 其诸：语气词，或者的意思。

评　析

子禽问子贡，你的老师每到一个国家，必然要了解该国的政治状况，他是依靠打听呢？还是当政者主动告诉他呢？子贡回答说，我的老师因为具有温、良、恭、俭、让的美德，因此赢得了各国当政者的敬爱，他们总是主动向他请教。他老人家的方法或许很独特吧！子贡在这里主要是彰显了孔子的温、良、恭、俭、让的美德，将他作为社会的一种道德示范，强调了道德的感召力。温、良、恭、俭、让的美德，在现代社会中仍有很强的生命力。

十一、沿袭父道，就是孝

子曰："父在，观其①志；父没，观其行②；三年无改于父之道③，可谓孝矣。"

注　释

① 其：指儿子。

② 行：做法。

③ 三：表示多的意思。道：父亲生前的主张和做法。

评　析

孔子认为，判断做儿子的人是否合乎"孝"的标准，关键是看他在父亲死后的作为：是否能够坚持父亲在世时的正确主张与做法。为什么要在父亲死后进行判断呢？因为父亲在世的时候，儿子还不能自立，因而只能看得出他做儿子时的志向；父亲去世后，儿子就要独立生活了，人们才可以从他的做法中观察他是否"守孝"。继承遗志是值得提倡的，但是，一味地强调继承，否定创新或者变革，这就不对了。孔子主张的"三年无改于父之道"在后世的社会政治生活中有很大影响，所谓"新君不改圣君之道"，就在很多时候在很大程度上造成了消极影响。

十二、既要讲规则，又要讲协调

有子①曰："礼②之用，和③为贵。先王之道，斯为美；小大由之。有所不行，知和而和④，不以礼节之，亦不可行也。"

注　释

① 有子：有若，已在前注。

② 礼：古代社会规范人伦关系以及社会关系的礼节。在孔子的学说中，礼经常地表现为道德范畴。

③ 和：借用音乐刚柔调和的状态，指人的中和精神和调和能力。

④ 知和而和：前一"和"用作名词，指中和原则和精神；后一"和"用做动词，指达到调和的努力。

评　析

有子认为，礼的运用，在于它所体现的中和原则；先王推行王道，值得称许的地方也正在这里，所以大事小事都力求体现中和的精神。不过，也有行不通的时候，原因是过分强调中和，而忽视了运用礼来节制。有子既强调和，又强调礼。在社会生活中，中和的原则和精神是极其重要的，但是，如果没有一定的规章制度予以协调，这种"和"，就是和稀泥，导致软弱涣散，没有生气。

十三、交际也有规范

有子曰："信近于义①，言可复②也。恭近于礼，远耻辱也。因③不失其亲，亦可宗④也。"

注　释

① 信：约言，约信。义：合乎事理。

② 复：履行，践履。

③ 因：依凭，依靠。

④ 宗：主。

评　析

有子讨论人的交际之道，善于始者，善于终。他认为，与人相约，要合乎事理，这样才能践履；恭敬而合乎礼节，就可以避免耻辱；依靠感情密切的人，也就稳妥了。古人讲的慎诺守信、恭敬避侮、知己知彼，正是儒家千百年来所谆谆教诲的交友处世之道，长久持续地影响着中国人的交往方式与人际走向，在今天也依然很有影响。

十四、好学的标准

子曰："君子食无求饱，居无求安①，敏于事而慎于言②，就有道而正焉③，可谓好学也已矣。"

注 释

① 食无求饱，居无求安：这是就求学而言，一心一意地学习，而不计较物质条件。这与孔子表扬学生颜回安贫乐道，一箪食，一瓢饮，在陋巷，乐也在其中的意义是一致的。

② 敏于事而慎于言：敏：快捷；慎：谨慎。多做少说的意思。

③ 就：接近；有道：有道德的人；正：判断得失、正其是非的意思。

评 析

孔子鼓励好学，并提出了好学的三项内容：一个好学的人，应该将学习视如自己的崇高志向，而不去追求生活物质上的享受；二是要脚踏实地，勤勤恳恳地实践，力戒夸夸其谈，空谈而不务实；三是要虚心地向有道德的人学习。这是值得借鉴的。一个人如果没有学习的理想，就不会对学习产生浓厚的感情，也就没有足够的动力。当然，过分在意学习条件，就会分散精力，对学习产生副作用。如果没有扎实的学习态度，下一番苦功夫，同样也是学不好的。除了学习书本知识外，向有道德的人学习，也是学习的重要内容。孔子的好学观对于后世影响很大。荀子在《劝学篇》中，将学习与人生修养统一起来，把学习当作人生修养的必备内容："小人之学也，入乎耳，出乎口；口耳之间，则四寸耳，曷足以美七尺之躯哉！"这是很有道理的。

十五、学用结合，告往知来

子贡曰："贫而无谄^①，富而无骄^②，何如?"子曰："可也，未若贫而乐，富而好礼者也。"

子贡曰："《诗》云：'如切如磋，如琢如磨'^③，其斯之谓与?"子曰："赐也!始可与言《诗》已矣，告诸^④往而知来者。"

注　释

① 谄：读音同"产"，谄媚，通过献媚讨好人。

② 骄：处世矜肆，待人傲慢。

③《诗》云句：诗句见于《诗经·卫风·淇奥》。切，用刀切断。磋，用锉子锉平。琢，用刀子雕刻。磨，磨光物什。比喻严格要求自己，不断增进修养。《诗》：又名《诗经》。它是中国古代最早的诗歌总集，共三百零五篇。经孔子删订后，被列为儒家经典之一。《诗经》分为"风""雅""颂"三大类："风"有十五国风，即黄河流域十五个地方的民歌；"雅"有《大雅》《小雅》；"颂"有《周颂》《鲁颂》《商颂》。

④ 诸：之于。

评　析

子贡向孔子请教做人的品格。子贡能够举一反三，受到了孔子的表扬。子贡向老师问道，虽然贫穷但不巴结他人，虽然富裕但不骄傲自大，这样的人还可以吧? 孔子说，可以是可以，但是，总还比不上贫穷但仍然快乐着、富裕但守礼节的人。《诗经》里讲的"如切如磋，如琢如磨"，正是这个意思吧! 孔子认为子贡已经懂得《诗经》的根本精神，可以研究和评论《诗经》了，因为子贡有举一反三、告往知来的悟性和本事。

子贡提出了对待贫富的最低标准：人穷志不短，富了也不要矜肆。这当然是对的。而孔子则提出了更高的标准：君子有志于道，不因贫忧苦。这就是孔子的苦乐观和一贯的思想：君子忧道不忧贫，安贫乐道，乐在其中；将崇高的精神追求与克服困难的勇气统一起来。另一方面，这段对话也体现了孔子启发式教学的方法与鼓励学生进行发散性思维的特点，这是有启发意义的。

十六、重要的是了解别人

子曰："不患人之不己知①，患己不知人也。"

注 释

① 患：担忧；不己知：不知己的倒装使用。

评 析

孔子认为，不要担心别人并不了解自己，真正值得担忧的是自己不了解别人。孔子阐述了"人知己"与"己知人"的关系，认为自己了解别人比别人了解自己更为重要。这与他强调的"人不己知，己无所失，无可患也""人不知，而不愠"是一致的。在社会生活中，人有智愚、善恶、贤不肖之分，因此，知人就显得很重要了。清代学者刘宝楠在读了这则语录后，曾经说道："己不知人，则于人之贤者，不能亲之用之；人之不贤者，不能远之退之，所失甚大。"（《论语正义》）可谓体会很深。所谓："近朱者赤，近墨者黑。"就是讲的人与人之间互相影响的道理。只有知人，才能正确识别朱墨。

为政篇第二

导　读

《为政篇》谈论为政问题有五章，讨论孝有四章，议论治学有四章，论述君子有三章，规范做人有三章，讨论方法论有四章，另有评议《诗经》一章，共二十四章。

在为政问题的议论中，孔子强调德政与德治。孔子认为，道德是政治的基础，一个人即使不当官，如果有道德的榜样力量，照样可以影响社会政治风尚，起到超过当官参与政治的效果；以德治国，就能赢得老百姓的衷心拥护，就能政令畅通，使老百姓安居乐业；推行德政的一个重要体现是，举贤任能。虽然不同的时代有不同的道德内容和标准，但是，主张德政与德治，总比支持暴政要强得多，更何况古代的仁政总是以德治为根本内容的，也只有仁政才可能给老百姓更多的实际利益。

在孝道的议论中，孔子进一步充实了孝道的具体内容和道德含义。孔子认为，人在父母活着的时候，要守孝道；在父母死后，也要守孝道；守礼，是孔子所说的孝道的根本内容。孔子关于孝道的认识，既有合理性内容，又有应予扬弃的糟粕。如，以敬爱之情为核心的奉养父母才算得上孝，是有积极意义的；但是，仅仅把顺从父母当成孝，就有消极意义了。

在关于治学的论述中，孔子的思想可谓精彩纷呈：他强调从听讲中获得思想的启迪，强调在复习中获得新知，强调学与思相结合，强调老实的学习态度，等等，成为中国人治学的根本方法，其中的"温故而知新""学而不思则罔，思而不学则殆""知之为知之，不知为不知"，成为妇孺皆知的名言警句，千古流传，影响深远。

在关于君子的论述中，孔子既强调君子的道德修养，"先行其言而后从之"，"周而不比"；又强调了君子不凡的外在张力，"君子不器"，能够因地制宜，因事而新，因时而进。实际上，孔子所说的君子，不仅具有很高的道德水准，而且具有很强的实践技能，内在的素质与外在的能力是统一的。这对于人的自我提高，自我完善是有指导作用的。作为一种方法论原则，这些思想不仅并不过时，反而历久弥新。

在做人的议论中，孔子提出了"信"和"勇"的概念。孔子说，"人而无信，不知其可也"，将"诚信"上升到极其重要的地位，也就是"立人"的问题；孔子主张见义勇为，反对见义不为。此后，"信""勇"范畴，就成为规范人的言行的重要标准，在实际生活中产生了很大影响，也成为后世思想家阐发己见的重要理论命题。

在论述处事的方法论中，孔子主张从了解一个人的历史开始，认识他的现实表现，即历史与现实相结合的方法；主张认识社会发展要采取鉴往知来的方法；主张在思想文化领域去邪扬正；主张随着年龄的增长不断有人生的发展和探索；主张慎言慎行；等等，是值得深思和借鉴的。

孔子谈做人，甚至是做君子那样的人，孔子谈做官谋政，孔子谈治学，孔子谈人生的方法论，似乎没有主题，说到哪里算哪里；其实，孔子是以做人的基本内容为一切人生问题的出发点的。这最根本的东西，就是孔子百言不倦的"孝道"。"孝道"是立人之本，是道德的起点，因此是人生行程的准绳。离开了它，人生的一切问题便无从谈起。当然，对于"孝道"的认识，要采取历史主义的态度，继承其中合理性的文化内容，剔除其中的腐朽性糟粕。不同时代的孝道，有不同的社会内容，有不同的道德要求。在现代社会，我们所讲的孝道，主要是家庭美德，尊老，敬老，养老，正确处理家庭成员之间的权利与义务关系。

一、仁政兴国

子曰："为政以德①，譬如北辰居其所②，而众星共之③。"

注　释

① 为政以德：以德为政的倒装句。以：用，依靠，凭借的意思。

② 北辰：北极星。在古代社会，人们奉行静止的宇宙观，认为北极星是宇宙的中心。

③ 共：读音与意思同"拱"，环绕的意思。

评 析

按照孔子关于做人的思想，有德可以成"君子"；只有君子才能出将入相，为国尽忠，帮助国君推行仁政。因此，本章开篇即说为政者要推行德治（仁政）。他强调道德的感召力量，认为为政者如果具备良好的道德品行，就可以赢得众人支持，从而顺利地推行政治主张，做到令行禁止；否则，就会受到人民反对，使天下汹汹，社会陷入动荡失序之中。孔子打了一个十分形象而意味深长的比喻：为政者依靠道德教化来治理国家，他就会像北极星一样受到众星环绕；那么，国家就一定是稳定的，老百姓也一定安居乐业了。在古代社会，用德治来要求为政者虽然不具有现实性，但是，它却是一种具有人民性的政治主张。因为推行德治有利于社会安定，有利于民生，有利于社会物质文明与精神文明的创造和积累，因此，它是一种进步的政治主张，是值得肯定的。

二、《诗经》的真谛

子曰："《诗》三百①，一言以蔽之②，曰：'思无邪。'③"

注 释

①《诗》三百：《诗》，即《诗经》。三百，取其整数为三百，实有三百零五篇。

② 一言以蔽之：用一句话来概括。蔽：概括。

③ 思无邪：语出《诗·鲁颂·驷》，"思"，语助词，无意义。孔子借用这句诗，"思"有实际意义，思想的意思。在这里，这句诗的意思为"思想纯正"。

评 析

孔子用"思无邪"来概括地评价了《诗经》的创作态度和思想内容。孔子认为，《诗经》的创作态度是端正的，《诗经》的思想内容也是纯正的。孔子的这一评价，对后世评析《诗经》的人，影响很大，几乎成为定论。就创作态度而言，有人说："思无邪，诚也。"就思想内容而言，有人说："正得失，动天地，感鬼神莫近于《诗》。"从孔子评价《诗经》的角度来说，他重视诗歌的社会功能，强调诗歌对于促进道德风尚的积极意义；他重视诗歌创作的真实性（真情实感），反对矫揉造作，如后来所谓"诗言志"。

孔子喜好微言大义，立论有针对性，反对放空炮。他对于《诗经》的评价，体现了他的诗教观，即评析诗歌要重视创作者的态度、动机和思想内容。孔子的诗教观体现了他的文艺批评思想，在我国古代文艺思想史上占有很重要的地位。

三、不同的统治术，体现不同的领导水平

子曰："道之以政①，齐之以刑②，民免③而无耻；道之以德，齐之以礼，有耻且格④。"

注　释

① 道之以政："道"的用法如同"道千乘之国"，是治理的意思。用行政命令来治理老百姓。

② 齐之以刑："齐"在这里用作动词，整顿的意思。使用刑罚来整顿老百姓。

③ 免：免予……

④ 格：研究者对此有不同的解释。端正的意思。

评　析

孔子分析了不同的统治术，认为它体现不同的领导水平，收到不同的效果。用行政命令来治理老百姓，用刑罚来整顿他们，可以使他们免予刑罚，但不能使他们产生羞耻感，这只能治表而不能治本，这种领导方法比较简单，领导水平也显得平常；而治本的方法却不同，用道德来教育老百姓，用礼制来约束他们，使他们懂得羞耻而不断避免错误，这是一种高水平的统治术。孔子主要的目的是以领导方法与领导水平的差别，来宣扬他所一贯主张的以"德、礼"

(仁政)治理天下的政治思想。孔子主张德治、礼治的思想,在中国政治思想史上,是一个十分重要的流派,在古代社会的政治实践中具有较强的影响力。

四、认真对待人生的每一个年轮

子曰:"吾十有五①而志于学,三十而立②,四十而不惑③,五十而知天命④,六十而耳顺⑤,七十而从心所欲⑥,不踰矩⑦。"

注 释

① 十有五:十五。有,表示又的连词。古人表述整数后面的零数,用"有"来连接。

② 三十而立:到了三十岁时,处事接物就站得住了。立,本义是"站住",这里是靠得住的意思。

③ 四十而不惑:四十岁时,就能够判明是非,会通道理了。惑:糊涂。

④ 天命:上天的意志。孔子说的天命,是指客观规律的意思。

⑤ 耳顺:能够接受各方面的信息并综合进行分析、判断。

⑥ 从心所欲:心随己意,不受外物强制。

⑦ 踰矩:踰,超越;矩,因德与礼而建立的规矩。

评 析

孔子总结了他自己一生的修炼过程:从十五岁立志问学求知开始,每十年一个进步、升华,三十岁时,说话做事站得住脚;四十岁时,懂得了许多道理,不再迷糊;五十岁时,明白了事物发展的客观规律;六十岁时,能够听取各种意见,而不觉得烦乱;七十岁时,能够随心所欲,而不偏离礼法。孔子讲述他的成长经历,是要表达这样的道理:学习是一个循序渐进的过程,只要努力学习,严格要求,就一定能够使自己达到炉火纯青的境界,将做人的修养提升到很高的层次;"圣人"不是生来就有的,而是后天塑造的,只要孜孜以求,朝着自我完善的方向努力,就一定会有很大进步,就可以做一个道德高尚、修养深厚的人。孔子将人生的阶段划分,很有实际生活的影响力。直到今天,人们还习惯于用"而立之年"表示三十岁,并要求在这个年龄段有所作为;用"不惑之年"表示人生进入四十岁，到达了人生的成熟阶段，希望在这个阶段为人处世能够更加聪明、老练；用"天命之年"表示人生进入五十岁，人生老之将至，提示做人要善于认识和驾驭客观规律；用"耳顺之年"表示六十岁，提醒人们将人生经历转化为智慧，善于判明是非善恶，克服情绪化的干扰；用"从心所欲"表示七十岁，提示人生驿站即将到来，要遵循礼法，给人生画上圆满的句号，不要在晚年留有遗憾。

五、把握尽孝的三大环节

孟懿子①问孝，子曰："无违②。"樊迟御③，子告之曰："孟孙④问孝于我，我对曰，无违。"樊迟曰："何谓也?"子曰："生，事之以礼⑤；死，葬之以礼，祭之以礼。"

注　释

①　孟懿子：复姓仲孙，名何忌，鲁国的大夫。"懿"是其死后的谥号，"子"是爵位。其父孟僖子临终时，嘱咐孟懿子向孔子学礼。

②　无违：不要违背礼制。

③　樊迟御：樊迟，孔子的学生，名须，字子迟；御，驾马车。

④　孟孙：即孟懿子。

⑤　礼：按照孔子的说法，生礼、葬礼和祭礼各不相同，都有一定的规矩。在古代，礼仪的制定以等级制为基础，天子、诸侯、士大夫、庶人各有礼仪，不能僭越。

评　析

孔子生活于春秋时期，目睹周礼崩坏，诸侯争霸，礼制僭越的政治乱象，十分痛心。他站出来，作为周礼的坚定维护者，主张按照礼制来维系社会生活。孔子坦率地解释"孝"的含义，就是不要违背礼制："当父母活着的时候，子女要按照礼节侍奉他们；父母死后，子女就按照礼节安葬他们，按照礼节祭祀他们。"孔子在这里论"孝"，有一种社会现实批判的态度，反映了他的政治观点和政治理想。

六、总要体察父母的慈爱心肠

孟武伯^①问孝。子曰:"父母唯其^②疾之忧。"

注　释

① 孟武伯:复姓仲孙,名彘,谥号为"武",爵位为"伯"。他是孟懿子的儿子。

② 其:代词,他,文中指孟武伯。

评　析

孔子进一步发挥他的孝道观,认为孝子的言行是没有什么值得父母担忧的,只有身体的健康最让父母揪心了。作为孝子,连头发、皮肤都不忍心损坏,更何况是疾病呢!因此,作为孝子,不仅不要让父母自己有任何的担忧,而且还要为父母考虑得很周全。从健全人的全面发展来说,孔子关于孝的家庭伦理格律是有一定积极意义的。

七、毕竟孝是由人来完成的

子游^①问孝。子曰:"今之孝者,是谓能养。至于^②犬马,皆能有养。不敬,何以别乎?"

注　释

① 子游:姓严,名偃。孔子的学生。

② 至于:即使。

评　析

孔子本章论孝,严格了子女奉养父母的义务。他认为,不能将养父母等同于孝,因为即使是狗和马,也要被人养,但是,奉养父母与养狗马,毕竟是不同的。最根本的区别是,子女奉养父母是发自内心的,是恭恭敬敬的,是一种伦理的自觉。反过来说,如果不是立足于"孝"来奉养父母,那与喂养狗马有什么差别呢？如果没有差别，那么，你不也就等同于狗马了吗？可见，孔子是着眼于人性来谈论孝的，将孝作为人的本能来认识，将人同其他一切动物区分开来了。

八、关键是要有一颗孝心

子夏问孝。子曰："色难①。有事，弟子②服其劳；有酒食③，先生馔④，曾⑤是以为孝乎？"

注　释

① 色难：色，脸色。孝子在父母眼前总是显露出愉快的脸色，是一件为难的事。

② 弟子，年幼的人。

③ 酒食：美味佳肴的意思。在古代，有筵席必上酒，上酒必有上等食品。

④ 先生馔：先生，年老的人；馔，食物。这里用作动词，给食物吃。

⑤ 曾：竟然是。

评　析

孔子本章论孝，与上一篇的言论立场是一致的。在孔子看来，色难就是心难。一个在内心忤逆父母的人，怎么会是孝子呢？他具体地说道，在有事的时候，子女为父母分担；在有美味佳肴的时候，先让着父母去吃，难道这就是孝吗！他反对在孝这个涉及做人的根本问题上，搞形式主义，用虚假的东西粉饰内心真实的情感。孔子强调孝就是对父母的真情实感，这是对的；但是，他认为子女对父母有意见也要以愉色加以掩藏，这就不对了。子女固然要严守孝的伦理格律，但是，必要的感情交流却是其基础和条件。

九、形成教学相长的风气

子曰："吾与回①言，终日不违②，如愚。退而省③其私，亦足以发④，回也不愚。"

注　释

① 回：颜回，字子渊，孔子最得意的学生。

② 不违：提不出想法。

③ 省：察看，观察。

④ 足：够得上；发：表现，显露。

评　析

孔子在文中对颜回既有批评的意思，又有表扬的看法。孔子主张教学相长，师生之间有讨论的气氛，互相之间进行切磋，达到共同提高的效果。颜回只是听，而不发问，因此，孔子觉得颜回没有动脑筋。但是，孔子在课后观察，颜回能够充分地发挥老师的思想，还是很聪明的，因此，孔子又感到很高兴。由此看来，孔子对颜回的肯定多于批评。可见，孔子一方面强调师生在教学中的交流；另一方面，孔子十分重视学生能够对于学习的内容有体会和心得。孔子通过对颜回学习的评论，阐发了自己的教育思想。

十、洞悉真伪，明辨善恶是一种功夫

子曰："视 ① 其所以 ②，观其所由 ③，察其所安 ④，人焉廋 ⑤ 哉？人焉廋哉？"

注　释

① 视、观、察：视，直观为视；专注为观；深入了解为察。

② 所以：因为什么而如何。

③ 所由：……的原因。

④ 安：安心、安定的意思。

⑤ 廋：读音同"搜"，隐藏的意思。

评　析

孔子指出了解人的根本方法：多视觉地察考人，由浅入深。他认为，要了解一个人的真实状态，必须既看看他当前的表现，又看看他的历史情况，还要琢磨他的动机、了解他的爱好。孔子的这段话，是继承了《大戴礼·文王官大篇》上的思想："考其所为，观其所由，察其所安。"这种方法察考人，是很有道理的。

孔子的这段话，还有弦外之意：要求学生深入地准确地了解人，作为自己做人的借鉴，不断地提升自己做人的道德修养层次。这样，孔子又发展了古人的思想。

十一、着眼于知识创新

子曰："温故而知新①，可以为师矣。"

注　释

① 温故而知新：温，温习、复习的意思。故，旧的。复习已经学过的内容，就可以有新的收获。

评　析

孔子论述师道，贵在开新，反对炒剩饭。孔子强调在教学中，要不断地有新发现，有新收获，将知识的领域推向前进。这既是对做老师的要求，也是一种积极向上的学习方法。因此，"温故而知新"便成为一句成语和名言，世代流传。因为孔子的思想，在古代除了对老师有道德要求外，还形成了一种要求老师必须具有知识创新能力的文化氛围。所以，一些文化典籍说："记问之学，不足以为人师。"（《礼记·学记篇》）

十二、做人不要死板

子曰："君子不器①。"

注　释

① 器：器皿。这里主要指器皿的用途。

评　析

孔子既是指一个人在学习上要善于会通，多才多艺；不要像器皿一样，只是一物一用。又是指做人要灵活机动，能够根据不同的时间、地点和条件，有不同的作为；而不能像器皿一样，只是具有某种特定的功用。

十三、行动最有说服力

子贡问君子。子曰："先行其言，而后从之。"

评　析

子贡向孔子讨论君子之道，孔子根据言行一致的精神，强调行在言先。行动的说明总比语言要有力，就是从这里化解出来的。孔子认为，一个有学问有修养的人，总是先用行动表明他的观点，然后才肯说出行动的道理；而不是相反。由此看来，多说少做，或者只说不做，都不是君子之道，因为他违背了言行一致的做人准则。

十四、君子明道，小人交利

子曰："君子周① 而不比，小人② 比而不周。"

注　释

① 周：忠信为周，指依靠道义而团结在一起。比：阿党为比，指因暂时的利害关系而勾结在一起。

② 小人：在孔子思想中关于做人的规范，也是评论人的道德品行的标准，往往与"君子"相对应。小人，是指道德、品行、修养低下的人。

评　析

孔子依据人们在道德修养上的差别，将人分别为"君子"、"小人"，是为了让人们在行动中，有所依循。虽然人们在社会生活中总不免有相对亲近一些的人，但是，这其中也有道德上的差异，有实质上的是非之分，这就是：君子讲团结，而不是结党营私；小人讲私利，勾结谋私，而不讲道义，没有原则。孔子为人们判别人际提供了一个最基本的原则。后世将它说成是："君子以义交，小人以利交。"

十五、将学习与思考有机结合起来

子曰："学而不思则罔①，思而不学则殆②。"

注　释

① 罔：读音同"网"，迷惑的意思。

② 殆：读音同"带"，疑惑的意思。

评　析

孔子传授学习方法，要求学生在学习中处理好学习与思考的关系，他认为，学习不动脑筋，就会迷惑；一味地冥思苦想而不读书，就不能解决问题。孔子在这里讲的学与思的关系，同他在前面讲的"温故而知新"在思想上有联系，在学习方法上有关联：温故而知新内含着学与思，不在复习的过程中动脑筋、下功夫，不能有新的收获；学与思相结合，总是以温习已学的内容为基础，在原有的基础上不断提高。

十六、禁绝异端

子曰："攻乎异端①，斯害也已②矣。"

注　释

① 异端：背离正道的邪说歪道。在这里，孔子说的异端是指儒家以外的学说，这在当时，不含有贬义的意思。

② 斯：这。也已：文尾语气词。

评　析

孔子提醒学生要警惕异端思想的危害，认为异端思想对于做人，对于社会都是祸害。他反对学生学习儒家以外的诸子学术，要求学生不听他们的讲座，不读他们的书籍，不传播他们的思想。从孔子开始，设置了正统思想与异端思想的此疆彼界。在当时，孔子以儒家学说为正道，攻击少正卯的思想主张为歪道："言诡而辩""记丑而博""顺非而泽""饰邪荧众"，导致"聚徒成众"，"反是独立"。孔子当上鲁国司寇后，就把少正卯杀掉了。孔子开创了攻击异端乃至肉体剿灭、尊崇正统的先河。

十七、老实人的学习态度要提倡

子曰："由①，诲女知之乎②？知之为知之，不知为不知，是知也③。"

注　释

① 由：孔子的学生。姓仲，名由，字子路，又字季路。

② 诲：教育。女：读音与意思同"汝"，你的意思。

③ 知：读音与意思同"智"，用做动词，有智慧。

评　析

孔子的教诲，重在强调学习的态度与方法。知道就是知道，不知道就是不知道，这是一种老实的学习态度。不知而强以为知，不懂装懂，是一种不老实的态度，是对自己不负责的表现。有了这种老实的学习态度，本身就掌握了聪明的学习方法。知道自己在学习上的不足，就会有针对性地去学习，就能够由知之不多，到知之较多，到完全掌握。知之为知之，不知为不知，已经成为一个有影响力的成语，在社会上、在学习中广为流传，是人们久已遵循的学习准则和方法。

十八、谨言慎行容易获得官职

子张学干禄①。子曰："多闻阙疑②，慎言其余，则寡尤③。多见阙殆④，慎行其余，则寡悔⑤。言寡尤，行寡悔，禄在其中矣。”

注 释

① 子张：孔子的学生，姓颛孙，名师，字子张。干：求的意思。禄：古代官吏的俸禄。干禄，获得官职的意思。

② 阙疑：对于有疑问的不急于下结论。

③ 尤：过失。

④ 阙殆：与上文的“阙疑”同义互现。

⑤ 悔：懊悔的意思。

评 析

子张向孔子请教获得官职的方法，孔子并没有就事论事，而是从谨言慎行这一做人的角度予以阐发。孔子认为，一个人如果能够多听各种意见，对于有所怀疑的人和事加以保留，对于有把握的东西谨慎地说出自己的看法，那么，他就会少犯错误；多看看各种事情，暂时搁下有怀疑的地方，谨慎地解决有把握的问题，这样，他就会少犯错误。说话做事，减少失误，他的官职就自然地送来了。孔子强调多听多看，也就是注重调查研究，这个思想对于干工作，还是有积极意义的。有的人，自命不凡，上任伊始，叽哩哇啦，瞎指挥，以“拍脑袋工程”见长，这是不能推进工作的。虽然孔子在这里没有讲鼓励开拓进取的话，但也不能够由此反过来理解，得出他有“不求有功，但求无过，保官保命”思想的结论。

十九、任用好官就能赢得百姓

哀公①问：“何为则民服？”孔子对曰②：“举直错诸枉③，则民服；举枉错诸直，则民不服。”

注 释

① 哀公：鲁国国君，姓姬，名蒋，死后谥号哀公。

② 对曰：是古代的一种尊上尊君文体。臣子回答君王的问话，称为“对曰”。

③ 举：选拔。直：正直。错：读音与意思同"措"，放置的意思。诸："之于"的合用。枉：邪曲。

评　析

鲁哀公向孔子垂询治民之策，孔子认为，怎样才能使老百姓驯服呢？关键是要提拔那些正直的人，罢黜那些邪曲的人，老百姓才会心悦诚服；否则，为政者就不能够使老百姓驯顺。自古迄今，人们喜直枉恶，如果为政者也是如此，那么，他就一定会"举直错诸枉"，达到政治清明，获得老百姓的拥护，推动社会发展进步；反之，为政者就会使政治腐败，民怨沸腾，社会动荡，发展停滞。可见，孔子主张"举直错诸枉"，是有进步意义的。

二十、形成良好的官民关系

季康子①问："使民敬、忠以②劝③，如之何？"子曰："临之④以庄，则敬；孝慈，则忠；举善而教不能，则劝。"

注　释

① 季康子：鲁哀公时权臣，姓季孙，名肥。死后谥号康。

② 以：用作连词，相当于"和"。

③ 劝：勉励。

④ 临：对待。之：他们，指百姓。

评　析

季康子向孔子请教治民的方法，孔子从推己及人的角度强调了道德的感召力量。孔子认为，要使老百姓做到严肃认真、尽忠竭力和相互勉励，那么，统治者首先要做到态度庄重地对待老百姓，他们就会恭敬；统治者孝顺父母、关怀老百姓，他们就会忠心；统治者提拔重用好人，教育能力差的人，他们就会相互勉励。孔子强调统治者为政必须修身、讲德，从自己做起，增强自身修养，严格自我要求，从而赢得老百姓的尊敬、忠心和积极合作态度。这个思想既有助于统治者推行仁政德治，又体现了孔子思想的人民性，有利于维护老百姓的基本生存权利和必要条件，显然，这是有远见的。

二十一、家庭是社会的圆点

或谓 ① 孔子曰：“子奚 ② 不为政？”子曰：“《书》③ 云：‘孝乎惟 ④ 孝，友于兄弟，施于有政 ⑤。’是亦为政也，奚其为 ⑥ 为政也？”

注 释

① 或谓：有人说。

② 奚：表示疑问的代词。

③《书》：指《尚书》。句子见《尚书·君陈》。《尚书》，是我国上古历史文件和部分追述古代事迹文献的汇编，是儒家的一部经典。因为流传有不同的版本，分为今文《尚书》和古文《尚书》。《尚书》所记述的事迹，上起传说时代的尧舜，下迄春秋时期的秦穆公，对于研究上古时代的社会政治、经济、军事、文化，有十分重要的价值。

④ 惟：只有。

⑤ 施：延及。有：无实际意义。

⑥ 为：做的意思。

评 析

孔子在这里仍然是着眼于阐述他的伦理与政治的统一关系。从有人问话的情况来看，孔子那时还没当上官。不过，孔子认为，对政治起影响作用，并不只有当官这一途，自己的政治思想也可以产生实际的影响，因为孝顺父母与友爱兄弟是治理天下的至理。正是因为“修身齐家”同“治国平天下”有内在思想的一致性，所以，孔子说：“《尚书》说得明白，只有孝顺父母的人，才会友爱兄弟。我竭力推广孝悌精神，这也可以影响社会政治，为什么一定要当官呢！”

二十二、诚信为本

子曰：“人而无信 ①，不知其可也。大车无輗 ②，小车无軏 ③，其何以行之哉？"

注　释

① 信：诚信。

② 大车无輗：大车，指牛车。輗，读音同"倪"，连接牛车的辕端与横木的关键，使之灵活运转。

③ 小车无軏：小车，指马车。軏，读音同"月"，连接马车的辕端与横木的关键；没有它，车子就无法套住牲口。

评　析

孔子十分看中诚信。所谓信，就是一是一，二是二，说话算数，毫不含糊。人在天地间，只有讲诚信，才能赢得人们的信赖，有所作为；反之，不能取信于人，就没有与人交往的资本，就失去了做人的根本。因此，孔子说，一个人连信用都不讲了，他还有什么可取之处呢！就像牛车没有辕端的輗，马车没有辕端的軏，如何能够运行呢！孔子这里强调的信，与他说的"人无信不立"的思想是一致的。孔子阐发的诚信论，在中国人的人生观中产生了广泛而深远的影响。

二十三、鉴往可知来

子张问："十世可知也？"子曰："殷因于夏礼①，所损益②，可知也；周因于殷礼，所损益，可知也。其或继周者，虽百世，可知也。"

注　释

① 殷因于夏礼：殷，商朝迁都于殷，后世也称商朝为殷。夏礼，夏朝的礼仪法度。因于，沿袭。

② 损益：废弃和增加。

评　析

孔子通过回答子张的问题，阐述了他自己变化发展的社会历史观。子张请孔子预测未来社会的发展方向，孔子认为，从历史的发展和现实来看，夏代、商代和周代，既一脉相承，又有发展变化，由此可见，未来的发展，总是处在继承与发展相统一的过程之中。在孔子看来，从社会制度的角度说，即使是改朝换代那样剧烈的社会变动，发展也总是主流的趋势，只不过表现为有继承的一面，也有改革的一面。推倒重建，另起炉灶，是不现实的，也是不可能的。孔子对社会历史发展方向规律性的把握，是深刻的，准确的。这种准确性和深刻性，来自于认识社会发展的正确方法：鉴往而知来者，在历史演变中寻找事物的发展方向。

二十四、不能见菩萨就拜

子曰："非其鬼而祭之①，谄②也。见义不为，无勇也。"

注 释

① 非其鬼而祭之：鬼，一般指已经死去的祖先，有时也泛指神灵。祭，为了祈福而祭祀祖先。

② 谄：为了某种利益而巴结人。

评 析

孔子反对谄媚谋私，鼓励见义勇为。自古以来，见义勇为成为中华民族的优秀美德和文化传统，世代流传，这是同孔子思想的主张分不开的。孔子论理，往往与论事相结合，既微言大义，又使用春秋笔法，褒贬是非针对性极强。孔子说，不是应当祭祀的鬼神，你却去祭祀他，这就是一种谄媚的行为。孔子批评当时的季氏祭泰山，滥用祭礼，是为了求福而祭祀鬼神，这种行为僭越仪礼，是对君王的"大不敬"；也是批评季氏的家臣冉氏，理应劝阻而不为，缺乏斗争勇气和精神，丧失是非正义。孔子主张维护正义，挺身而出，见义勇为，不屈邪恶的思想，与中华民族精神是相一致的，这种一脉相承是十分可贵的。

八佾篇第三

导　读

本篇讨论的问题相对比较集中，基本上围绕着"礼"而展开。孔子维护周礼，诚如他的名言："郁郁乎文哉！吾从周。"他将周礼放到了十分重要的地位，"君使臣以礼，民事君以忠"，只有以他所说的"礼"为中心，君臣关系，君民关系就稳定了。因此，他认为"礼"是维护社会秩序的生命线。孔子从各个方面强调周礼，如祭礼，丧礼，社礼，君臣之礼，等等。这是因为社会现实的僭越违礼，导致礼崩乐坏，征战不已。恶劣的社会现实，导致人的灵魂扭曲，社会正气急剧下降，孔子终于发出了"事君尽礼，人以为谄也"的慨叹。在社会现实中，黑白颠倒，乾坤位移，他感觉到无可奈何，又不忍心江河日下，孔子只能求助于周礼，他没有别的办法。孔子关于《韶》《武》乐曲的善美议论，与其说是在抒发他的美学思想，还不如说他表现出对于和平的渴望。孔子强调周礼，是为了以周礼为准绳，鞭挞越礼犯上的行为，他以鲁国的大夫孟孙氏、叔孙氏和季孙氏为指责对象，义愤填膺地予以无情揭露。孔子做着复兴周礼的迷梦，是为了克服混乱的现实，结束纷争的局面，推行他所心仪和赞美的仁政和德治。孔子的这个愿望虽不现实，但无疑是良好的。

孔子一方面厌倦甚至是憎恶诸侯并起，以下犯上的社会现实；另一方面，他又张扬着"夷夏之变""尊王攘夷"的旗号，激扬民族自尊心、自信心的爱国主义情怀，一句"夷狄之有君，不如诸夏之亡也"的响亮话语，以及由此表达的文化自信和优越感，对于后世的国家民族观影响至深至远。孔子是一个伟大的爱国主义者，在国家的危急关头，他满怀忧患，但不乏重振民族雄风的志气。面对国家、民族危亡，他不失望不颓废；但是，在他的思想中，又有狭隘的国家民族观念成分。

孔子的思想富于现实感和辩证法。孔子强调客观条件与主观努力相统一，季孙氏僭礼而祭泰山，孔子鼓励学生劝止；但孔子反对学生不顾现实地与鲁哀公密谋"拨乱反正"。孔子主张形式与内容相统一，在形式与内容之间，他更看重的却是内容。这是非常明智的。

当然，孔子既有对于自己的主张过分执着的一面，又有显得拘泥迂阔的另一面。

一、是可忍，孰不可忍

孔子谓季氏 ① ："八佾 ② 舞于庭，是可忍 ③ 也，孰 ④ 不可忍也？"

注 释

① 季氏：鲁国大夫季孙氏。究竟指什么人，说法不一。可能是指季平子，即季孙意如，因为他放逐了鲁昭公，孔子认为是犯上，因此对他很有意见。

② 八佾：佾，读音同"意"，古代的配乐舞蹈，排成行（读音同"航"），一行八人称一佾。这种排成行的乐舞，也有一定的仪礼，体现了政治上的等级制。天子八佾，八八六十四人；诸侯六佾，六八四十八人；大夫四佾，四八三十二人；士二佾，二八一十六人。季氏只能用四佾而使用八佾，就是僭越礼制，这是"犯上欺君""大不敬"的行为。这在孔子看来，是不可宽恕的。

③ 是可忍：是，这的意思；可，能够；忍，忍心。

④ 孰：什么。

评 析

孔子维护周礼，主张尊卑有序，上下有别，反对擅自僭越，认为违礼，就是不仁。在这里，孔子指斥季孙氏使用八佾乐舞，让六十四个人在庭院中奏乐舞蹈，是盗用天子礼仪，既不安分守己，又欺君犯上。因此，孔子指责道："季孙氏竟然连僭越天子仪礼的事情都可以忍心做出来，他还有什么事不忍心做呀！"这有嘲讽季孙氏厚颜无耻的意思。"是可忍，孰不可忍"，在后世成为鼓励人们弘扬社会正气，鞭挞歪风邪气的成语，有广泛影响。

二、不能以常情常理想象乱世举动

三家①者以《雍》彻②。子曰："'相维辟公，天子穆穆③'，奚取于三家之堂④？"

注 释

① 三家：孟孙氏、叔孙氏和季孙氏，都是鲁国的大夫，他们掌握了当时鲁国的政权。

②《雍》：《诗经·周颂》中的诗篇。彻：通"撤"，古代祭礼完毕，撤祭馔，乐人歌舞以娱神。

③ 相维辟公，天子穆穆：相，傧相，助祭的人。维：语气助词，无实际意义。辟：诸侯。天子：周天子。穆穆：庄严肃穆的样子。

④ 堂：祭祖的庙堂。

评 析

孔子的学生向他报告说，鲁国的大夫仲孙氏、叔孙氏和季孙氏在家祭中僭越周礼，使用了天子的礼乐。在撤去祭品时，乐工演奏了《诗经·周颂·雍》这一诗篇。孔子说："《雍》诗说，周天子主祭时，庄严肃穆，助祭的则是诸侯。三家的做法怎么对得上这首诗呢！"如同上篇孔子批评季孙氏八佾舞于庭，是僭越周礼，不守臣节一样，孔子同样抨击了叔孙氏和季孙氏的僭越行为。孔子维护周礼，既忧心如焚，而又旗帜鲜明，坚定不移。孔子担心礼崩乐坏，会危及社会秩序；僭越周礼，会导致以下犯上，冲击社会道德。尽管如此，孔子的担忧后来还是变成了现实。

三、仁和礼、乐是联系在一起的

子曰："人而不仁①，如礼何②？人而不仁，如乐何？"

注 释

① 而：语气连接词，无实际意义。

② 如礼何：如……何，固定句式，将什么怎么样的意思。

评 析

言礼讲乐，在孔子学说中占有十分重要的地位。孔子认为，礼有助于维系社会等级制度，强化尊卑上下关系；乐则有助于社会各方面关系的协调发展。两者对于维系和协调社会关系相辅相成，缺一不可。因此，孔子在这里说，一个人不具备仁德，礼仪对他有什么用呢？一个人没有仁爱心，乐对他有什么用呢！没有"仁"，就谈不上"礼"和"乐"的范畴。从这里可以看出，"仁"在孔子学说中所占有的核心地位。据清代学者阮元统计，《论语》论"仁"，有五十八章，凡一百零五见；孔子论"仁"，凡七十八次。由此足见孔子对于"仁"的重视程度。在孔子学说中，"仁"是最高道德标准，又是各种具体的道德总和，统摄各项道德范畴，如礼、义、廉、耻、忠、孝、智、勇、刚、毅、恕、宽、信、敏、惠、温、良、恭、俭、让、木、讷等等，后世儒家以及中国封建社会意识形态将"仁"称为"全德"予以宣扬。我们在当代揭露中国传统道德的历史局限性的同时，还要大力弘扬中华优秀道德，促进其现代转化，促进新时代的社会道德体系建设。

四、礼已经变形了

林放① 问礼之本②。子曰："大哉问③！礼，与其奢④ 也，宁俭；丧，与其易⑤ 也，宁戚⑥。"

注 释

① 林放：鲁国人。是否为孔门第子，存疑。

② 礼之本：礼的本原所在。

③ 大哉问：对于问话的感慨，相当于"这个问题问得好啊"。

④ 奢：过分、过度，与后文的"俭"相对。

⑤ 易：治理，把事情妥善处理。

⑥ 戚：内心悲痛。

评 析

林放向孔子请教礼的本原。孔子认为问题提得意义重大，切中了时弊。当时，追求奢华乃至失礼的社会风气比较普遍，成为社会流弊。孔子提出了重内容轻形式的主张，反对表现在"礼"上的繁文缛节和形式主义。孔子说，就一般的礼仪来说，与其奢侈，不如俭约；就丧礼来说，与其繁缛，不如真心地寄托哀思。

五、华夏文化的骄傲

子曰："夷狄之有君①，不如诸夏②之亡③也。"

注 释

① 夷狄：古代汉族对于居住在中原周边的少数民族的称谓。居住在东边的少数民族被称为"夷"，又叫"东夷"；居住在北边的少数民族被称为"狄"，又叫"北狄"。有君：指有贤君，如当时的楚国庄王，吴国阖闾等。

② 诸夏：华夏民族。

③ 亡：读音与意思同"无"。

评 析

孔子主张明夷夏之辨，严夷夏之大防，尊王攘夷，春秋大一统。在他的眼中，汉水流域的楚国，长江下游的吴国都是蛮夷，没有礼仪，缺少仁道，其社会风俗、道德教化与华夏民族不同。孔子虽然心怀忧虑，当时华夏诸侯国僭越周礼，礼崩乐坏，君不君，臣不臣，天下大乱，但是，他以中华民族文化优越感为底蕴，有极强的民族自尊心和自信心，形成了对周边少数民族文化的偏见，甚至是极端鄙视的态度。因此，孔子一方面打着为天子"正名"的旗号，抨击诸侯"违礼"犯上；另一方面，他又要鼓吹中华文化的优越感，划定夷夏界限，这正如他所说的，夷狄虽然有贤君，但是，还是比不上华夏诸国无君的状态。孔子的尊王攘夷、明夷夏之辨、严夷夏之大防的思想在后世产生了很大影响：既培育和光大了中华爱国主义思想，又衍生了大汉族主义和闭关锁国、盲目自大的消极思想。

六、人有时反而还不如山神聪明

季氏旅^①于泰山。子谓冉有^②曰:"女^③不能救与?"对曰:"不能。"子曰:"呜呼!曾谓泰山不如林放乎?"

注 释

① 旅:祭名,祭祀山川为旅。根据当时的礼制,天子祭名山大川,而诸侯祭名山大川的所在地、大夫祭名山大川则是僭越礼制的行为。

② 冉有:孔子的学生,姓冉,名求,字子有。其时为季氏的家臣。

③ 女:读音与意思同"汝"。

评 析

孔子既反对季孙氏"八佾舞于庭",又反对季孙氏"以《雍》彻",对于季孙氏祭泰山的做法,孔子同样予以坚决抨击。孔子维护周礼,坚定反对僭越礼制,维护正统,反映了孔子在政治立场上的坚定性一贯性,这是孔子一生坚持不变的政治品质。不仅如此,孔子力求以自己的思想和行为教育和影响自己的学生。所以,孔子针对季孙氏祭泰山的做法,对冉有说,对于僭越天子礼仪的事情,能够劝阻吗?当冉有表示不能时,孔子评论道,唉!难道泰山之神还不如林放懂礼,居然会接受这不合规矩的祭礼吗!孔子的谴责之情与义勇激愤溢于言表。

七、争先是君子的本色

子曰:"君子无所争,必也射^①乎!揖让而升^②,下而饮。其争也君子^③。"

注 释

① 射:射箭的比赛。当时有四种:大射、宾射、燕射、乡射。老百姓只能参加乡射、大射、宾射,燕射则是一种贵族性的活动。孔子在文中所说的大射,是指由有地位有修养的人参加的活动。

② 揖让:是古代宾主相见时的礼节,作揖表达谦让和敬意。

③ 争也君子：根据《仪礼·大射仪》，参加的人登堂而射，射后计算中靶数量，少者被罚饮酒。所以，在争取射中的竞争中，多多表现，争先恐后，状态良好，仍然堪称君子。

评 析

孔子主张君子的道德修为，与人无争，主要是指不争名争利。但是，在当仁不让的时候，君子要表现出应有的高昂的精神风貌，勇往直前，一争高下，勇当胜者，一显君子本色。所以说，"其争也君子"。文中的论述，只是孔子的列举，如同君子参加大射，应该勇于争先，决不落后一样。但这并不意味着，君子勇争之处仅限于此。应该承认，人们在学习上，在事业上，勇于进取，不甘落后，依然是君子风范，值得提倡和肯定，当然也可以用"其争也君子"这句话来评价他。

八、意境在诗外

子夏问曰："'巧笑倩兮①，美目盼兮②，素以为绚兮③'，何谓也?"子曰："绘事后素④。"

曰："礼后⑤乎?"子曰："起予者商也⑥，始可与言《诗》已矣。"

注 释

① 倩：读音同"欠"，长相美丽。兮：读音同"西"，语气助词，相当于"啊"等感叹词。

② 盼：黑白分明。这两句诗出自《诗经·卫风·硕人篇》，后一句不见记载，或是逸诗。

③ 素：白色。绚：彩色。

④ 绘：描画。绘事后素，是说古人绘画，先布五种色彩，然后再用白色线条加以勾勒。

⑤ 礼后：礼在什么之后的意思。

⑥ 起予者商也：起，启发思想；予，我；商，子夏的名。子夏将《诗经》的意思与孔子所强调的礼联系起来，令孔子十分高兴，孔子认为子夏读懂了

《诗经》与礼义的真正含义，因此说他能够启发孔子的思想，又可以研讨《诗经》了。

评　析

子夏与孔子研讨《诗经·卫风·硕人篇》中三句著名的诗，子夏将《诗经》的意境与礼联系起来，得到了孔子的大力夸奖。《诗经》是彩为文，义为质，如同礼所强调的仁德为质，礼为文一样。孔子认为子夏学习《诗经》是动了脑筋的，能够举一反三，将礼的含义与《诗经》结合起来理解，提高了学习的水平，加强了研究的深度，因此，他可以和孔子一道来研讨《诗经》了。

《诗经》为孔子删订，礼为孔子所主张和倡导，两者在思想内涵上当然有相通之处。以白色为底子，才能绘出美丽的彩色；以仁德为基础，礼乐才有作用。孔子既是在阐发他对于《诗经》文质论的理解，更是在阐发仁德与礼乐之间的关系，指出仁是社会一切内容的核心和根本的东西。

从孔子对于子夏的表彰来看，孔子的教育思想主张教学相长，如同在《为政篇》第九章里对于颜回听课时"终日不语，如愚"的批评；而对于他课后"足以发"的表扬和肯定一样。孔子的教学相长，师生之间相互切磋、加强交流、共同提高的教学思想，充满了辩证法智慧，则是值得肯定和借鉴的。

九、历史资料有它的局限性

子曰："夏礼，吾能言之，杞①不足征②也；殷礼，吾能言之，宋③不足征也。文献④不足故⑤也。足，则吾能征之矣。"

注　释

①杞：相传为夏禹的后代，后为国名。西周初年，故址在今河南杞县一带，后又屡经迁徙。

②征：读音与意思同"证"，证明的意思。

③宋：相传为商汤的后代，故址在今河南省商丘市南。孔子的五世祖本为宋国的贵族，因避祸而由宋迁鲁，在鲁国定居下来。

④文献：文，指文字材料；献，指熟悉历史的贤人。

⑤ 故：读音与意思同"固"，本原的意思。

评 析

孔子自称"信而好古"，他一生勤于研读史书，因而对于夏、商、周三代的礼制，都能够通晓其义。这里也是对《为政篇》第二十三章所说的夏、商、周三代礼相袭，有损益，而且可以将礼制的变迁推演百世的进一步说明。这是说明问题的"互见"方法。不过，此处的角度有所不同：孔子说，他能够说出夏代的礼制来，遗憾的是，夏代之后杞人不能为他提供足够的证据；他能够说出商代的礼制来，遗憾的是，商代之后宋人不能为他提供足够的证据。文字材料和当代贤人都不能够提供礼制的本原。如果可以的话，孔子就能够以它为验证自己思想的证明了。由此可见，孔子分析历史问题，重视活材料与死材料的有机结合。这对于史学研究者是有启示意义的。

十、该出手时就出手

子曰："禘①，自既灌②而往者，吾不欲观之矣。"

注 释

① 禘：读音同"帝"，周代的祭礼。旧君死后，新君继位，在太庙祭祀历代祖先。后来演变为由天子主持的每五年一次的祭祀大典。周成王年幼，周公旦辅政，周天子特许周公主持禘祭。以后鲁国国君沿用此例，就是僭礼了，因此，孔子表示反对。

② 灌：祭祀中的一个节目。祭祀开始首次向受祭者献酒。

评 析

孔子坚决维护周礼，对于任何僭越周礼的行为，他都不能接受，并且予以抨击。孔子本是应邀观礼鲁国国君举行的祭祀历代祖先的大典，但是，由于鲁君僭礼，冒用天子的祭礼，所以，孔子在看过首献之后就拂袖而去，表示异议和批评。这也表现出孔子言行一致、坚持原则的独立品格。

十一、对于天下大事了如指掌的奥秘

或①问禘之说。子曰："不知也②。知其说者之于天下也，其如示③诸斯乎?"指其掌④。

注　释

①或：有人。

②不知也：是假装不知道的意思。孔子论事，"为尊者讳"，因此，他不愿意在别人面前指责鲁君僭礼的行为，托词说"不知道"。

③示：读音与意思同"视"，清楚、明了的意思。

④指其掌：掌，手掌。这是"了如指掌"成语的来源。

评　析

孔子一生崇拜周公，对于周公制礼作乐，推行礼制极为敬佩。在孔子看来，推行礼制，就是行仁政，重孝道。在后世，人们将仁治、德治理解为"以孝治天下"。但是，孔子重仁重孝，却是以守礼为前提和条件的。如果不知孝而违礼，就是陷于不仁，就不是真正尽孝道了。因此，孔子对于鲁君行禘礼，先是不观，后是不议。但是，禘礼有关国家的根本，如《礼记·祭统》所说，禘礼有十分深刻的意义，又是一件很重要的事情，因此，它被视为立国的根本。孔子对此还是了然于心的。所以，孔子幽默地回答问话说，"深知禘礼的人，对于天下大事也就了如指掌了"。孔子为尊者讳的做法，当然是不可取的。人们不能把这种涉及原则的问题等同于"顾全大局""大智若愚"。

十二、行到才能神到心到

祭如在①，祭神如神在。子曰："吾不与祭，如不祭②。"

注　释

①祭如在：意思是说，祭祀的时候，如同祖先在受祭。

②"如不祭"句：学术界对此有不同的理解。孔子表示要亲自参加祭礼；否

则，就像没有祭祀过一样。这样理解，比较切合原意。

评 析

孔子主张内容与形式相统一，反对只讲形式，不讲内容。在前面的篇章中，孔子就说过："丧，与其易也，宁戚。"祭礼主要应该表达真情，因此，要做到"敬"和"诚"。敬，就是要"敬其事"；诚，就是要"诚其心"。孔子的学生说，"祭如在，祭神如神在"，这是观察到孔子敬其事的态度；孔子自己则说，我不亲自参加祭礼，就感到没有祭祀过一样，是表达诚心。这与孔子讲的不仁之人，不能行礼的思想，是非常一致的。

十三、人不知，天自知

王孙贾①问曰："与其媚于奥②，宁媚于灶③，何谓也?"子曰："不然，获罪于天，无所祷也④。"

注 释

① 王孙贾：卫国大夫。

② 奥：物内西南角称为奥，古时人们以为那里有神。

③ 灶：指厨房，古时人们以为那里有神。

④ 祷：祈祷。

评 析

"与其媚于奥，宁媚于灶。"是当时的俗语。卫国大夫王孙贾用这句俗语问孔子，有挑衅的意味。孔子为宣扬他的学说，周游列国。在卫国时，孔子见过卫君宠姬南子，一时遭到物议。这也引起了王孙贾的不满。根据俗语，奥神主内而灶神主外，因此，王孙贾的讽刺很显然是说，你与其巴结内臣南子，还不如巴结我这个有权势的外臣。孔子显得很坦然，他说，假如得罪了上天，巴结谁也没有用。他这里说的上天，当然是指君王。孔子重礼，主张尊君，由此可见一斑。

十四、歆美周代有理由

子曰："周监于二代①，郁郁乎文哉②！吾从周③。"

注 释

① 周监于二代：监，读音与意思同"鉴"，借鉴，承继。二代，指周代以前的商代、夏代。

② 郁郁乎文哉：郁郁，繁盛的样子。文，指礼乐制度。

③ 周：指周代的礼仪。

评 析

孔子"敏而好古"，对于周代以前的文化典籍烂熟于心，通晓从上古演进于周代的历史轨迹，因此，他能够敏锐地发现周朝对于前代历史文化的承继性；同时，孔子的学习方法是比较科学的，他善于"温故而知新"，在历史的继承中，找出创新的内容。周公参考前朝礼仪，有所损益，制礼作乐，周礼比较完备。孔子是一名历史改良主义者，因此，他极力维护周礼，推崇周礼。

十五、谦虚无错

子入太庙①，每事问。或曰："孰谓鄹人之子②知礼乎？入太庙，每事问。"子闻之，曰："是礼也③。"

注 释

① 太庙：古代祭祀开国君主的地方。开国君主一般被后人称为太祖，因此，祭祀他的地方就被叫作太祖庙，简称太庙。

② 鄹人之子：指孔子。孔子父亲叔梁纥曾在鄹（读音同"邹"）地做官，按照古时候为尊者讳名的习惯，将叔梁纥称为鄹人。鄹人之子就指孔子。这里有轻蔑的口气。

③ 是：这。

评 析

鲁国祭祀周公，而孔子在年轻时曾在鲁国做官，因此得入太庙助祭。孔子十分谦虚，也很执着，对于每件乐器和每个行礼细节都问清楚。孔子主张尊礼在当时是出了名的，他的所为，遭到有人对他知礼守礼的怀疑，并讥讽他说，"谁说孔子懂礼呢？进了太庙，孔子事事都要发问"。孔子虚怀若谷，并不计较，却说："极度的谦虚，就是懂礼呀。"孔子的谦虚勤学精神是值得学习的。

十六、人欲横流，古道不行

子曰："射不主皮①，为力不同科②，古之道也。"

注 释

① 射不主皮：皮，指射箭的靶子。古代的箭靶子叫做侯，侯中间为鹄，用虎、熊、豹的皮制成。据《仪礼·乡射礼》说，射箭也是一种礼，"礼射不主皮"，意思是，比射箭，只比准头，而不比力气大小。

② 为：因为的意思。同科：同等。

评 析

孔子的感慨，有很强的现实针对性。春秋时期，诸侯并起，乱战激烈，各国崇尚武力，以力射为骄傲。楚国人养由基力穿七札，一时传为佳话。孔子十分忧惧。他搬出"射不主皮"的礼法，讥讽当时。相传，周武王灭商，为了表示天下太平，偃息兵戈，在郊射中立下规矩：射箭不许穿革，表示有爱怜生命之心。孔子将诸侯争霸的原因，归结为诸侯不守礼制，僭礼犯上，因此主张尊君守礼。

十七、名与实，不分离

子贡欲去告朔之饩羊①。子曰："赐也！尔爱其羊，我爱②其礼。"

注　释

① 去：除去。告朔之饩：朔，农历每月初一。饩，读音同"戏"，活着的牲口。告朔，古代的一种祭礼。每年的秋冬之交，周天子把来年的历书颁发给诸侯，诸侯就将它带回去藏在祖庙。每逢初一，诸侯就杀一只羊祭祀，然后到朝廷听政。这就是"告朔"。在子贡的时代，鲁国国君不但每月初一不亲临祖庙，而且也不听政，杀羊祭祀只是摆摆样子，因此，子贡主张废除告朔的礼仪。

② 尔：你。爱：怜惜，可惜。

评　析

子贡可惜告朔礼名存实亡，而羊被枉杀；孔子认为，只要有杀羊的行动，就会使人们牢记有告朔礼的存在。子贡惜生，孔子爱礼，各有角度不同。可见，孔子对于周礼被废是十分痛心的，因而主张复礼。

十八、乱世无是非

子曰："事①君尽礼，人以为谄也。"

注　释

① 事：侍奉。

评　析

孔子哀叹世风不正，正气不张。在鲁国，公室弱而三桓强，僭礼之事，屡屡发生，如八佾舞于庭，以《雍》彻，祭泰山等，"是可忍也，孰不可忍也！"孔子对于世风日下，人心不古，很是气愤，因此，他发牢骚说："按照臣子的礼节，竭尽忠心地服侍君王，却被诬为谄媚呢！"可见，在乱世，社会主导的价值标准坍塌后，人心不正，是常见的现象。

十九、维护君臣关系离不开礼和忠

定公①问："君使臣，臣事君，如之何？"孔子对曰："君使臣以礼，臣事君以忠。"

注 释

①定公：鲁国国君，名宋。昭公之弟，哀公之父，在位十五年。死后，其谥号为"定"。

评 析

孔子在回答鲁定公的问话时，准确地阐述了君臣之礼：君为尊，臣为卑；君在上，臣在下；因此，君王与臣子的关系是使唤与被使唤的关系，但是，"使唤"也有度，就是要符合"礼"；反过来，臣子要以一片忠心来服务君王，也就是"尽忠"。定公向孔子询问君臣之礼，事出有因。定公之兄昭公偏听偏信，最后招致大臣反叛，因为他失礼于大臣，即使客死异乡也不值得同情。于是，孔子将臣子如何才可能为君王尽忠的底线揭示出来，阐述了君臣关系的相对性，指出了"礼"在君臣关系中的重要协调作用。可见，孔子与后世儒家不同，他并不主张"愚忠"。

二十、掌握哀与乐的辩证法

子曰："《关雎》①乐而不淫②，哀而不伤③。"

注 释

①《关雎》：《诗经·国风》中的首篇。这首诗歌颂了一男子思慕淑女并最终迎娶女子的爱情故事，当他求而未得时，辗转反侧，寤寐思使，充溢哀思之情；当他成功迎娶时，钟鼓乐之，琴瑟友之，充盈欢乐之情。

②乐：读音同"勒"，高兴的意思。淫：过度。

③伤：损害。

评 析

诗言志，歌咏言，声依咏，律和声，本来是自然之理，体现事物的真实内容。孔子依循物理，阐发人生智慧。在孔子的论述中，仁智兼顾，礼乐兼顾，诗礼兼顾，能够使人从中领会理智与情感的统一，道德与艺术的统一，人生与文学的统一。孔子在这里评论《关雎》，实际上是在揭示人生真情，畅言人生境界。他强调哀乐适中有度，抒发人生纯正的性情，指出人在高兴的时候不要过度，在哀怨的时候不要伤身，这实在是一种高超的人生智慧。

二十一、过去的事情是后来人的经验

哀公问社于宰我①。宰我对曰："夏后氏以松②，殷人以柏，周人以栗，曰，使民战栗也。"子闻之，曰："成事不说③，遂事不谏④，既往不咎⑤。"

注　释

① 社：古人建国，都要立社，即土神。祭祀土神，要为它立一木制的牌位，以供神灵有所依托，这牌位就叫主。宰我：孔子的学生，名予，字子我。

② 夏后氏：上古时代的氏族部落。这里是指部落首领、夏朝的创立者夏禹。

③ 成事不说：说，解释。已经做成的事不要再解释了。

④ 遂事不谏：遂，通达，已经做了的意思。已经做了的事就不要再规劝了。

⑤ 既往不咎：既，已经；往，过去；就，责备。已经过去的事就不要再责备了。

评　析

哀公时，孟孙氏、季孙氏和叔孙氏三家擅政，哀公有征讨的想法，所以向宰我问计。孔子知道宰我向哀公出主意后，觉得宰我言辞不谨慎，不从实际出发，因而批评他。孔子主张实事求是，谨言慎行，是有道理的。三家擅政，由来已久。哀公没有实力去拨乱反正，打算征讨也只能是一厢情愿的空想。最后，他们两人的结局都很悲惨。孔子说的"成事不说，遂事不谏，既往不咎"这番话，就是这种前提和条件。既往不咎，成为一条流传久远而广泛的成语。

二十二、在道德评价面前人人平等

子曰："管仲①之器②小哉!"

或曰："管仲俭乎?"曰："管氏有三归③,官事不摄④,焉得俭乎?"

曰："然则管仲知礼乎?"曰："邦君树塞门⑤,管氏亦树塞门。邦君为两君之好,有反坫⑥,管氏亦有反坫。管氏而⑦知礼,孰不知礼?"

注 释

① 管仲:春秋时期齐国人,字夷吾,为齐桓公时宰相,辅佐齐桓公九合诸侯,一匡天下,成就霸业,名扬天下。被齐桓公尊称为仲父。

② 器:器识。

③ 三归:有多种不同的理解。有三处家的意思。

④ 摄:兼职。

⑤ 邦君树塞门:邦君,诸侯国的国君;树,立;塞门,在大门口筑一道矮墙,使外面看不到里面。

⑥ 反坫:用土筑成的台子。古时国君招待别国君主,在献过酒之后,将酒杯放在反坫之上。坫,读音同"店"。

⑦ 而:连词,假设,假如。

评 析

管仲固然为中华一伟丈夫,他所成就的功业,彪炳史册。对此,孔子也是十分肯定和尊重的,因此,说过十分推崇他的话。但是,管仲居功自傲,僭越礼仪,又非人臣所为之事,因此,孔子讥刺其"小器",即没有宏远的识见,行为不甚检点。孔子批评他有三处豪宅,而且各处的职事派有专人负责,这已经很铺张了;何况他还僭越了国君礼仪,他如同国君一样在大门口修建了屏风,在家里摆放了只有国君才能使用的酒几。由此可见,管仲虽然建立了盖世功勋,但他做人不节俭,不符合礼的规范,这却是不值得称道的行为。孔子在评论人物时,很重视使用道德评判尺度,将价值判断与道德判断有机结合在一起。

二十三、国家不可无乐

子语鲁大师乐①，曰："乐其可知也：始作，翕如②也；从之③，纯如④也，皦如⑤也，绎如⑥也，以成。"

注　释

① 语：告诉。大：读音与意思同"太"。大师：音乐总管。

② 翕如：钟声既起，听到的人和着乐声振奋的样子。翕，读音同"希"，合和的意思。

③ 从：读音与意思同"纵"，展开。

④ 纯如：和谐的样子。

⑤ 皦如：清晰的样子。皦，读音同"皎"。

⑥ 绎如：连续不断的样子。

评　析

孔子同鲁国的音乐总管谈论音乐，说道："演奏音乐的过程是这样的：开始的时候，众音合奏，给人以振奋的感觉；接着，音律舒展开来，音调和谐，明亮清晰，最后戛然而止，余音袅袅。就这样，演奏结束了。"孔子将音乐与礼仪并重，号称"礼乐"。音乐既庄重严肃，又轻松活泼；既清雅，又和谐。孔子十分重视音乐对于人的教化作用，因此，在研究音律上用功甚勤，有很多独到的见解。

二十四、留得精神照后人

仪封人请见①，曰："君子之至于斯也，吾未尝不得见也。"从者见之②。出曰："二三子何患于丧乎③？天下之无道也久矣，天将以夫子为木铎④。"

注　释

① 仪封人：仪，地名，在当时的卫国。封人，镇守边疆的官。见，读音与意思同"现"，接见的意思。

② 从者：随行的人。

③ 子：对男子的尊称。丧：失掉官位。

④ 木铎：金口木舌样子的铜铃。古时以它来召集民众宣布法令。这里是比喻，将孔子比作传播政教的圣人。

评　析

本章是孔子的门徒借人之口吹捧孔子为圣人。卫国仪地的边官在孔子路过的时候请求接见，说，凡是有德行的人，我都要亲自接待。他在得到孔子的接见后，自然很高兴，对孔子的学生说道："你们不要担心得不到官职。天下黑暗已经很久了，上天有意让孔子碰壁，以便让他创立的法度垂教于天下后世。"孔子被历代统治者表彰，吹捧，甚至被封为"素王"，《论语》中的这一段话，成为重要的依据。

二十五、音乐美在于形式美和内容美的统一

子谓《韶》①，"尽美矣，又尽善也②"。谓《武》③，"尽美矣，未尽善也④"。

注　释

① 韶：相传是舜时代的乐曲名。孔子对于《韶》十分欣赏，在齐国学习《韶》乐时，如痴如醉，三月不知肉味。

② 尽美矣，又尽善也：即"尽善尽美"。指完美得没有一点儿缺点。尽，极。

③《武》：周武王时的乐曲名。

④ 尽美矣，未尽善也：艺术形式是完美的，但内容就不一定十分好了。舜是由禅让得君位，所以，《韶》乐从形式到内容都是好的；而周武王是由战争得君位，所以，《武》乐有宣扬暴力的意味，内容就不一定十分好了。

评　析

孔子评论《韶》与《武》两首乐曲时，既兼顾形式美，又张扬内容美。反映了孔子辩证的美学思想。这一进步的美学理论历经世代变迁，依然得到后世得到继承。孔子阐发了他的美学思想，但是，他决不仅仅是要表达这一思想，

一个重要的主题却是针砭时弊。孔子生活在礼崩乐坏、战乱频仍的春秋时期，他反对战争，维护礼制，借乐发论，从中寄托了他的仁政理想和德治主张。

二十六、为政必须有德，有德才有魅力

子曰："居上① 不宽，为礼不敬②，临丧不哀，吾何以观之哉③ ？"

注 释

① 上：上位。

② 为礼：行礼。

③ 观：察考。这里是评价的意思。

评 析

孔子对于居于上位（统治者）的人，提出了道德要求：宽厚待人，虔诚行礼，办丧哀痛；否则，人们怎样去评价他呢？如果他不守这三德，那么，就不具备居于上位的资格了。这就提出了一个严肃的命题：为政者必须有德，必须具有人格魅力；否则，他就不具有为政的资格。这与孔子在前面强调的"为政以德"的精神是相一致的。孔子提出用"三德"评价统治者，很有政治眼光。

里仁篇第四

导　读

在《论语》中，关涉"仁"者有五十八章，本篇就占了七章，接近总章的八分之一；孔子论述"仁"共有七十八处，本篇就有十七处，接近总量的五分之一。可见本篇在《论语》乃至孔子思想中占有重要地位。孔子论仁，往往与"道"关联，形成为"仁道"的概念。在本篇中，论"道"者，凡五见，四章。孔子自我标榜的名言："吾道一以贯之。"也见于本篇。孔子鼓吹"仁道"是与他宣扬的"君子人格"紧密联系在一起的。在他看来，君子的最高目标和毕生追求，也在于仁道。在一定的意义上说，君子即仁道，仁道即君子。当然，君子是仁道的实践者和体现者。在本篇中，孔子论君子共有四处，占全篇的四分之一，比重也是很大的。

孔子以仁道作为君子的道德规范，在本篇中，又从各个层面进行了论述。如：言与行，义与利，功利价值与道德价值，家庭伦理规范与社会伦理规范，等等。孔子认为，仁德的环境对于人的成长影响很大，聪明的人总是追慕仁德的环境；反过来说，以仁德为修身目标的人，一定能够产生道德的感召力量，他最终是不会孤独的。仁德之所以重要，在于能够净化人的心灵，使人端正心术，不做坏事，能够有正确的是非善恶观，做一个顶天立地的人。既然仁道有如此重大的人生意义，那么，它就是超越人的生命和现实功利价值的崇高目标。孔子认为，一个人只有具备"朝闻道，夕死可矣"的崇敬之心，才可能追求到仁道。

孔子认为，追求崇高的道德理想"仁道"的人，毫无疑问就是"君子"。君子追求仁道，注重人间的"五伦"：父子、夫妻、兄弟、朋友、君臣。当然在家庭伦理与社会伦理中，"孝"是最基本的东西。所以，孔子一如前面的篇章一样，强调"孝"的人生意义与社会功能，甚至是不厌其烦地重复强调它。

道德具有自律与他律的两面性。孔子认为，君子与一般的人不同，他善于拿起道德自律的武器，进行自我剖析，不断提高自我觉悟。"见贤思齐焉，见不贤而内自省也"，这是一句流传千古、影响极深的道德格言。

一、重视环境对于人成长的作用

子曰："里仁为美①。择不处仁②，焉得知③。"

注　释

① 里：居住的地方。

② 处：居住。

③ 知：读音与意思同"智"，智慧的意思。

评　析

孔子强调环境对于人生活的重要影响作用。孔子认为，人们居住的地方，有一个仁德的环境才好；选择住处，不受到仁德的影响，怎么能够变得聪明起来。孔子以后的思想家，对于环境的影响作用，从各个角度作了精彩的说明。如孟母三迁的故事，传为千古美谈；荀子在《劝学篇》中指出："蓬生麻中，不扶而直；白沙在涅，与之俱黑。"颜之推说："与善人居，如入芝兰之室，久而自芳也；与恶人居，如入庖鱼之市，久而自臭也。"后人则说："近朱者赤，近墨者黑。"人是环境的产物。人在改变环境的同时，也在更大程度上改变着自己。

二、仁德给人以韧劲

子曰："不仁者不可以久处约①，不可以长处乐。仁者安仁，知②者利仁。"

注　释

① 约：穷困。

② 知：读音与意思同"智"。

评　析

孔子认为，仁者能够经受顺境与逆境的考验，无论身处顺境还是逆境，都能处之泰然。因此，孔子在这里说，一个没有仁德的人，是不可以久处穷困的，否则，便会为非作歹；他也不可以长处安乐，否则，便会骄奢淫逸；而具备仁德的人则正好相反，他会自自然然地、发自内心地推行仁道；有的人虽然聪明，可是为了个人目的去推行仁道，那就是另一回事了，这是不可取的。另外的一些文化典籍还记载着孔子与本文思想相关的话。如，《礼记·表记》还有："畏罪者强仁。"意思是说，为了掩盖罪恶，勉强地行一点仁道。这样，思想道德境界就更显低下了。因为他把高尚的道德"仁"作为作恶造孽的工具，这就在根本上违背了仁道的本意。《中庸》还有："或安而行之，或利而行之，或勉强而行之，及其成功一也。"意思是说，各有自己真实的意图去行仁，单从形式上看，有其成功的一面，但是，如果从主观动机上分析，他们各有本质的差别。在行仁问题上，孔子强调主观动机与实际效果相统一。这是有积极的社会意义的。

三、仁德是褒贬人物的标准

子曰："惟仁者能好人①，能恶人②。"

注　释

① 好：读音同"浩"，喜好。
② 恶：读音同"误"，厌恶，讨厌。

评　析

孔子说，只有真正具备仁德的人，才能依据善恶标准去表彰人，贬抑人。一般来说，人都有善恶之心，都有自己的好恶标准。但是，只有品德高尚、修养深厚的"仁者"，才有正确可靠的是非善恶观。至于那些不仁的人，因为心存私欲，往往使自己的善恶标准失去了客观公正的基准，他的所好所恶，都是没有是非善恶原则的假好假恶。如果没有真正的善恶是非标准，一个人怎么可能知耻尚勇，见义勇为，惩恶扬善，增智明德呢！在孔子看来，人类的万恶之源，其实就是不仁；不仁，实在是人自身的最大敌人。

四、仁德是做人的分界线

子曰："苟志于仁矣，无恶①也。"

注　释

① 恶：读音同"饿"，用作动词，做坏事的意思。

评　析

孔子强调立志的极端重要性。他认为，道德理想与道德实践在本质上是一致的，一个人如果能够以修仁德、行仁德为自己坚定不移的志向，便不会做坏事，成坏人。反过来说，一个人如果无志于仁，就可能作恶，就会成为坏人。由此可见，孔子既将仁作为总的、最高的道德标准，又作为善恶的根本分水岭：仁即是善的，不仁即是恶的。如果说，上一章讲"惟仁者能好人，能恶人"，是要揭示仁者的道德标准，那么，本章则是要进一步说明善恶的缘起和道德根源。两章联系起来读，有助于理解"仁"的道德价值，以及对于人的教育意义。

五、仁德决定人生的行程

子曰："富与贵，是人之所欲也；不以其道得之，不处也①。贫与贱，是人之所恶也；不以其道得之②，不去也③。君子去仁，恶乎成名④？君子无终食之间违仁⑤，造次必于是⑥，颠沛必于是。"

注　释

① 所欲：想要得到的东西。这里用"欲"，表示在思想上的迫切性。处：本是停留的意思，这里作安心理解，也可以作拒绝理解。

② 所恶：厌恶的东西。得之：应为"去之"。

③ 去：除掉。

④ 恶：读音与意思同"乌"，哪里、怎么的意思。

⑤ 终食之间：一顿饭的工夫。违：背离。

⑥ 造次必于是：造次，匆忙、仓促的意思。必：一定。于是：于，同"为"，实行的意思；是，这，指仁德。

评 析

孔子认为，君子之所以被称为道德楷模，是因为他能够处于一切环境而不背离仁的要求，无时无刻不自觉地真心诚意地实行仁。因此，人不在于难以得到仁德，而在于发自内心地去追求仁德，自觉自愿地去实行仁道；由于没有本心本意，无论是身处荣华富贵，还是身处颠沛流离，可能在一念之差之间，就背离了仁德。可见，对于仁来说，道德自觉或者说道德觉悟是前提。有了道德自觉，就会以仁德为思想和行为的准绳，从而博得君子的好名声。

仁对于人的声名形象，乃至于评价人的价值标准上，也具有普遍的意义。像春秋时期齐景公那样失于仁德，虽有人君之贵，千乘之富，老百姓以"无德"指斥他，富贵对于他又有什么意义呢？南宋末年丞相文天祥，山河破碎，身陷囹圄，高唱一曲《正气歌》，"孔曰成仁，孟曰取义"，求仁立德，真正做到了"留取丹心照汗青"，千古流传，文天祥实践的仁德具有永恒的价值，因此，他在道德修养、理想情操上是真正的富贵者。

六、思想通了，实践就会有动力

子曰："我未见好仁者，恶不仁者①。好仁者，无以尚之②；恶不仁者，其为仁矣③，不使不仁者加乎其身④。有能一日用其力于仁矣乎？我未见力不足者。盖有之矣，我未之见也⑤。"

注 释

① 恶：读音同"误"，厌恶。

② 尚：超过。

③ 矣：相当于"也"，构成"者……也"句式，表示肯定的判断。

④ 乎：相当于"于"，在。

⑤ 盖：大概。

评 析

常人总以为在行仁道的时候，常常力不从心。孔子则认为，这是没有真正悟通仁道，将仁心与人力裂割开来。其实，有仁心就会有人力，就会下功夫行仁道。孔子也承认行仁之难。他说，真正的仁者，不但把仁作为自己的最高追求目标，而且爱憎分明，疾恶如仇，决不会与不仁者同流合污。但是，这样的仁者，他还未见过。当然，孔子是辩证论者，他又说，行仁是不难办到的。任何人，只要他致力于仁，是没有不成功的；问题则在于，要有行仁的自觉性。因此，孔子说，致力于仁而力有不足的，他还没有见到。

实际上，孔子是将仁德的积累和仁道的实践作为一个过程来看待，强调自身觉悟与毕生努力。有觉悟的人，不会放弃哪怕是吃饭的工夫；没有觉悟的人，总是以力不从心为推诿。荀子后来在《劝学篇》中发挥道："积善成德，而神明自得，圣心备焉。"

七、人以群分，群以心分

子曰："人之过也，各于其党①。观过，斯知仁②矣。"

注 释

① 党：类。
② 斯：那么，就。仁：有两解。一是仁的本意；二是同"人"。这样理解都顺文意。

评 析

孔子认为，仁心决定人的表现与作为。不同的人各有不同的表现，因表现的不同而属于不同的类别，最根本的是他们在仁心上的差异。因此，察考一个人的过错，就知道他属于哪一类人了。孔子重视从人的内心世界了解人，反对因言取人，以貌取人，他认为人的作为和表现是人的真实思想的体现。孟子后来说："知人论世。"这是对孔子的这一思想的发挥。

八、不获真知死不休

子曰："朝闻道①，夕②死可矣。"

注 释

① 朝：读音同"招"，太阳刚刚升起的时候，早晨。闻：听。道：仁道。

② 夕：日落的时候，傍晚。

评 析

在《论语》中，孔子论"道"，凡七十八见。关于"道"的内涵，也有一些具体范畴的差异。如，修身、齐家、治国、平天下、诚心、正义、礼、乐、孝、忠、信、廉、耻、温、良、恭、俭、让、爱、宽、恕、勇、刚毅、木讷等。但在《论语》中，孔子都将它们纳入到了"仁道"的总概念之下。换句话说，在不同的话题下，"仁道"往往具体化为一些实在的范畴。孔子具体地阐述仁道，要么是强调道德修养，要么是主张实践若干具体的美德。所以，孔子又说："吾道一以贯之。"正是将仁道放在道德总则的位置上讲的。

孔子重视仁道，毕生追求仁道，鼓励仁道，至死不渝。他认为，仁道是高于一切的生活理想和追求目标，为了获得仁道，可以付出生命的代价。他又指出，仁道对于个人而言，具有超越现实世界的迫切性，只要获得仁道，哪怕是马上死去，也是值得的。可见仁道是多么神圣；对于个人来说，它具有多么巨大的人生价值！孔子对于仁道的执着，对于仁道价值的张扬，在后世产生了巨大影响。

九、斤斤计较者，不是同路人

子曰："士①志于道，而耻恶衣恶食者②，未足与议也。"

注 释

① 士：在孔子的时代，士是介于平民与贵族之间的一个社会阶层，以读书人居多。

②耻恶衣恶食：以粗衣粗食为耻。恶，丑，与美相对。恶衣恶食，粗衣粗食。

评 析

聚集于孔子门下的，很多都是读书人，他们身怀入仕的抱负。孔子认为，作为有志于天下的人，应该先公后私。如果连自己的衣食都要计较，怎么可能为了自己的志向而不遗余力呢？心地不纯的人，即使有志，也是虚志；纵使他飞黄腾达，也不会甘心情愿地履行仁道。因此，孔子要求弟子们说：读书人以仁道为志向，但是，计较衣食精粗美恶，这样的人，怎么可以将他引为同道呢！孔子认为有志于读书问道的人，就应该端正心思，胸怀天下，公而忘私的思想，是有积极意义的。

十、原则性同灵活性要结合起来

子曰："君子之于天下也，无适①也，无莫②也，义之与比③。"

注 释

① 适：读音与意思同"迪"，依从的意思。

② 莫：不肯。无适与无莫往往连用，无可亦无不可的意思，指为人灵活多智，不拘泥固执。

③ 义之与比：义，适宜；比，靠拢，亲近。

评 析

孔子强调做人做事，既要有原则性，又要有灵活性。只有原则性而没有灵活性，人就过于呆板固执，不能应事；只有灵活性而没有原则性，就没有主见，也难以成事。因此，孔子认为，一个有修养有才干的人，能够从实际出发，具体问题具体分析，不囿陈规，不落俗套，一切以时间地点条件为转移，创造性地分析问题、解决问题。他说："君子对于天下的事，没有一定的规矩要求那么做，也没有一定的规矩要求不那么做，而是要根据实际情况，怎么合适就怎么去做。"孔子将做人处事的辩证法精义揭示无余不僵化，不固守，不拘泥，因人而异，因时而进，因事而新，重视将人的活动与时间、地点、条件结合起来，积极作为，勇于进取。孔子在本章的论述，与前文讲"君子不器"的思想是一致的，有互见互释的作用，由此可以加深对"君子"的理解。

十一、道德只为君子所有

子曰："君子怀① 德，小人怀土② ；君子怀刑③ ，小人怀惠④ 。"

注　释

① 怀：思念。

② 土：田土。

③ 刑：法度。

④ 惠：恩惠，这里是指个人私利。

评　析

孔子界定了君子同小人的本质差别：君子以道德修养为做人处事的准绳，而小人则以个人私利为做人处事的依据；君子做人做事以法度为界限，而小人做人做事则以个人私利为标准。孔子认为，道德修养是为人处世原则的根基；离开了道德修养，就谈不上做人的原则，就会成为自私自利的小人。孔子将道德修养作为社会现实生活的准绳、航标来强调，具有普遍的人生意义。

十二、自私自利不为社会所容

子曰："放于利而行① ，多怨② 。"

注　释

① 放：依照。利：个人的物质利益。

② 怨：用作动词，产生怨恨。

评　析

孔子讲做人，是从内外两个方面来分析的：对内，要注重道德修养，追求仁道，做一个君子；对外，则依循道德标准去正确地处世应务。两者相辅相成，前者是后者的基础和条件，后者是前者的体现和加强。有了做人的道德要求，才谈得上做人的智慧，具体地说，就是处世待人之道。孔子强调，人具有社会性，要维系社会秩序，人与人之间的关系就要靠道义原则来维系，而不能以现实利益为纽带；否则，"一切行动以个人利益为依据，就会招致大家的反对"。孔子从人的社会性出发，强调处世的原则，这是很有道理的。

十三、治国需用礼

子曰："能以礼让为国乎①？何有②？不能以礼让为国，如礼何③？"

注　释

① 礼让：按照礼的原则谦让。

② 何有：这是孔子生活时代的常用语，有什么困难的意思。

③ 如礼何：奈礼何，拿礼怎么办的意思。孔子是要说，国家的礼仪必须有谦让的实质，舍弃了谦让的精神就不能实行礼，更不要说治理国家了。

评　析

孔子生长的时代，礼崩乐坏，诸侯并起，无论是在当政者中间，还是在社会上，普遍缺少礼让精神，礼只是徒具一副空壳。针对社会现实的纷乱，孔子提出了礼让治国的主张。孔子的议论，显得很激愤：能以礼让来治理国家吗？这有什么困难的！既然不能以礼让来治理国家，空谈礼又有何用！在礼与礼治的关系上，孔子的思想一以贯之，强调内容与形式相统一，知与行相一致。

十四、最根本的是具备德才

子曰："不患无位①，患所以立②；不患莫己知也③，求为可知也④。"

注　释

① 患：担忧。位：官位。

② 所以立：立，也是官位的意思，古人上朝，各依官职的品级站立。所以，……的缘由。

③ 莫己知：莫知己的意思，指出名。

④ 求为可知：指获得官位所凭借的德才。

评 析

孔子一贯强调形式与内容相统一，在一定的意义上说，内容决定形式，内容重于形式。因此，孔子以真本事来要求学生，认为如果能够练就真功夫，获得真本领，那还有什么值得担忧的呢？就拿官职和功名来说："一个人并不担心有没有职位，愁的是有没有干事的德才；一个人并不担心能不能出名，愁的是真本事与名声是不是相符合。"孔子讲要多重视主观原因，少强调客观原因，即"反求诸己"的思想，是值得重视的。

十五、万变不离其宗

子曰："参乎！吾道一以贯之①。"曾子曰："唯②。"子出，门人③问曰："何谓也？"曾子曰："夫子之道，忠恕而已矣④。"

注 释

① 一以贯之：坚持始终的东西。贯，贯穿。

② 唯：是，表示肯定的回应。

③ 门人：学生。这里是指孔子的学生。

④ 忠恕：是两个相邻的道德概念。忠，竭尽真心诚意待人；恕，推己及人、设身处地着想。

评 析

孔子强调他的思想虽然在不同的时间、不同的场合有不同的说法，但是，万变不离其宗，不同的概念总是围绕着一个根本的命题来展开的，具体的论述都是为了说明这个根本思想，因此，它们是不矛盾的。这个根本的管总的东西，就是"道"，即"仁道"，孔子将它贯穿在自己思想的一切方面。曾子将孔子的"道"理解成"忠恕"，也基本上是准确的。因为孔子自己也常常用孝悌、诚信、忠义、智勇、礼让、廉耻等具体的概念阐释他的"仁道"。曾子说的"忠恕"，与"修身齐家治国平天下"的道德理想是一致的。因此，用"忠恕"来解释"仁道"，也是没有什么不可以的。

十六、义利关是为小人设置的

子曰："君子喻于义①，小人喻于利②。"

注 释

① 义：道义。也是孔子关于"仁道"内涵的重要范畴。

② 利：与义相对，指个人私利。

评 析

孔子在前文中说："君子怀德，小人怀土；君子怀刑，小人怀惠。"又说："放于利而行，多怨。"这些都是讲人的道德修养与物质利益关系，而且认为依照处理这一关系的结果，以此作为判断君子与小人的标准。孔子将仁义放在做人的首要位置，将个人的物质利益放在次要位置，认为君子追求仁道，小人追求私利，因为他们的道德理想不同，所以，在义利问题上就有不同的答案。孔子反对见义忘利，主张以义率利。孔子关于义利观的论述，在后世产生了极大影响。汉儒董仲舒进一步发挥道："明其道不计其功，正其谊（义）不计其利。"儒家的义利观成为支配中国传统社会经济思想的内核，成为居于社会主流的经济伦理，在中国传统社会影响很大。

十七、见贤就要思齐

子曰："见贤思齐焉①，见不贤而内自省也②。"

注 释

① 齐：用作动词，看齐。

② 省：读音同"醒"，自我反省。

评 析

孔子论述了增进自我修养的两个渠道：一个是因先进、榜样、标杆而激发动力，自觉向先进、榜样、标杆看齐，勇于向先进学习，奋力追赶。一个是因落后而产生戒心，自觉对照自己，反省自己的缺点和不足，以落后为鉴镜，避免前车之覆。孔子表彰先进，强调以先进为榜样，不甘人后；孔子鞭策落后，强调自我反思和觉悟意识，发挥主观能动性。一个人如果有了这两条，那么，他就不会陷于堕落。

十八、抱定一颗孝心待父母

子曰："事父母几谏 ①，见志不从 ②，又敬不违 ③，劳 ④ 而不怨。"

注 释

① 几：读音同"机"，轻微、婉转的意思。
② 志：内心。从：听从。
③ 违：忤触，冒犯。
④ 劳：忧愁。

评 析

孔子将"孝"作为"仁道"的基础，因此，十分重视孝道。本章中，孔子具体地阐释了孝道，丰富了孝道的内涵。子女对于父母，孝敬为先。虽然父母也有过失，需要子女劝谏，但是，劝谏的规范是"情义"。对于情义，是不可突破的。如此，才是遵循了孝道。因此，孔子说道："子女侍奉父母，对于父母的过失，应当婉转劝谏。将自己的意见表达了，而父母不听从，还是要照常恭敬，不要忤触，等待机会再劝。如此这般，虽然不堪忧劳，但也不要对父母心生怨恨。"孔子将孝敬与情义结合起来，充满了家庭的温情。如果将孔子的议论推向极端，得出"天下无不是的父母"的结论，宣扬"愚孝"，那就违背了孔子思想的本意。

十九、为人子的责任不能忘记

子曰："父母在，不远游①。游必有方②。"

注　释

① 游：古时的"游"意，较今天的意义为窄，指游学游宦。

② 方：方向，指固定的处所。

评　析

孔子此章所论，仍然是讨论孝道，而且同上一章一样，将孝道与家庭情义联系起来讲。古代通讯交通艰难，倘若远游他地，父母有紧急情况，需要儿子照顾而不可得，这样，做儿子的就违背了家庭伦理，也就违背了孝道。如果他有固定的去所，能够招之即来，这样既不违背家庭情义，又不违背孝道，才算是两全其美。孔子认为，虽然说"游学游宦"是读书人的重要的生活内容，但是，一定不要将它同孝道对立起来。

二十、孝道源于一颗孝心

子曰："父母之年，不可不知①也。一则以喜，一则以惧②。"

注　释

① 知：了解清楚的意思。

② 惧：担忧。

评　析

前文讲既要劝谏父母的过失，又不要忤逆。这是论述孝行。本章重在论述孝心。孔子说："对于父母的年岁，不可不清楚呀！随时想到，既是为父母高寿而高兴，又是担忧父母来日不多。"孔子重视孝心，将孝心与仁心联系起来，认为孝心是仁心的基础。一个人如果有仁心，那么，就有人情，就能够推己及人，就能够治国平天下；否则，如果身怀私心杂念，就违背了孝道，就不能达致仁道。可见，人们胸怀一颗孝心，在人生中是多么的重要！

二十一、说到就要做到

子曰："古者言之不出 ①，耻躬之不逮也 ②。"

注 释

① 古者：从前的君子。

② 耻：以……为耻。躬：身体。逮：赶得上。

评 析

孔子重视言与行的关系。他在前文强调过言为行先，谨言慎行。在本章中，孔子强调言行一致。他指出，轻易放言，而又做不到，对于君子来说，是一件可耻的事情。说到就要做到，言必信，行必果，是古往今来所强调的做人的基本道德。

二十二、自律是个宝，一刻不能少

子曰："以约失之者鲜矣 ①。"

注 释

① 约：自我约束的意思。

评 析

孔子在前文中指出"自省"的必要性和重要性，在这里，他又补充强调道，人一定要有自我约束力，他认为，从古到今，因为自我约束而导致过失的人，还是很少见的。自省，是人自我约束的基础。一个人如果没有自省，自我感觉良好，就会忘乎所以，放纵自己，走偏人生的航向。自我约束，是人自省的目标；如果光有自省而没有自我约束，那么，自省就没有实际的意义。

二十三、少说多干真君子

子曰："君子欲①讷于言，而敏于行②。"

注 释

① 欲：希望的意思。文中使用这个词，是要借此说明文意。

② 讷：迟钝。与后文的"敏"相对。

评 析

这也是一章重复论述的话，《学而篇》第十四章说："君子……敏于事而慎于言。""讷于言"是要慢说话，而不要脱口而出，更不要随意乱说，总之是要求说话谨慎；"慎于言"，是要谨慎地表态、说话，不要放空炮，也不要夸海口。君子自我要求很严，他有这样的道德修养。孔子重复地说，意在强调它是君子必备的十分重要的品德。这里多用一个"欲"，是寄予厚望，以期引起重视。

二十四、仁德就是亲和力

子曰："德不孤①，必有邻②。"

注 释

① 孤：单薄。

② 邻：用作动词，亲近。

评 析

孔子鼓励人努力修德。虽然囿于世俗的眼光，修德的人暂时不被人所理解，但是，最后他必然不会陷于孤立，反而会有越来越多的人亲近他，仰慕他。孔子的这段论述，还有正压邪，邪不胜正的意思。

二十五、亲疏也有辩证法

子游曰:"事君数①,斯辱矣②。朋友数,斯疏矣③。"

注　释

① 数:读音同"促",密,与"疏"相对。亲昵的意思。
② 斯:那么,就。辱:用做动词,受辱的意思。
③ 疏:疏远。

评　析

孔子论述伦理,分为家庭伦理和社会伦理两方面:父子、夫妻、兄弟,属于家庭伦理,孔子说的"孝悌""友爱""谦敬""和顺"等,大抵上是针对家庭伦理讲的;朋友、君臣,则属于社会伦理。社会伦理以家庭伦理为基础,又是家庭伦理的社会化,由家庭向社会的延伸和放大。孔子强调君臣、朋友的伦理原则是处理君臣关系和朋友关系的方法论基础。他说:"侍奉君主,过于亲昵,就会招来侮辱;结交朋友,过于亲昵,就会导致疏远。"过于亲昵,就会丧失原则,不按伦理原则处事,他们就不是正常的君臣、朋友关系,君臣隔阂,甚至臣子招致君王的侮辱,那也是必然的;朋友生隙,以至疏远,那也是必然的。

公冶长篇第五

导　读

《公冶长篇》大量的章节是关于孔子对他自己的学生和名人的评价。孔子围绕着人物评价，集中讨论了思想方法与道德修养的问题。

孔子认为，正确的思想方法是人的道德修养的前提和条件。孔子强调指出，看一个人，要看他的思想和行为，要看他所处的具体条件，还要看其本质和主流。比如，他对于公冶长、南容、子贡、冉雍、漆雕开、子路、冉求、公西赤、宰予、子产、晏子、子文、陈文子、宁武子等人的评议中，强调高尚的品德与做人的正确的思想方法是紧密地联系在一起的。在这些议论中，形成了脍炙人口的名言名句、成语俗语，如"朽木不可雕也，粪土之墙不可圬也"、"听其言而观其行"、"不耻下问"、无欲则刚、"三思而后行"、"愚不可及"（大智若愚）、"君子不念旧恶"、君子志在天下（孔子之志："老者安之，朋友信之，少者怀之。"）等。这些，直至今日，老少皆知，耳熟能详，有着极强的文化魅力。

孔子强调道德修养，表彰优良的道德，鞭挞丑恶的道德，对于"巧言、令色、足恭"等恶德，孔子深恶痛绝。在肯定道德自觉（"见其过而内自讼"）的同时，孔子更重视学习，十分虚心地学习。他认为，高尚道德的形成，离不开学习，矢志不渝地学习。孔子说，像宓子贱堪称君子，如果不是虚心向鲁国的贤人学习，他哪里可以形成美好的道德呢！就拿他自己来说，像他那样天生就具备忠诚品德的人，不在少数，但是，像孔子那样好学不倦的人，可就太少了！孔子批评宰予"昼寝"，也是因为由此反映出宰予不好学习。漆雕开对于做官不感兴趣，在于他孜孜好学的品性，因此，得到了孔子好评。孔子将好学视为获得美德的必备手段，在后世影响很大。对此，后世贤人推崇备至。

总之，在孔子看来，道德修养是做人必不可少的东西，是人的内在素质；学习，是形成美德的十分重要的渠道和方法，任何人都不可忽视。

一、分清是非主流很重要

子谓公冶长①："可妻也②，虽在缧绁之中③，非其罪也！"以其子妻之④。

注　释

① 公冶长：孔子的学生，复姓公冶，名长。

② 妻：用作动词，把女儿嫁给他做妻子。

③ 缧绁：指监狱。缧，黑颜色的绳子；绁，捆绑。在古代，一般用黑颜色的绳子捆绑犯人。

④ 子：这里是指女儿。

评　析

古人说，孔子的学说，是内圣外王之学。换句话说，是教人修身致圣，然后治国平天下的学问。孔子品评人物，着眼于道德，但是，他重在以人的得失为鉴镜。因此，孔子指出并批评人的过失，但不计较甚至是抓住过失不放，强调知错能改，不断提高自己就行了。从孔子择婿来看，孔子的思想十分平易近人，很有人情味。孔子有意将女儿许配给公冶长，说，这小伙子品学兼优，可以把女儿嫁给他。有人指出他蹲过监狱的缺点，表示反对。孔子又说，虽然他蹲过监狱，可那已经成为过去，况且事出有因。最后依然将女儿嫁给了他。孔子不抓人小辫子，具体问题具体分析，看问题看主流，抓本质，有全局思想，因此，他堪称善于处理复杂矛盾的典范。

二、嫁女要嫁聪明人

子谓南容①，"邦有道，不废②；邦无道，免于刑戮③。"以其兄之子④妻之。

注　释

① 南容：孔子的学生，复姓南适（读音同"括"），字子容。

② 废：弃置不用。

③ 刑戮：刑，刑罚；戮，杀戮。

④ 兄之子：大约是由于孔子的哥哥已不在世，所以由孔子为侄女主婚。

评　析

孔子认为，一个人身处治世也好，身处乱世也罢，个人的道德修养决定人的处境和际遇，也是判断人是否具有高超的人生智慧的依据。南容善于驾御复杂的社会局面，能够适应艰难的生存环境，能够从容地应对社会政治的治乱变化，因此，他得到了孔子的肯定。孔子乐意将侄女嫁给他。孔子评价南容说，天下太平的时候，南容受到重用；政治混乱的时候，南容也能够避祸。他是一个聪明人啊！实际上，孔子是在肯定南容言行谨慎的品德和修养，因此这给南容带来了人生坦途。

三、学问道上有天梯，天梯只度勤学人

子谓子贱 ①，"君子哉，若人 ②！鲁无君子者，斯焉取斯 ③？"

注　释

① 子贱：孔子的学生，姓宓（读音同"伏"），名不齐，字子贱。

② 若：这个，这。

③ 斯：这个。前一个"斯"指子贱，后一个"斯"指道德修养。焉：哪里。

评　析

孔子赞美人的高尚道德修养，但并不认为优良的道德是与生俱来的，反对美德天成说；他认为美德是通过后天的努力，不断学习积累起来的。固然宓子贱的品德值得肯定，但是，孔子并不直接表彰他的君子之风，而是表扬他好学君子之德的精神，肯定他学习有益，终成君子的良好结局。孔子这样说："子贱啊，简直就是君子！假如鲁国没有君子，他是从哪里学来的美好品德呢？"

其道理就在一个"学"字上，很能吸引人，打动人，影响人。

四、是人才，也无须自我表白

子贡问曰："赐也，何如①？"子曰："女②，器③也。"曰："何器也？"曰："瑚琏④也。"

注　释

① 何如：怎么样。

② 女：读音与意思同"汝"，你。

③ 器：引申为人才的意思。

④ 瑚琏：读音同"湖连"。是古代宗庙里祭祀时盛稷黍的器皿，十分高贵。

评　析

这段对话，饶有味道。孔子在前文中评价学生，有表扬，如对于公冶长、南容、宓子贱等人；有批评，如对于宰我，都是主动地发表看法。唯独对于端木赐的评价，是端木赐自己"讨来"的。子贡请教老师，"我端木赐表现怎么样呢？"由于老师评价了那么多同学，端木赐就有些按捺不住了。孔子说，"你端木赐当然是一个人才呀。"端木赐显然对于老师的泛泛之论不十分满意，所以，进一步问道："是一个怎样的人才呢？"孔子索性一语揭破道："是一个从政的难得人才。"事实证明，孔子的观察与评价是十分准确的。作为老师，首先要了解学生的性格、特点与才干，然后才能够因材施教，并对学生的发展做出准确地判断和有力地指导。

五、仁德与口才无关

或曰："雍①也仁而不佞②。"子曰："焉用佞？御人以口给③，屡憎于人。不知其仁④，焉用佞？"

注 释

① 雍：孔子的学生，姓冉，名雍，字仲弓。

② 不佞：不擅言谈，言辞简默。佞，有口才，善言辞。

③ 御人以口给：用敏捷的辩才对付人。御，对付；给，读音同"及"，足够的意思；口给，口若悬河，滔滔不绝。

④ 不知其仁：是指冉雍没有达到仁的层次。孔子主张仁道，当然懂得仁道的意思，只是用作否定的搪塞罢了。

评 析

在孔子的时代，在上流社会和读书人中流行善辩的时尚。孔子认为，善辩与仁德不是一码子事，至于流于形式的能说会道，以花言巧语获得功利的行为，孔子是深恶痛绝的。或许是因为这个原因，有人以冉雍为例向孔子发难："冉雍这个人，虽有仁德，但是缺少口才。"孔子不同意将仁德与口才联系起来作为评价人的依据，说道："凭借所谓的口才，以一张利嘴对付人，往往招人憎恶。我不知道冉雍是否具有仁德，但是，口才与仁德又有什么关系呢？"由此可见，孔子认为，是否具有口才，只是一个人的一种技能，一种外在的形式，而最根本的则是内容和本质的东西，——仁德。因为，仁德是一个人所不可或缺的内在因素，它通向仁道。

六、学问不是敲门砖

子使漆雕开仕①，对曰："吾斯之未能信②。"子说③。

注 释

① 漆雕开：孔子的学生，复姓漆雕，名开，字子开。仕：做官。

② 吾斯之未能信："吾未能信斯"的倒装句。信：用作动词，有信心。

③ 说：读音与意思同"悦"，高兴。

评 析

孔子推荐学生漆雕开出来做官，大约是在孔子做鲁国司寇的时候。漆雕开对于老师的推荐，显得很谦逊，推辞得很委婉，理由也符合孔子的思想。孔子认为，漆雕开的言行与自己所主张的仁道是一致的，因此，他显得很高兴。在孔子看来，修身悟道是为官所必备的条件，但是，做官并不是它的目的；治国平天下，推行仁道，才是修身悟道的目标，而做官只是手段。漆雕开不肯做官，是认为自己的修为不够，表示有志于道，这很符合孔子一贯强调的思想：不把学习当成追求功利的手段，而把学习当作获得仁道的工具。漆雕开的话自然得到了孔子的肯定和高度评价。

七、用世者必须义勇兼备

子曰："道不行①，乘桴浮于海②。从我者③，其由也与④？"子路闻之喜。子曰："由也好勇过我，无所取材⑤。"

注　释

①道：这里指孔子的政治主张，即复兴周礼。

②桴：读音同"浮"，古代用竹子或者木料编成的簰，大的叫筏，小的叫桴。

③从：追随。

④其由与：难道不是子路吗？由，即子路。

⑤无所取材：是说子路有勇无谋，不知剪裁事理的意思。

评　析

本章言辞活泼，嬉笑洒脱，而意义隽永。孔子周游列国，游说君王，宣讲仁道，但总是碰壁，思想不被当权者吸纳，身感世道昏暗，难以推行仁道，复兴周礼。于是，就有"道不行，乘桴浮于海"的感叹。子路有勇力，又肯追随老师，所以，孔子认为真要远播王道，克服千难万险，只有子路可以随行。这是对于子路的肯定，子路自然高兴。但是，孔子话锋一转，又有对于子路有勇无谋这个缺点的讥讽，很是亲切。孔子说："子路虽然有勇，但是，不能裁择事理，我也终于不能找到远播王道的出路。"孔子是一位智者，他抨击了黑暗的社会现实，又巧妙地指出了子路的缺点。

八、用人取所长，不要被原则所束缚

孟武伯①问子路仁乎？子曰："不知也。"又问。子曰："由也，千乘之国，可使治其赋也②，不知其仁也。"

"求也何如？"子曰："求也，千室之邑③，百乘之家④，可使为之宰⑤也，不知其仁也。"

"赤⑥也何如？"子曰："赤也，束带立于朝⑦，可使与宾客言也，不知其仁也。"

注 释

① 孟武伯：是鲁国当权的孟孙氏、叔孙氏、季孙氏三姓之一。复姓孟孙，名彘，谥号为武。

② 赋：古代指征兵修武。治赋是指军事工作。

③ 千室之邑：古代居民聚集的地方，相当于后来的城镇，不过周围有一些土地。分公邑与采邑两种。公邑由诸侯直接管辖，采邑是诸侯分给卿、大夫的领地。这里说的千室之邑，是指公邑。

④ 百乘之家：是指诸侯分给卿、大夫的采邑。

⑤ 之：指称百乘之家；宰：大夫家的总管。

⑥ 赤：孔子的学生，复姓公西，名赤，字子华。

⑦ 束带：古时衣服都有衣带，系紧衣带就是整齐地着装。束，本义是捆绑，这里是系的意思。

评 析

孔子与孟孙彘的对话，等于是给自己的三个学生画像。孟孙氏请孔子以仁为题评论学生子路、冉求和公西赤。孔子却根据他们的实际才能进行了评议：前文中，孔子说子路"好勇过己"，因此，认为子路在千乘之国当一位三军统帅是没有问题的；冉求有管理才干，在卿、大夫的采邑里主管政务也是很称职的；公西赤呢，文质彬彬，善于应对，当一个国家的外交主管，更是合适了。孔子虽然重视仁德，主张仁德，倡导仁德，但是，在实际生活中，孔子并不求全责备，在鼓励人们修仁德的同时，强调实际才干的培养与运用。在孔子的教育思想中，重仁德与重才干是并行不悖的。换做今天的话说，就是要求学生在成长的过程中，走德才兼备的道路，在才能上体现专长和特色。

九、后进不必泄气

子谓子贡曰："女与回也孰愈①？"对曰："赐也何敢望②回？回也闻一以知十，赐也闻一以知二。"子曰："弗如也。吾与③女弗如也。"

注 释

① 愈：强、胜的意思。

② 望：赶得上。

③ 与：赞许、同意的意思。

评 析

孔子教育学生既要有三省吾身的认真态度，又要有自知之明。这样，待人接物，修身明理，才有正确的态度与方法。孔子当然知道子贡与颜回哪一个更聪明，但是，孔子自己并不说出来，而是由其中处于弱势的人自己说出来，效果好一些。这也是一种启发性教学，可以对处于弱势的人起到鞭策作用。孔子对于子贡能够知道自己与先进的差距，表示赞许。"学而后知不足，知不足而后勇，勇而后易进。"子贡一定会向颜回学习，不断取得进步的。

颜回究竟如何守仁，如何有德，如何有学问，因为史书上无一言一行的记载，不知其详。倒是孔子对于颜回的赞誉，可以说是好评如潮。我们对于颜回的印象也是从孔子的评论中得来的。这里并不是要怀疑孔子，而是说孔子虚怀若谷的圣人气象如何了得，谦虚友善的圣人品格何等高尚。如此肯定后学后继，实在难得，值得学习。

十、既要看他怎么说，更要看他怎么做

宰予昼寝①。子曰："朽木不可雕也，粪土之墙不可圬也。于予与何诛②？"子曰："始吾于人也，听其言而信其行；今吾于人也，听其言而观其行。于予与

改是③。"

注　释

① 宰予：古代对人表示尊重，不直呼其名，而用他的字。因为孔子不喜欢宰我，所以后人的记录直呼宰予其名，有轻视他的意思。昼寝：白天睡觉。

② 于：对于。诛：严厉的批评，责备。

③ 与：读音与意思同"予"，我。是：这，这个。

评　析

本章与上一章正好形成对比：孔子表扬先进典型，批评落后典型。孔子表彰好学上进，修身自勉，当然不能容忍宰我大白天睡觉，浑浑噩噩的行为。孔子对学生要求很严，寄予的希望也大，当然对于他们的缺点批评得也激烈。这是可以想象的，也是可以理解的。孔子因批评宰我，而得出了两句经典的结论，世代流传，影响很大：朽木不可雕也，粪土之墙不可圬也；听其言而观其行。前一句是说，干事情，想办法，要根据具体的对象，就像民间俗语说的："看菜吃饭，量体裁衣。"后一句话是说，了解一个人，给一个人下结论，要将他的言与行结合起来。这是孔子一贯强调的"知人论世"的方法。孔子对于宰我的表现，意见很大，所以夸张地说，是因为宰我而改变"听其言而信其行"的思想。孔子强调言行相符，当然经常地用它来察人论事，并作为一种调查研究社会的方法。

十一、无欲则刚

子曰："吾未见刚者。"或对曰："申枨①。"子曰："枨也欲，焉得刚②？"

注　释

① 申枨：孔子的学生，姓申，名枨。枨，读音同"成"。

② 欲：与后文的刚相对。欲望，主要是指私欲；刚，是孔子学说中的一个道德范畴，指刚断刚烈，威武刚毅。

评　析

人处天地之间，常常被私利所困挠。一个人追求正义，舍弃私欲，超然于利诱之外，就能够刚断刚烈，威武刚毅，达到孔子说的刚德境界。常言道："无欲则刚。"就是对孔子所说刚德的通俗表达。一个人进入了刚德的境界，忠实地实践了刚德，就不会被外物所左右，就能够成为孟子所说的"大丈夫"："富贵不能淫，贫贱不能移，威武不能屈。"即使是私利引诱，外力强加，也不能改变做人的本色，割舍人的立足之本。民间俗语"邪不胜正"，也是对刚德的表彰和肯定。当然，要始终不渝地追求和实践刚德，也不是一件容易的事情。对于这一点，孔子心中是有数的。所以他说："我还没有见到真正具备刚德的人。"即使是孔子得意门生如申枨，由于还没有彻底摆脱私欲的束缚，因此，在孔子眼中，他也还称不上是刚德的典范。

十二、想到了还不等于做到了

子贡曰："我不欲人之加诸我也，吾亦欲无加诸人①。"子曰："赐也，非尔所及也②。"

注　释

① 诸："之于"的合用。之，用作代词，他、她、它等；于，对于。
② 及：达到。

评　析

子贡阐述的是实践仁的恕道，如前面讲到的推己及人的思想和方法。子贡说："我不希望别人对我做的事情，我也决不把这种事情强加于人。"子贡对于恕道的理解是很准确的。但是，孔子却认为他很难做到。所以，孔子说，"子贡呀，你说得很对，但是，你也还没有达到"。孔子的真实意图并不是说难而不为；恰恰相反，他是要鼓励子贡知难而进，持之以恒地努力。在这里，孔子不是对子贡提出批评，而是亲切地勉励。只有难做的事情做到了，才显示出伟大的品德。

十三、按照孔子的言行来理解他的思想

子贡曰："夫子之文章①，可得而闻也；夫子之言性②与天道③，不可得而闻也。"

注　释

① 文章：这里是指孔子平时讲授的古代文化经典《诗》《书》《礼》《乐》《易》等。

② 性：人的本性。

③ 天道：自然与人的关系。在古代，人们认为自然具有超人的力量，决定人间的灾吉祸福。

评　析

孔子的思想，来源于古代的文献典籍，所以，孔子在讲学中经常阐发古学，如《诗》《书》《礼》《易》等，并由此表述仁道。孔子的学问，立足于现实世界，强调做人的正道，所以，围绕着仁道展开论述，规范了一系列的道德概念。孔子很少涉及当时人们说得很多，但又抽象不可及的人性和神秘不可知的天道。在《论语》中，孔子讲"人性""天道"只有此一见。所以，子贡感叹孔子关于人性与天道的思想并不可知。其实，人性与天道，本来就不在孔子思想的范畴之内。

十四、对于老师的教诲，也要理解后才去执行

子路有闻，未之能行①，惟恐有闻②。

注　释

① 未之能行："未能行之"的倒装句。

② 有：读音与意思同"又"。

79

评　析

子路是个有个性的人，性格直爽急躁。为了突出子路的这一性格特点，孔子的门人记载了下来。这段记载，对于子路而言，有褒有贬：褒的是子路雷厉风行，勇于实践，他一旦听到老师的教诲，就急于实践，生怕不能付诸实践，而后再也听不到老师的善言了；贬的是子路风风火火，急躁冒失。在这里，孔子强调的是，凡是每一条道理，都要在理解之后实行，三思而后行，做到知行合一。

十五、实事求是地肯定成绩

子贡问曰："孔文子^① 何以谓之'文'也？"子曰："敏而好学，不耻下问^②，是以谓之'文'也。"

注　释

① 孔文子：卫国大夫，姓孔，名圉，死后谥号文。

② 不耻下问：耻，用作动词，以……为可耻。不认为向地位低下的人学习是可耻的行为。

评　析

孔圉生前在私生活方面很不检点，甚至有失德行为，但是，他死后还被谥号为"文"，子贡觉得不可思议，于是向老师孔子请教。孔子并不求全责备，而是肯定孔圉"敏而好学，不耻下问"的长处。在孔子看来，扬恶隐善，反而是不道德的；做一个有道德的人，就是应该多看到别人的长处，宣扬别人的长处，学习别人的长处。孔子肯定孔圉的优点，运用"不耻下问"这个词评价，因此成为一则极有活力的成语，世代流传，广为流传。

十六、子产成功的秘诀

子谓子产^①，"有君子之道四焉：其行己也恭^②，其事上也敬^③，其养民也惠^④，其使民也义^⑤。"

注 释

① 子产：春秋时期郑国贤相，古代杰出的政治家、外交家。复姓公孙，名侨，字子产。执政二十二年，国家大治。

② 恭：用作动词，恭谦待人的意思。

③ 敬：用作动词，待人有礼貌。

④ 惠：用作动词，授人恩惠。

⑤ 义：用作动词，合乎道理。

评 析

孔子极力推崇子产，认为子产堪称一代贤相，是因为他有良好的个人品德，在执政中又推行仁道，因此，在复杂的形势下仍然能够建功立业。孔子称赞子产修身治国合乎君子的道德标准："严于律己，行为庄重；敬爱君王，处事谨慎；施恩于民，予民实惠；役使百姓，合乎法度。"子产简直就是孔子所宣扬的"修身齐家治国平天下"这一理想人格的化身，因而他理所当然地受到孔子的喜爱，当然地受到孔子的大力表彰。孔子并不是为表彰子产而宣扬子产，而是要通过子产来宣扬自己的仁道主张。他以子产的人格模式为典型，说明仁德可修，仁道可行。孔子评价子产的真正用意在这里。

十七、交友如同品味陈酿

子曰："晏平仲①善，与人交，久而敬之。"

注 释

① 晏平仲：春秋时期齐国的贤相。姓晏，名婴，字仲，谥号平。

评 析

孔子表扬晏婴在交友的道德规范方面做得很好。晏婴的品德好，他与人交朋友，不管时间有多久，他始终保持对于朋友的恭敬。孔子借此机会表达了交友之道：久而敬之。交情越久，对朋友就越是恭敬有礼；互相之间越是增进友情，友谊也就越巩固。

古人说："相识满天下，知心能几人？"就是说朋友难得；原因就出在"久而不敬"上：初交虽好，但不能持久，有的甚至最后反目成仇，遗憾终身。

做到以礼交友不难，但持之以恒不易。古人孙绰说得好："交友倾盖如故，亦有白首如新。隆始者易，克终者难，敦厚不渝，其道可久，所以难也。"孔子正是要提示人们注视这个"难"字，守住交友之道，化难为易，持之以恒。

十八、做人要守本分

子曰："臧文仲①居蔡②，山节藻棁③，何如④其知也？"

注　释

①臧文仲：鲁国大夫，复姓臧孙，名辰，谥号文。

②居：藏起来。蔡：古人称大乌龟为蔡。因为龟甲可以占卜吉凶祸福，所以乌龟可以为宝。

③山节藻棁：节，柱子上的斗拱；棁，读音同"拙"，横梁上的短柱。将山雕刻在柱子的斗拱上，将水藻刻画在横梁的短柱上。这是古代天子的威仪。

④何如其知："如知何"的倒装句式；意思是说，算得上智慧吗？知，通"智"。

评　析

臧文仲在居室中藏养着大乌龟，为的是将来进行占卜活动。他将山雕刻在柱子的斗拱上，将水藻刻画在横梁的短柱上，还将房屋装饰得像天子的祖庙一样。孔子对臧文仲的描述，意在讥刺臧文仲的行为不聪明。

在《论语》中，孔子"不语怪力乱神"，讨论人道，回避神道，他对于鬼神、卜筮是持保留意见的。可见，孔子对于古代迷信是不屑一顾的。另一方面，孔子认为臧文仲僭越天子礼仪，违背臣子礼节，因此，他断然表示反对。孔子对于臧文仲的行为进行讽刺，包含了反对迷信，维护周礼这两层意思。

十九、评价人物要恰如其分

子张问曰："令尹子文① 三仕② 为令尹，无喜色；三已③ 之，无愠色。旧令尹之政，必以告新令尹。何如？"子曰："忠矣。"曰："仁矣乎？"曰："未知④。焉得仁？"

"崔子⑤ 弑⑥ 齐君，陈文子⑦ 有马十乘，弃而违之⑧。至于他邦，则曰：'犹吾大夫崔子也。'违之。之⑨ 一邦，则又曰：'犹吾大夫崔子也。'违之。何如？"子曰："清⑩ 矣。"曰："仁矣乎？"曰："未知。焉得仁？"

注 释

① 令尹子文：楚国宰相子文。子文，姓斗，名谷，字於菟。

② 三仕：多次做官。三，不是实数，指多的意思。

③ 三已：多次罢官。

④ 未知：婉辞，不想谈别的问题，只想就事论事。

⑤ 崔子：齐国庄公时代的大夫崔杼。

⑥ 弑：以下犯上，臣杀君，子杀父的行为。

⑦ 陈文子：齐国大夫，名须无。

⑧ 弃而违之：弃，丢掉；违，离开。

⑨ 之：到。

⑩ 清：内心清朗。

评 析

孔子提倡的仁，在学生们的心中有着至高无上的地位，学生们也常常将仁作为品评人物的重要标准。但是，由于仁是一切道德标准的总则，因此，它实际上又高于一切具体的道德范畴。孔子并不主张使用仁来抽象地评论人和事，而是主张具体问题具体分析，使用具体的道德概念进行具体的道德评价。所以，在本章中，孔子对于令尹子文和陈文子的评论就是根据了这种评价方法。

这就是老师与学生在评价同一个历史人物上存在差距的原因。子张说道："令尹子文几次当上楚国的宰相，脸上没有喜色；几次被罢官，而脸上没有怨恨的怒色，而且将他经手的政务政情逐一向继任的人介绍。他的道德水平应该是很高的了吧?"孔子说:"可以算得上忠了。"子张又说:"称得上仁了吧?"孔子没有正面回答,只是说:"如果用仁的标准来评价,我不了解更多的情况,他还是一个忠臣吧!"子张又问道:"齐国叛臣崔杼弑杀庄公,大夫陈文子舍弃富贵,避祸出走他国。他到了另一个国家,感慨道:'这里还不是和齐国的崔杼一样啊!'于是,又奔走到另一个国家。他又叹息道:'这里还不是和齐国的崔杼一样啊!'于是,又离开了。他这个人应该是很了不起了吧?"孔子说:"他只不过是洁身自好罢了。"子张问道:"他是否称得上仁呢?"孔子也没有正面回答,说道:"陈文子是否算得上仁,我没有了解,但是,他的行为只能称得上清高。"子张一概用仁的标准来评价令尹子文和陈文子,孔子则分别用忠和清的标准来进行评论。

孔子为什么坚持他的标准呢,而不同意使用仁的价值尺度呢?因为孔子认为他们分别都还有道德缺陷:忠君固然重要,爱民也不可忽视,孔子对于令尹子文的评价,提醒人们注意考察令尹子文在爱民方面的作为;清高自保,决不同流合污固然重要,但是,坚持原则,见义勇为也非常可贵,值得提倡;过分的清高自保有自私的嫌疑,不值得表彰。孔子并不是要求全责备,而是主张以事实为依据,以道德适用原则为准绳,进行恰如其分的评价。这是有道理的。

二十、莫将谨慎变迁腐

季文子①三思而后行②。子闻之,曰:"再③,斯可矣。"

注 释

① 季文子:鲁国大夫季孙行父,谥号文。

② 三思而后行:经过周密思考后付诸行动。三,概数,指多次。

③ 再:这里指再思,想两遍。

评 析

三思而后行,本是一个积极而稳妥的处事方法,孔子并不反对,从孔子前面关于言行一致、知行合一的论述来看,孔子提倡三思而后行的人生态度。但是,凡事都要具体问题具体分析,不可一概而论。三思而后行对于季文子来说，就是过分的举动。季文子一生行事谨慎，凡事三思，结果处事美恶不相掩。因此，三思对于季文子而言简直就是世故太深，优柔寡断。孔子批评季文子过于谨慎，近于迂阔，主张仔细思考，果断决策，迅速行动。可见，究竟是三思好，还是再思好，要由具体情况决定，不能机械地理解。一般来说，对于重大的原则问题，裁择利弊，趋利避害，三思而后行；对于一般性的问题，只要经过反复思考，即再思就行了，这样以便对于突发事变，应付裕如。

二十一、愚忠不可取，尽忠靠智慧

子曰："宁武子①，邦有道，则知②；邦无道，则愚③。其知可及④也，其愚不可及也。"

注　释

① 宁武子：卫国大夫，姓宁，名俞，谥号武。

② 知：读音与意思同"智"，智慧。

③ 愚：装傻的意思。

④ 及：达到。

评　析

宁武子是春秋时期卫国的大夫，辅佐卫成公三十余年，谋政为政有建树；当卫国受到晋国逼迫时，立朝不去，韬光养晦，被时人讥为愚。孔子的这段话，其实是在表彰宁武子，尤其是不同意时人的评价，认为宁武子大智若愚是尽忠的途径，也是一种智慧。孔子说："宁武子在国家安定时，显得很聪明，是一个智者；在国家遭难时，便装傻，是一个大智若愚的智者。他的聪明，一般的人可以达到；而他装傻的聪明，是一般人所不能企及的。"由此可见，孔子并不主张愚忠，认为尽忠也是要有智慧的，也是由多种途径达成的。

二十二、就盼学生有出息

子在陈①，曰："归与②！归与！吾党之小子狂简③，斐然成章④，不知所以裁之⑤。"

注　释

①陈：陈国，在今河南、安徽省一带，春秋末被楚国吞灭。国君妫（读音同"归"）姓，相传为舜帝的后代，为周武王所封。

②归与：回去吧。与，读音与意思同"欤"，语气词。

③党：乡党。小子：孔子称自己的学生。狂简：志大而不切实际的意思。

④斐然成章：写成的文章有文采，造诣很高。斐然，有文采的样子。章，文章。

⑤裁：裁剪。

评　析

鲁国国君召见孔子的学生冉求，这使身处异国他乡的孔子很兴奋。孔子认为冉求很快就要得到重用了，因此有思归的感慨。孔子在陈国三年，上下无交谊，仁道不被采纳，心生郁闷。当他听到学生被重用的消息时，自然高兴得很！这使他看到了推行仁道的希望。但是，孔子又是一个有社会责任感的人，他有忧虑：学生们有报国理想，有才华，但是，他们的心志和历练还不成熟，孔子觉得引导教育他们的责任还很重大，心中不禁惶恐起来。

二十三、是仇怨也要化解

子曰："伯夷、叔齐①不念旧恶②，怨是用希③。"

注　释

①伯夷、叔齐：是商朝末年孤竹君的两个儿子，他们因为互相推让王位而共同出走到周武王的营垒。周灭商后，他们耻食周朝俸禄，隐居在首阳山，采薇而食，至于饿死。

②恶：仇恨。

③是用：所以。希：读音与意思同"稀"，少。

评 析

孔子表彰伯夷、叔齐心胸宽广、"不怨天，不尤人"、宽恕别人的美德，是为了提倡这种做人的品德。孔子认为，对于别人做过的对不起自己的事，不要放在心上，更不要去报复，这对于做人是很有好处的：可以像伯夷、叔齐那样，化解彼此之间的仇怨、隔阂，并且使坏人受到感化，走进善的道德。

二十四、不看虚名看实际

子曰："孰谓微生高① 直② ？或乞醯③ 焉，乞诸其邻而与之④ 。"

注 释

① 微生高：即尾生高，事迹载于《战国策》《庄子》等书中。微生高守信重约，为了坚守与女子在桥下相见的约定，一直在桥下等候相见，直至水涨被淹死。

② 直：直爽。

③ 乞：讨；醯：读音同"希"，佐料，醋。

④ 诸："之于"的合用。与：给予。

评 析

孔子观察人的品格、德行，从细微处着眼。虽然微生高重约守信，以至殉身，名重一时。但是，在孔子看来，微生高在生活细节上的表现与"直爽"大相径庭，有通过轰轰烈烈的壮举博得虚名的嫌疑，因此，这是不可提倡的。孔子认为，真实、诚实，是一个人立德的基础。像微生高在别人乞讨醋这样的小事上也要装模作样，他不直接说自己没有，而是从邻居家讨来进行施舍，这不就是虚伪和自我标榜吗？施舍本来是善举，但是，孔子认为人们要发自内心；只有这样，它才是真实可信的，才是符合仁道的。

二十五、巧言令色可耻

子曰："巧言、令色、足恭① ，左丘明② 耻之，丘③ 亦耻之。匿怨而友其人④，左丘明耻之，丘亦耻之。"

注　释

① 足：过分。

② 左丘明：鲁国的太史官，相传著有《春秋左氏传》（《左传》）和《国语》。

③ 丘：孔子名丘。古人说话，往往自称其名，是谦虚的表现。

④ 匿：隐藏。友：用作动词，交朋友，表示友好。

评　析

孔子对于巧言令色是十分反感的，在《学而篇》第三章中，孔子说过："巧言令色，鲜矣仁。"在这里，孔子又强调指出，巧言令色，故作恭顺，是令人厌恶的。更有甚者，明明心怀怨恨，可是并不流露出来，将它深深地隐藏着，故意虚情假意地与他周旋，乘他不备，然后攻击，这简直是奸猾至极。孔子强调真诚地待人，与人真正友善地相处，认为这是做人所应该具备的品格。

另一方面，孔子也是在借此话题称赞左丘明有正确的善恶观，提倡人们鞭挞巧言、令色、足恭的行为，抨击心怀鬼胎却假意友好的虚伪奸诈行径，净化社会道德环境。

二十六、博爱其实就是仁道

颜渊、季路侍①。子曰："盍各言尔志②？"

子路曰："愿车、马、衣、轻裘与朋友共敝之而无憾③。"

颜渊曰："愿无伐善，无施劳④。"

子路曰："愿闻子⑤之志。"

子曰："老者安之，朋友信之，少者怀之⑥。"

注　释

① 侍：按照古代师道尊严，老师坐着，学生恭敬地站立在身旁，称为侍。

② 盍："何不"的合用。尔：你们。

③ 车、马、衣、轻裘：中间衍一轻字，应删除。裘，皮衣。敝：坏。

④ 伐：夸耀的意思。施：表白的意思。

⑤ 子：学生对老师的尊称，相当于今天的"您老人家"。

⑥ 安、信、怀：都用作动词，安抚、可信、关怀。

评　析

孔子同颜渊、子路等人在一起讨论做人的志趣。子路说："愿意将我的车马和衣裳和朋友共用，即使用坏了也不计较。"颜渊则说："我想做到不夸耀自己的长处，不表白自己的功劳。"孔子说道："我的心愿是：安抚老人，交友可信，关怀青年。"他们所讨论的，实际上就是如何达到仁道问题。子路偏重于物质层面的慷慨大方，仗义疏财；颜渊偏重于精神层面的默默无闻，积善成德；孔子则将做人的内境与外务结合起来，将做人提升到很高的层次，又使仁道不虚幻，有精神与物质的联系和统一。孔子这样讲述仁道，就使得推行仁道的实践有所依循，而不是一纸文字，无物空壳。

二十七、提倡自我批评

子曰："已矣乎①，吾未见能见其过而内自讼者也②。"

注　释

① 已矣乎：算了吧，不要说了。已，停止。矣，了。乎，语气词。

② 自讼：自责。讼，公开。

评　析

孔子强调道德觉悟，主张"吾日三省吾身""见贤思齐，见不贤而内自省也"，通过自我反省，自我教育来提升自己的道德层次，不断加强自身修养。在这里，孔子针砭时弊，一是感叹人们的道德觉悟差；二是进一步强调内省的重要性。孔子伤感地说："至于说自我觉悟，就算了吧，我还没有见到过发现自己的过失就进行自我反省的人。"可见，孔子将自我觉悟放在道德修养的很重要地位加以重视。换句话说，孔子十分看重自己发现自己的缺点，并自己改正，即进行自我教育。

二十八、好学的品德可贵

子曰："十室之邑①，必有忠信如丘者焉②，不如丘之好学也。"

注 释

① 十室之邑：古代四井为邑，三家一井，共一十二家。十家，是取整数。
② 焉：指示代词，在那儿。

评 析

孔子认为，人的忠信等美质，是与生俱来的，即使是在最小的乡邑里，也能够找到像孔子那样具有忠信品质的人。问题在于，后天的好学精神各不相同。孔子之所以成为孔子，在于他具有顽强的好学精神与进取精神："学而时习之""温故而知新""朝闻道，夕死可矣""学而不厌""假我数年以学《易》""发愤忘食，乐以忘忧，不知老之将至"，等等。这就是后世在《三字经》里所说的："人之初，性本善。性相近，习相远。"孔子在这里以自己为例，鼓励学生好学不倦，自强不息，在追求新知中不断前进，这是有教育意义的。

雍也篇第六

这一章的内容很丰富，涉及三个方面：一是感时忧愤。比如，说冉雍可以当大官。但是，冉雍并没有当大官。因为世道人心不合礼法，寡廉鲜耻之徒窃居高位，像冉雍这样德才兼备者没有机会得到重用。生在乱世之中，好人也得不到好报，如伯牛身染重病，终于不治！颜回短命早夭，天伤斯文！这些都令孔子伤心不已。因此，孔子感叹道，在这个世界上，为什么人们不遵循通向光明的仁义之道呢？社会风气向着坏的方向演变，社会道德失范，使孔子感到害怕，他只能望"觚"兴叹！礼崩乐坏，连酒器也变得没有规矩了。孔子依然寄希望于他的仁道，通过仁道来拨乱反正。

二是道德修养。孔子教育冉有雪中送炭，不要锦上添花；教育原思周济穷人；教育子贡推己及人，设身处地，一步一步地接近仁道；教育樊迟先劳后得；孔子夸奖颜回安贫乐道；赞赏子游为官得人；称赞孟之反勇而不骄，敢于牺牲；等等，都是围绕着仁德阐述了道德修养的极端重要性。形成了很多经典名句，被后人传诵。

三是思想方法。孔子强调学以致用，通过学习不断增长智慧，不断增强解决问题的能力。孔子认为，行为简约，是干练的表现，但思想上简约，就是松懈了；他认为，做一个有作为的政治家，要具备果、达、艺三者统一，德才兼备；他认为，学习，不要事先画地自限，要心与力一致；教育，要因材施教；做一个君子，要做到文质彬彬，兼顾朴实与文采；君子既博学于文，又约之于礼；仁者兼智，善于灵活多变，原则性与灵活性做得完美无缺；他还认为，中庸既是一种至高无上的道德，又是一种处世的高超技巧和应变艺术；等等，这些都是充满辩证法智慧的处世良方，对后世影响深远。

一、君临天下最靠德

子曰:"雍也,可使南面①。"

注 释

① 南面:坐北向南。古代君王,都是坐北向南接受臣子的朝拜。面:对着。

评 析

孔子虽然对于自己的学生要求很严,但是,他虚怀若谷,十分热爱自己的学生,对于他们的优点,充分肯定。在前面的篇章中,孔子认为,颜回的道德学问最高;子路堪称慷慨好义,擅长军事的勇士;子贡有从事社会政治、经济、外交的良好素质和才干;等等。至于说冉雍,他有"君临天下"的品德(在上一篇第五章中,孔子说:"雍也仁而不佞。")和才能。在历史上,有老师借学生以成名,也有学生借老师以成名。孔子的学生,大体上是因老师以成名。秦朝以前,除了《论语》而外,其他典籍基本上没有孔子学生事迹的记载。

孔子说冉雍可以南面称君,一方面是在肯定冉雍的道德才华;一方面是在讥讽时弊。春秋时期,礼崩乐坏,道德失范,以非常手段获得君位者,不计其数,他们也不以为耻。恰恰在孔子看来,有德才者,才能身居君位。否则,名不副实,违背了人间正道,是要受到谴责的。在孔子的时代,正是一个君不君,臣不臣的"名不副实"的黑暗时代,孔子借表彰冉雍之机,批评当时名不副实的失德昏庸君王。

二、心到,才能行到

仲弓问子桑伯子①。子曰:"可也,简②。"

仲弓曰:"居敬而行简,以临其民,不亦可乎?居简而行简,无乃③大④简乎?"子曰:"雍之言然⑤。"

注　释

① 子桑伯子：人名，事迹不详。有人认为是《庄子》中的子桑户，也还有其他一些说法。

② 简：简约，不烦琐。

③ 无乃：难道不是，用于反问句。

④ 大：太的意思。

⑤ 然：表示肯定，"是的"的意思。

评　析

这一章依然讨论做君王的道德。孔子说冉雍具备了做君王的道德，冉雍问道，像子桑伯子怎样呢？孔子认为，像子桑伯子那样政简刑轻，不扰百姓，当然也具备了君王的道德。冉雍补充说，如果内心认真，但行事简约，那就太好了；如果存心简单，而又行事简单，当然有草率之嫌了！孔子很赞成冉雍的观点。孔子的意思，简单地说，就是要求君王"敬其事而爱其民"，只有将为政当作一件很神圣的事业，才会重视君德和政德，才会爱护百姓，行事简约，推行仁道。

三、颜回最优秀

哀公问："弟子孰为好学？"孔子对曰："有颜回者好学，不迁怒①，不二过②。不幸短命③死矣。今也则亡④，未闻好学者也。"

注　释

① 迁怒：把对于乙的愤怒转移到甲的身上。迁，转移。

② 二过：犯同样的错误。二，重复的意思。

③ 短命：颜回去世时，四十一岁。那时，孔子已经七十一岁。

④ 亡：读音同"往"，意思同"无"。

评　析

孔子的好学定义，与众不同。他将学习与修身结合起来，含有深刻的意思：学习首先是为了修身；否则，学到再多东西也是无意义的。修身，则要通过学习；离开了学习，修身是空洞的。依照这个标准，孔子回答哀公说："我的学生中，颜回最好学。他不拿别人出气，不犯同样的错误。可惜呀，他太短寿了！如今，再也没有听到有比他好学的了。"

这在《论语》中，是一章伤情篇。孔子对于颜回早逝的哀伤，表达得最充分，超过了其他篇章。孔子的这份伤情，也是寄怀，是对于自身命运的悲愤。他认为自己生不逢时，连学生也早夭，真是太不走运了。

四、雪中送炭最暖人

子华①使于齐②，冉子③为齐母请粟④。子曰："与之釜⑤。"
请益⑥。曰："与之庾⑦。"
冉子与之粟五秉⑧。
子曰："赤之适⑨齐也，乘肥马⑩，衣⑪轻裘。吾闻之也，君子周⑫急不继富。"

注　释

① 子华：孔子的学生，复姓公西，名赤，字子华。

② 使于齐：出使齐国。使，作为使者。

③ 冉子：即冉求。

④ 粟：小米。

⑤ 与：给予。釜：读音同"斧"，古代的量器单位，六斗四升为一釜。

⑥ 益：增加。

⑦ 庾：读音同"雨"，古代的量器单位，十六斗为一庾。

⑧ 秉：古代的量器单位，十斗为一斛，十六斛为一秉。

⑨ 适：到……去。

⑩ 肥马：指肥马拉的车子。

⑪ 衣：用作动词，穿。

⑫ 周：救济。

评　析

这一章饶有趣味。孔子通过具体的事例，阐述了扶危济困的道理。子华出使到齐国去，冉求为子华的母亲申请粮食补助。孔子说："就补给她六斗四升小米吧。"冉求请求增加，孔子说："增加到二斗四升吧。"结果冉求私自增加到八百斗。孔子批评说："子华出使齐国，乘坐豪华的马车，穿着高级的皮袍。我听说，君子只救济有紧急需要的穷人，但不接济那些富有的人。"孔子循循善诱，并没有发脾气，也没有简单地说不行，而是讲清了"雪中送炭"与"锦上添花"的道理，发人深省。

五、温暖莫忘故乡人

原思①为之②宰，与之粟九百③，辞④。子曰："毋⑤！以与尔邻里乡党⑥乎！"

注　释

①原思：孔子的学生，姓原，名宪，字子思。孔子任鲁国司寇（司法官）时，原思为孔府总管。

②之：相当于"其"，他的，孔子家的。

③九百：古人习惯上省略数量后面的单位。从前文来看，是指"斗"（读音同"抖"）。

④辞：婉转地拒绝。

⑤毋：读音同"雾"，无、不的意思。

⑥以之与邻里乡党："以"后省略了"之"，指粟；古代五家为邻，二十五家为里，一万二千五百家为乡，五百家为党。

评　析

原思为孔子府上的总管，孔子给予他九百斗小米的薪俸。这当然是很高的了。所以原思不敢接受，表示推辞。孔子却说："不要推辞了！如果吃不完，就用它来周济你的家乡人吧！"一方面，孔子处事有原则性，并不因为原思是自己的学生，就侵占他的劳动，反而给予很丰厚的报酬，帮助原思解决生活困难；另一方面，孔子有仁爱之心，并且启发原思扶贫济困，同情穷人。孔子以情暖人，以情育人，品德高尚，教育方法得当。

六、莫把出身当包袱

子谓仲弓，曰："犁牛①之子骍②且角③。虽欲勿用④，山川其舍诸⑤？"

注 释

① 犁牛：耕牛。

② 骍：读音同"星"，指牛、马等皮毛呈红色。

③ 角：指两角长得周正。

④ 用：用作祭祀。

⑤ 其：读音与意思同"岂"。

评 析

孔子在这里通过打比方教育冉雍。在周代祭祀中，牺牲的牛一定是通体红色而没有杂毛的，并且双角周正。可是，孔子认为，杂毛牛生的牛崽，不一定就是杂色；如果对于它生的赤色牛不予选择，恐怕神灵也是不会答应的。这表明，孔子反对出身论，血统论，成分论，主张任人唯贤，唯才是举。冉雍出身于社会底层的贱人阶层，虽然才德出众，但是，他顾虑重重，思想包袱很重。孔子以牺牲的牛与神灵的标准作比，开导冉雍，解开他的心头结，针对性强，比喻适当，教育效果好。

七、思想支配行动

子曰："回也，其心三月①不违仁，其余，则日月②至焉而已矣。"

注 释

① 三月：指很长时间。三，多的概称。

② 其余：剩下的人。日月：指短时间。

评 析

孔子称道颜回修得仁道，所以能够很长时间地依循仁道；至于其他人，差距就大了，只不过在很短的时间内可以体现仁道罢了，至于在其他时间里就很难说了。孔子强调内心对于仁的追求，具备一颗仁心，然后才能在行动上推行仁道。颜回是仁心与仁道相结合的典范；至于其他人，由于内心的修为欠缺，当然不能一以贯之地体现仁道，也就谈不上推行仁道了。可见，仁心牵引仁道，仁道体现仁心。

八、只向贤臣进贤

季康子问："仲由可使从政 ① 也与?"子曰："由也果 ②，于从政乎何有?"

曰："赐也可使从政也与?"曰："赐也达 ③，于从政乎何有?"

曰："求也可使从政也与?"曰："求也艺 ④，于从政乎何有?"

注 释

① 从政：当官的意思。

② 果：果敢。

③ 达：明理。

④ 艺：多才干。

评 析

季康子是鲁国的权臣，他让孔子为他推荐人才，并特地询问了子路、子贡和冉求的情况。但是，孔子都无一不是一口回绝。道理有两条：一是孔子对于季康子专权有异议，不同意自己的学生与他同流合污，因此，他认为他们三人都不适合于从政为官，这里有借故拒绝的意思；二是借说为官的果、达、艺要求，讥刺季康子不配做鲁国大夫。孔子所讲的果、达、艺，是做官的综合素质，要求很高：果，遇事要果敢，善于决断；达，要明于事理，宽大豁达；艺，要多才多艺，具有料理事务的才干。孔子论述的果、达、艺，三位一体，缺一不可。显然，这些都是季康子所不具备的。

九、富贵不能改变做人的原则

季氏使闵子骞^①为费^②宰^③。闵子骞曰："善为我辞焉！如有复我者，则吾必在汶上^④矣。"

注　释

① 闵子骞：孔子的学生，姓闵，字子骞。

② 费：季氏的采邑，故城在今山东省费县西北。

③ 宰：邑宰，季氏采邑的长官。

④ 汶上：指齐国；汶，即大汶河，在山东省境内。

评　析

季氏听说孔子的学生闵子骞贤能，就想请他来管理自己在费地的采邑。可是，闵子骞对此并不感兴趣，他对来人说："好好地为我谢绝了吧！如果反复地邀我，那么，我就一定回齐国了。"本章是在表彰闵子骞的节操，不与权贵为伍，不为官禄所动，坚守做人的原则和底线。

十、命运有时也不公

伯牛^①有疾^②，子问之，自牖^③执其手，曰："亡之，命矣夫！斯人也而有斯疾也！斯人也而有斯疾也！"

注　释

① 伯牛：孔子的学生，姓冉，名耕，字伯牛。

② 疾：病。

③ 牖：窗户。

评　析

本章记载了浓郁而深厚的师生情谊，十分感人。孔子的学生伯牛生了重病，孔子去看望他。孔子在窗外拉着他的手，无限感慨地说："你要是没了，可真是命运啊！这么好的人也生了这样的恶疾啊！这么好的人也生了这样的恶疾啊！"孔子对学生仁慈关爱，感叹命运如此不公，像伯牛这样贤德的人居然也会大病不起，无法挽救。看来，"好人有好报，恶人得恶报"，只是善良的人们的良好祝愿。伯牛究竟得的是什么绝症恶疾，令人惨不忍睹，以致孔子伤心地不能对面，只是在窗外拉着他的手说话，如今已经不得而知。

十一、颜渊真是贤人

子曰："贤哉！回也！一箪①食，一瓢饮，在陋巷，人不堪②其忧，回也不改其乐。贤哉，回也！"

注 释

① 箪：读音同"单"，用竹子做的盛饭的碗。

② 不堪：不能忍受。

评 析

前文讲述了伯牛的病，本文感叹了颜回的穷。孔子感慨地说："贤德啊，颜回！一天就那么一竹碗饭，一瓢水，居住的房子破旧得很，一般人都忍受不了的穷苦，可是颜回也不改变他的精神追求。颜回啊，是难得的贤德人！"孔子表扬颜回安贫乐道，心无旁骛，遨游在知识的海洋，享受着精神的快乐。在贫穷之中保持自我，不消极，不颓废，这是很不容易的，如果没有很高的道德修养，这是很难做到的。注重精神追求，轻视物质享受，这是孔子及其儒家的生活态度。孔子所谓"重义轻利"，对后世人们的生活态度有极大影响。当然，将精神愉悦与物质享受分割开来，对立起来，那就走向极端了。

十二、"自画"是心中的魔障

冉求曰："非不说①子之道，力不足也。"子曰："力不足者，中道而废②。今女画③。"

注　释

① 说：读音与意思同"悦"，喜欢。

② 中道而废：半途止步；中道，走了一半的路；废：放弃。

③ 画：意思同"划"。划定地界。

评　析

孔子对于学生的学习要求很严，也很关心。学生对于老师也是推心置腹的。冉求说："老师啊，并不是我不喜爱仁道学说，而是力不能及。我虽然很努力了，可是进步不大呢。"孔子说，冉求的话错了。学习就像走路一样，果真是自己的力气用完了，就会半途而废；可是，你还没有走呢，怎么知道力所不及呢？你的问题不在力量上，而是在思想上：你将自己划定在达不到的界限内，就没有动力了，那怎么可能进步呢！孔子这里指出的思想方法，非常值得重视。很多人终生不能克成其功，留下不可弥补的遗憾，并不是力所不能，而是在思想上将自己划定在不可企及的鸿沟之外。思想松懈，行动就会有所偏差。原来，思想力有时比实践力更重要啊！

十三、莫做小人儒

子谓子夏曰："女为君子儒①，无为小人儒。"

注　释

① 儒：这里是"儒"的本义，是教育工作者，而不是儒家的儒。据史籍载，孔子死后，子夏在西河开门授徒，为魏文侯师。

评　析

子夏向老师表达了学成后当一名老师的愿望，孔子就教育他：子夏呀，当老师好啊，但你要当一名君子式的教书人，切莫当小人式的教书人。孔子说的"君子儒"，应当是前面讲到的果、达、艺三者兼备的人，或者说是德、才、学兼有的人。一方面，自己有很高的修养，堪为人师；另一方面，志向远大，人情练达，精通事理，可负重任，不仅自己是国家栋梁，而且还可以为国家塑造出大批的优秀人才来。而"小人儒"就不是这样了，他不重视自身修养，目光短浅，心胸狭隘，虽然有一定的学问，但是，由于他不明事理，不堪重负，因此，只能是一名书呆子。由这样的人去教书育人，是培养不出人才来的。孔子的教诲，针对性极强，可以说是知人善教：子夏的心胸不够开朗，后来哭子伤明，造成终身遗憾。

十四、人才至关重要

子游为武城宰①。子曰："女得人焉尔乎？"曰："有澹台灭明②者，行不由径③，非公事，未尝至于堰④之室也。"

注 释

① 武城宰：武城的长官；武城，在鲁国，今山东省费县西南。

② 澹台灭明：复姓澹台，名灭明，字子羽。后来也成为孔子的学生。长相很丑。孔子以貌取人，最后又失去了灭明。灭明收弟子三百，闻名诸侯。

③ 径：简便的小路。

④ 堰：子夏。

评 析

子游当了武城的长官，孔子关心他是否得到人才。子游很自信地说，得到人才了。比如澹台灭明，很严谨，走路不插小道；不对上司溜须拍马，如果不是公事，他就从不串门。孔子对于子游的看法显然是满意的。观察一个人，由小可以见大。由此可见，孔子重视人才，特别是在政治领域，人才至关重要，有没有人才决定事业是否兴旺发达。

十五、学习孟之反谦逊的美德

子曰："孟之反①不伐②，奔而殿③，将入门，策④其马，曰：'非敢后也，马不进也。'"

注　释

① 孟之反：鲁国的大夫。

② 伐：夸耀自己的功劳。

③ 殿：殿后。

④ 策：用鞭子抽马。

评　析

孔子表扬孟之反不夸耀功劳的美德。鲁哀公十一年，齐国的军队攻入鲁国都城的城郊，情况万分危急。鲁国军队兵分两路抵抗侵略：孟之反在右路，冉求在左路。战斗的结果是右路败，左路胜。齐国的军队追击孟之反所在的队伍。孟之反主动殿后，掩护队伍撤退。孟之反回师最晚，有人夸奖他勇敢，但他表现得很谦逊。孔子赞扬这种遇事有勇有谋，但不居功自傲的品德。他特别欣赏孟之反的自谦：不是我胆子大，敢于殿后，而是战马没有力气跑了，只能在最后。只一句话，就足见孟之反形象的高大伟岸。

十六、蛊惑人心是社会的一大公害

子曰："不有祝鮀① 之佞，而有宋朝② 之美，难乎免于今之世矣。"

注　释

① 祝鮀：卫国大夫，有口才。

② 宋朝：宋国公子朝，长相帅气。

评　析

孔子感叹世道人心越变越坏。他说："如果没有祝鮀的口才和机敏，即使有宋国公子朝的英俊，也难免遭遇祸害。"孔子抨击当时夸耀、好辩而不修德的歪风。儒家倡导修身、内圣、言行一致，在当时显然是不合时宜的，因此，孔子有心苦恼，便发了一番愤世嫉俗式的牢骚。

十七、在学问和修德的道路上，没有捷径可走

子曰："谁能出不由户①？何莫②由斯道也？"

注 释

① 户：门。

② 何莫：为什么没有。

评 析

孔子哀叹自己的仁道学说不能够受到人们的欢迎。"谁能够有如此大的本事，不经过小门就走得出去？为什么人们不走仁道这条必经之路啊！"孔子认为，一个人虽然依靠旁门左道可能会得逞一时，但是，最后还是不能免于失败；只有依循正道，他才能够获得成功。虽然会有曲折，但是，他一定会迎来最后的胜利。孔子的意思是说，他鼓吹的仁道，正是人间正道，利于人们通行。孔子感叹世风败坏，邪说充斥，蛊惑人心，好的学说、思想，反而没有市场，得不到重视，有所怅然。

十八、文质彬彬是君子的仪态

子曰："质胜文则野①，文胜质则史②。文质彬彬③，然后君子。"

注 释

① 质：质地，内容；文：外表，形式；野：朴素的意思。

② 史：浮而不实的意思。

③ 文质彬彬：形式和内容配合得很好。彬彬，指文和质配合得好。形容举止文雅，态度温和，从容不迫的样子。

评 析

孔子强调做人，尤其是当政者，要使内容和形式协调。一个人，如果他缺少修养，就很难脱离野蛮状态；如果他离开了做人的本质谈人的修养，也会陷

入虚伪。总之，先天赋予人的朴质和后天的文化熏陶相匹配，才能够做到举止文雅，态度温和，从容不迫。所以，孔子说，文质彬彬，才够得上"君子"的标准。孔子的思想很有辩证法，善于调和矛盾的两极，使之达到中庸平和的状态。

十九、做人必须保持正直的本质

子曰："人之生也①直，罔②之生也幸而免。"

注 释

① 也：无实际意义。

② 罔：与上文的"直"相对，诬枉。

评 析

人天生是善是恶，是直是枉？这是一个哲学问题。哲学家们为此争论了几千年，也还没有取得一致意见。但孔子是"性直"论的主张者。他认为，人生来就是天真、直率的，只是由于社会环境的影响，人们的天性被扭曲了，变得诬枉不直。但是，人还是保持正直的天性好；否则，尽管可能有时避免了祸患，那也不过是侥幸罢了。

二十、做学问有三个境界

子曰："知之者，不如好之者①；好之者，不如乐之者。"

注 释

① 好：读音同"浩"，喜欢，喜好。

评 析

做学问有三个境界：知道治学的方法和门径，热爱并追求学问，以治学为乐事。孔子认为，对于治学而言，当然是第三层境界为最好。就第一层境界来说，知道治学的方法和门径，只是低层次的，它既可能是外来的，由别人传授的，也可能只是一种感性认识。如果仅仅限于了解治学的方法和路径，而不热爱它；那么，这种了解就毫无意义了。热爱并追求学问，是一种过渡层次，中间层次，孔子在前面说过："学而时习之，不亦说乎?"孔子认为，喜好学问，是治学的基本态度。喜好它，就能把爱好变成生活的内容，甚至是一种习惯。当然，治学毕竟是一桩艰苦的事业，要做到持之以恒、好学不倦才能有成，因此，这就有赖于第三层次：以治学为乐事。将治学内化为人生的需求，才能以治学为快乐，百坚不摧，知难奋进，学以致用。

二十一、教授的内容依据对象而定

子曰："中人①以上，可以语②上③也；中人以下，不可以语上也。"

注　释

① 中人：智力和学识中等的人。

② 语：讲解、告诉的意思。

③ 上：指较高的学问层次。

评　析

孔子强调在教育之先，要认清教育对象，以便因材施教。由于人的天赋和知识积累的差异，人在知识层次上是不同的：有高层次的人，有中层次的人，有低层次的人。这是很正常的事情。因此，以中间层次为界，根据对象讲授知识内容。既不能将高难度的知识作为中层次以下的教育内容，也不能将简单平白的教育内容作为中层次以上的教育内容。孔子的因材施教思想，是非常智慧的，一直影响到今天。

二十二、先劳后获才是仁

樊迟问知。子曰："务①民之义，敬鬼神而远②之，可谓知矣。"
问仁。曰："仁者先难③而后获，可谓仁矣。"

注　释

① 务：致力于，专心于。

② 远：用作动词，疏远。

③ 难：艰苦。

评　析

孔子重视具体问题具体分析，尽管樊迟三次问仁，两次问智，但是，孔子都有不同的回答，都回答得合情合理，发人深思。樊迟这次提出的问题是：一个当官理政的人，怎样才算得上聪明？孔子说："一心一意地以'义'来教化引导老百姓，专心于人间的事，尊敬鬼神但疏远它，他就算得上聪明了。"樊迟又问，怎样才称得上是仁呢？孔子回答说："仁德的人，总是先劳后获。"孔子划分了人道与天道的界限，当官要务，在于敦化风俗，教化百姓，哺育万物，这是人间正道。因此，就要远离天道，不能以天道干扰人道，影响社会生活；孔子还认为，当官有当官的责任和义务，不能尸位素餐，要吃苦在前，享受在后。

二十三、仁者智者各有所乐，表现各不相同

子曰："知者乐水 ①；仁者乐山 ②。知者动，仁者静。知者乐，仁者寿。"

注　释

① 水：用作动词，像水那样涌动不息，源远流长。

② 山：用作动词，像山那样高大挺拔，宁静肃穆。

评　析

在前文中，孔子阐述了智、仁在性格上的表现，在人生中的用途；在本文中，孔子则着重强调了智、仁的人生功效。孔子说："智者的快乐，像水一样涌动不息，源远流长；仁者的快乐，像山一样高大挺拔，宁静肃穆。智者是富于运动变化的，仁者是宁静安详的。所以，智者快乐，而仁者长寿。"孔子对于智、仁在人生中的表现，进行了审美观照，使善美合一，天人合一，人文合一。这正是孔子在智、仁学说中所寄予的人性化内涵。

二十四、仁道是判断国家政治行为的标准

子曰:"齐一变,至于鲁;鲁一变,至于道。"

评　析

孔子以鲁国文化为参照评价齐国文化,带有批评齐国的含义,也是一种无可奈何的感叹。因为周公的后代分封在鲁,所以鲁国文化保留着较多的周礼,而齐国文化走得更远,商品经济比较发达,国富兵强,率先挑战正统,成为春秋首霸。孔子认为,还是鲁文化比较接近仁道些:"如果齐国文化向着好的方面发展,就可以达到鲁国的水准;如果鲁国的文化再提高一步,就合乎仁道了。"在一定的意义上说,这是孔子对于他的思想在当时不被采纳的一次悲叹。

二十五、觚的变化有文章

子曰:"觚 ① 不觚,觚哉! 觚哉!"

注　释

① 觚:读音同"孤",古代盛酒的器皿。觚的形制上圆下方,限盛二升,以免过量醉酒。

评　析

孔子借酒器形制和容量的变化,发出感慨,微言大义,讥讽时弊,张扬正义。他感叹道:"觚啊,已经不像是一个觚了,这还算觚吗! 这还算觚吗!"孔子主张正名,强调名副其实。但是,春秋时期,礼崩乐坏,君不君,臣不臣,父不父,子不子,社会道德滑坡,秩序混乱,孔子十分担忧。孔子担忧的是,一切都在变,再也不可能恢复到它的原貌了。

二十六、仁道是教人聪明机敏的学问

宰我问曰:"仁者,虽告之曰,'井有仁 ① 焉。'其从 ② 之也?"子曰:"何

为其然也？君子可逝③也，不可陷也；可欺也，不可罔也。"

注　释

① 仁：指仁者。

② 从：跟随。

③ 逝：往。

评　析

宰我，就是前文孔子骂他"朽木不可雕也，粪土之墙不可圬也"的那个学生。宰我对于孔子讲的仁道有怨言，就打了一个比方，说道，老师呀，假如有人告诉仁者说，有仁者掉到井里了，他会跟着跳下去吗？孔子回答说："为什么要这样呢？君子会跑过去设法搭救他，但不会盲从他；君子也会上当受骗，但决不会因受骗而糊涂。"孔子认为，仁德是教人更聪明，决不会使人更僵化、更机械。仁德，同一个人善于适应环境，改变环境是不矛盾的，恰恰是协调的。如果说只讲仁德，而不能灵活机变，那他无疑就是一个呆子了；如果说他是一个仁者，那就是骗人的鬼话。

二十七、成仁之道

子曰："君子博学于文①，约②之以礼，亦可以弗畔③矣夫！"

注　释

① 文：这里是指广义的文化，《诗》《书》《礼》《乐》《易》《春秋》等文化典籍，典章制度，著作义理，都可以用"文"概称。

② 约：约束、规范的意思。

③ 畔：读音与意思同"叛"，背离。

评　析

孔子强调仁道，但是，如何才能在人生道路上合乎仁道，而不是离经叛道呢？孔子指出了正确的路径：博学与守礼相结合。博学，就是要学习、通晓古往今来的一切学术文化，在学识上成为通才；守礼，就是要用周礼规范自己的言行，在行动上体现出周礼的文化精神。

二十八、立足于自己的判断

子见南子①，子路不说。夫子矢②之曰："予所否③者，天厌之！天厌之！"

注 释

① 南子：卫灵公夫人，干预朝政，且行为不端，名声不好。

② 矢：发誓。

③ 否：读音同"痞"，憎恶。

评 析

对于这一章，学术界历来有不同的理解。如果从孔子的智、仁论述上进行解读，可能会准确一些。

卫灵公夫人南子，不仅人长得漂亮，而且权势欲很强，她左右了卫国的政局，还不守妇道，因此，关于她的流言很多。但是，南子却是一个慧眼识英雄的女人，她很崇敬孔子，很希望能够当面请教孔子。孔子推辞不过，最后还是见了南子。南子对孔子十分客气，给予孔子崇高的礼遇。但是，子路对此却想不通，很不高兴。孔子到底是一位智者，洞彻事理，说了一句意味深长的话："我所憎恶的人，是上苍也讨厌他的人！是上苍也讨厌他的人！"这句话就说得太好了。在孔子看来，对人对事，要有独立的客观公正的判断，不能人云亦云。而独立判断来自于自己的耳闻目睹，不去接触南子，怎能了解流言的真伪呢？这就是常言所说"流言止于智者"的奥妙。这一章，是要体现孔子对于"有争议的人"的看法。

二十九、提倡中庸

子曰："中庸①之为德也，其至矣乎！民②鲜久矣。"

注　释

① 中庸：孔子所设定的最高道德标准。中，折中，介于中间，既不超过，也不达到；庸，平常，不特别。

② 民：一般人，大家的意思。

评　析

中庸，是孔子学说中的一个道德范畴，一个极高的道德境界和道德标准。孔子说："中庸啊，作为一种道德要求，就是至高无上的了！可是，一般的人是很难把握它的。"中庸既是一种道德，又是一种思想方法。它要求人们在处世为人方面，善于把握矛盾双方的相互转化，掌握转化的中间地带，不偏不倚，不急不躁。譬如，做一个管理者，就要善于中和，克服人和事的消极面，保留其积极面。在日常生活中，人们往往容易走极端，注意一点而不及其余，偏颇一面而忽视全面。

这一章，在思想方法上，是对于上一章的补充。别人骂南子，说她很坏，孔子却要亲眼看，具体地看，多方面地看，反对绝对地说好，绝对地说坏的极端论。这就是用中庸的方法论人论事，它不为世俗偏见所左右。

三十、设身处地、推己及人是修养仁德的方法

子贡曰："如有博施于民而能济众，何如？可谓仁乎？"子曰："何事于仁！必也圣乎？尧舜 ① 其犹病 ② 诸！夫仁者，己欲立而立人，己欲达而达人。能近取譬 ③，可谓仁之方 ④ 也已。"

注　释

① 尧舜：传说中的上古君王，是儒家推崇的英明圣君。

② 病：忧愁。

③ 近取譬：推己及人的意思。

④ 方：方法。

评　析

子贡追求仁道，苦于不知如何实行仁道，就请教老师说："一个人如果乐善好施，扶危济困，应该说达到仁了吧？"孔子不同意这个看法，说道："这哪里是仁道！简直就是圣德了！就连尧、舜这样的圣君都难以做到啊！我告诉你仁的道理吧，你自己想站得住，就要想到别人也想站得住；你要想办事通达，就要想到别人也想办事通达。凡事能够设身处地，推己及人，就掌握了实践仁的方法了。"孔子关于仁道的精意，正在本章的阐述：设身处地，推己及人，同情共感。人要善于换位思考，顾及别人的合理要求和利益，一点一点地一步一步地做起。这样，才可以通向仁道。

述而篇第七

导　读

　　本篇有大量的成语、名言和佳句，涉及孔子的自身修为、学问和君子风范，阐述了孔子的教育思想，至今依然具有很强的生命力：述而不作，信而好古、学而不厌，诲人不倦、不愤不启，不悱不发、举一反三、临事而惧，好谋而成、三月不知肉味、求仁得仁、乐在其中、不义而富且贵，于我如浮云、发愤忘食，乐以忘忧，不知老之将至、人非生而知之、三人行，必有我师、择善而从、多见而识、君子不党、苟有过，人必知之、君子坦荡荡，小人长戚戚，等等。这些成语、名言和佳句，蕴含着非常丰富的文化意义，体现着非常鲜明的中国智慧特征。

　　孔子的道德人格、君子风范，体现在他的执着追求之中；孔子取得了很高的文化成就，但是，他却能严于律己，谦逊处世，潜移默化地积极影响他的学生。孔子认为，学而不厌，诲人不倦只不过是他的本职工作，而这恰恰是一般人所做不到的。至于孔子有志于道，三月不知肉味，终生好学，不知老之将至的勇猛精进状态，令古往今来的多少仁人志士不禁击节叹赏，连连啧啧称奇啊。正是因为孔子有着极高的道德修养，他在日常生活中才能够展现出崇高的君子风范，孔子在家闲居的时候，衣冠整齐，神色和悦而舒展；在平常，孔子温和而不乏严肃，有威仪而不凶猛，端庄而安详。正因为如此，他也才说得出"君子坦荡荡，小人长戚戚"的经典话语。孔子认为，从来就没有生而知之者，圣贤都来自书本、实践和勤学。因此，人就是要善于学习，知错能改。

　　孔子强调他主张的仁德和仁道。他宣扬"求仁得仁"的思想，主张人的修养、志趣和能力合而为一，一以贯之。之所以人们求仁得仁有先后快慢的差别，甚至有得与不得的差异，全在于他们自己是否能够心存仁、追求仁，而不在于其他因素。所以，孔子说，不义而富且贵，于我如浮云；追求富贵不要以牺牲仁德为代价；否则，还是干自己喜欢的事为好。孔子重视正义的价值原则，宣扬并维护仁道的价值理想，所以他说："君子不党。"以义帅理，是孔子终生不变的信条。正因为如此，孔子在这里说他自己有四忧：不修德，不讲学，不向义，不改过。这可谓至真至切。

孔子丰富的教育思想在本篇有深刻的体现。孔子认为，老师教育学生，不应该有所保留，这是一个涉及师德的严肃问题。孔子一方面强调老师要注意运用正确的教育方法，又要善于调动和发挥学生的学习积极性。这样，就形成了教与学的良性互动关系，也就可以达到事半功倍的效果。孔子不语怪力乱神，孔子"四教"，言以雅言，诲人不倦，强调举一反三，择善而从，知错能改，等等，这些至今仍有启发意义，耐人寻味。

一、信服于斯，钟情于斯

子曰："述而不作 ①，信而好古 ②，窃 ③ 比于我老彭 ④。"

注 释

① 述而不作：继承已有的文化，不进行创新。述，陈述、延续的意思；作，创新、创作的意思。

② 信而好古：相信并喜爱古代文化。信，确信；好，读音同"浩"，喜爱；古，古代的文化。

③ 窃：谦辞，我自己的意思。

④ 老彭：人名，具体情况不详。可以判断，孔子同他的关系很亲密，并且很敬佩他。

评 析

孔子阐明了他对于文化、治学和教学的态度，谦虚、严谨、踏实。述而不作，是孔子学术人生、教学人生的真实写照。孔子一生整理了大量的古代典籍，如流传后世的《诗经》《尚书》《春秋》《易经》等，他在教学生涯中，传播古代文化，都是为了保存传统文化，承先启后，继往开来，使中国文化精神流传久远。孔子说的"不作",并不是绝对的,而是相对的。相对于独立撰写著作、阐发个人见解而言,孔子的确是没有那样做;但是,孔子将主要精力和心血用在阐发古代经典,也就是中国文化精神上,孜孜不倦,潜心以求,收效甚大。在一定意义说,孔子是"又述又作",因为,孔子删定古籍,受他自己的文化思想支配,有他自己的标准,经他删订的古籍,打上了孔子思想的深深烙印。信而好古,实在地映现出孔子对于中国文化的热爱之情,老老实实地治学态度。人们只有确信它,才能钟情于它,才能热爱它,也才有激情去研磨它;否则,如果不在继承的基础上创新,要么就是文化破坏,要么就是奇谈怪论,它们都不能成立。孔子胸襟宽广,谦虚不骄,他不张扬自己的"述而不作,信而好古"的老实态度和优秀学德,而是通过表扬他的好朋友老彭,说"和老彭一样",以此来表明自己的学术取向和追求。其实,综观孔子一生的作为和表现,孔子真正是"述而不作,信而好古"的文化典范。

二、于自信之中显身手

子曰:"默而识之①,学而不厌②,诲人不倦③,何有④于我哉?"

注 释

① 默而识之:默默地记在心里。识,记忆。

② 学而不厌:专心学习,总也不觉得满足。厌,满足。

③ 诲人不倦:耐心地教导人,总也不嫌疲劳。诲,教导。

④ 何有:有什么。

评 析

孔子坦言自己的治学、教学态度与方法:对于古代文化典籍的精义,默默地记在心中,细心体会;专心致志地学习,从来没有觉得满足的时候;耐心地教导学生,总也没有疲倦的时候。潜心治学、专心教书,这对于我来说,有什么难的!孔子也是在袒露心声,表明志向:一心一意地从事文化事业。同时,他也是在抒发一种文化自信,征服书山学海,造就百年人才,一往直前,化难为易。由此可以洞见,孔子的学者风范和教师品格,是何等令人景仰!

三、切肤之痛最担忧

子曰:"德之不修,学之不讲,闻义不能徙①,不善不能改,是吾忧也。"

注 释

① 徙:本义是迁移,这里是向善的意思。

评 析

孔子心系天下,忧国忧民,他感叹道:怎么得了啊,到处是不修德,不研学,不向善,不改错的情景。对此,孔子的心情是沉痛的;愈是沉痛,愈见他的炽灼。孔子揭示了当时社会风气的衰变,民族精神的颓废,对于民族文化的发展,他忧心忡忡。反过来看,孔子指出了矫正世风人心的途径:研学修德,向善改错。

四、追求大家气派,成就一副君子相

子之燕居①,申申如也②,夭夭如也③。

注 释

① 燕居:闲居,安居的意思。燕,意思同"晏",安闲。

② 申申如也:衣冠整齐的样子。如,用法同"然"。

③ 夭夭如也:舒和的样子。

评 析

这里展现的是生活中的孔子祥和、舒展的一面。孔子心系天下,忧国忧民,但他能够超拔于尘事凡俗之中,并不是整日愁眉苦脸的样子,因此,他的精神面貌极好,内心和悦,外表清朗,体现了他极高层次的修养。一个人能够做到和顺积中,英华外发,而又心忧苍生,情系黎民,真是不简单啊!"申申如也,夭夭如也",好一副大家气象! 这正是一切有为之士所应当学习和追求的气派啊。

五、梦中也有理想

子曰："甚矣，吾衰也！久矣，吾不复梦见周公①！"

注　释

① 周公：姓姬，名旦，周武王之弟，又称叔旦。周成王年幼，代为摄政，整齐制度，制礼作乐，平定叛乱，巩固疆土，很有作为。成王立，周公还政。周公是西周历史上著名的政治家。周公摄政而不窃国的美德，从孔子开始就受到后世历代儒家和主流意识形态的褒扬，被誉为人臣的政治楷模和道德榜样，推崇备至。

评　析

这是孔子晚年的感叹。这个感叹，意蕴十足。一方面，孔子的确是上年纪了，衰老了；另一方面，孔子在晚年十分怀念周公，可是，他好久都没有在梦中见到周公了，以致更加怀念周公！但是，孔子的感叹，意思远不止于此，而是要借周公抒发对社会现实礼崩乐坏、纷扰不堪的愤懑。社会的发展，与周公的理想背道而驰，周公怎么可能回复于人们的梦中呢？

孔子一生，独服周公。周公整齐制度，以礼治天下，获得了极大的成功。孔子将周公视为古代的圣贤，学习的榜样。孔子主张和鼓吹的周礼，就是周公的创作。孔子对周公的颂扬，对于后世影响很大。孟子称赞周公是"古圣人"，并将他与孔子并称；唐代以后，周孔并称，成为一种定型的文化概念，世代流传，影响深远。

六、道、德、仁、艺：立己立人的根本

子曰："志于道①，据于德②，依于仁③，游于艺④。"

注　释

① 道：指学习之窍门和方法。

② 德：指做人的道德。

③ 仁：指君子的德行。

④ 艺：指礼、乐、射、御、书、数等六门知识。西汉以后，儒家称它为"六艺"。

评　析

孔子的这四句话，可谓其学术思想、教育思想的核心。孔子说的道、德、仁、艺，涉及立己立人的大问题。孔子教导学生进德修业，先轻后重，层次分明，可操作性强。孔子先强调立志。他所说的道，应该是人道，而不是天道。在前面的《公冶长篇》中，子贡说过："夫子之文章，可得而闻也。夫子之言性与天道，不可得而闻也。"孔子谈立志，最注重专心向学，矢志于修己长进之道。如果没有这一条，其他的一切就都谈不上。孔子说的德和仁，是指道德范畴和行为准则。人们如果立足于道德，谨守仁道，就能够将高尚的修养发挥出来，为社会建功立业，也实现自我完善的目的。孔子在前文中说，做人要"不违仁"，与这里说的"依于仁"是一个意思。如何实现自己的志向？如何增进自己的道德、增长自己的才干呢？要靠丰富的学习内容，要靠广博的知识积累。因此，孔子具体地强调了六门必备的学问，让人有所依循。孔子不单单强调志向，而是将志向与脚踏实地结合起来；孔子也不是片面地论述具体的学习内容如何重要，而是主张博学与立志统一起来。这是有启发性的思想。

七、教学不论出身

子曰："自行束脩① 以上，吾未尝② 无诲焉。"

注　释

① 束脩：古代初次见面时的礼物，十条干肉。脩，读音同"修"，干肉。

② 未尝：不曾。

评　析

这是对前文所说的"诲人不倦"的补充。孔子教学生，看重的是求学精神和好学品质，并不计较学资厚薄。他说："即使是学资菲薄的学生来求教，我也认真地教导他，丝毫不马虎。"在历史上，孔子是打破"学在官府"的第一人，也是开办私学的第一人。因此，很多出身贫寒而又求学上进的青年得到教育成材的机会。孔子一生，"三千弟子，七十二贤人"，有很多如冉雍、原思一样出身低微的学子，他们在孔子的教诲下，成为名重一时的贤才。这句话，既体现了孔子师德厚重的一面，又体现了孔子教育思想博大的另一面。

八、开动脑筋想问题，举一反三很重要

子曰："不愤不启①，不悱不发②。举一隅不以三隅反③，则不复④也。"

注 释

① 不愤不启：愤：苦苦思索而不得其解；启：开导。不到苦思冥想而找不到答案的时候，不去开导他。

② 不悱不发：悱：张口想说而又表达不出来；发：提示。不到他张口想说而又表达不出来的时候，不去教导他。

③ 举：列举，解释的意思；隅：靠边的地方；反：类推求证的意思。

④ 复：重复教导的意思。

评 析

孔子阐发了一个十分重要的思想和方法：启发式教学。孔子重视在教育过程中培养学生的自学能力和独立思考问题的能力；强调教与学结合，发挥教师的积极性和主动性。学生能够举一反三地思考问题，关键在于老师循循善诱的教学方法。如果不能够使学生开动脑筋想问题、解决问题，进行满堂灌，就不可能培养出具有创新能力的人才来，那么，这种教育就是失败的。孔子的启发式教学思想与方法，在今天依然闪耀着智慧的光芒，被广泛运用于现代教育中，产生了积极作用。

九、丧则同悲

子食于有丧者之侧①，未尝饱也；子于是日②哭，则不歌。

注　释

① 侧：读音同"策"，旁边。

② 是日：这一天。

评　析

孔子具有同情怜悯心，很严肃地对待丧情，这也是他所主张仁道的一个内容和表现。前文讲孔子日常生活坦荡荡，舒展自如，"燕居"在家，这是他生活的一面；这里则展现了他所具有的仁爱品质令人可敬的另一面：孔子去哀悼丧者，紧紧地挨着丧者吃饭，因为心情悲伤，他从来没有吃饱过；孔子在哀悼日只是哭泣，就没有歌声了。这里讲"哭则不歌"，与后世儒家说的"君子哀乐不同日"，是一个意思。将本章与前面的第四章对照起来读，可以充分认识孔子在生活中的君子风范。

十、达则兼济天下，穷则独善其身

子谓颜渊曰："用之则行 ①，舍之则藏 ②，惟我与尔有是夫！"

子路曰："子行三军 ③，则谁与？"

子曰："暴虎冯河 ④，死而无悔者，吾不与也。必也临事而惧，好谋而成 ⑤ 者也。"

注　释

① 行：读音同"形"，行道的意思，指推行仁道。

② 藏：把道藏起来，指隐居不仕。

③ 行三军：带领军队打仗。

④ 暴虎冯河：徒手搏击猛虎，叫暴虎；徒步涉河，叫冯河。冯，读音与意思同"凭"。

⑤ 成：能决断。

评　析

孔子注重人生修养与人生志趣相统一。孔子充满自信，他说过："假如我能够得到重用，只要三年的时间，就能够大建成效。"因此，孔子认为，只有道德修养很好的人，才能够进退自如。出则仕，推行王道；退则隐，完善自我。子路很自负，对于孔子欣赏颜渊颇为不满，抬杠地说，假如打仗，您带着谁呢？总不能带着颜渊去吧！孔子没有正面回答，但是，他明确地阐明了自己的观点：对于徒手搏虎，只身过河，有勇无谋，至死也不后悔的人，我是不会与他共事的；如果一定要与人共事，那一定是小心谨慎、多谋善断的人。在孔子的思想中，强调仁、智、勇三者统一，因此，他反对勇而无谋。

孔子的"用之则行，舍之则藏"思想，对于后世读书人的人生观影响很大。一是孔子有很强的入世精神，有社会责任感和历史使命感，有天下英雄，舍我其谁的壮伟豪迈，热衷于政治；二是孔子注重自身行藏，以"达则兼济天下，穷则独善其身"自勉，严守所谓的"出处进退之节"，以出仕和隐归为人生的两极。

十一、君子爱财，取之有道

子曰："富而①可求也，虽执鞭之士②，吾亦为之。如不可求者，从吾所好③。"

注 释

① 而：用法同"如"，假如。

② 执鞭之士：拿着鞭子为大官出行开道的差役。

③ 好：读音同"浩"。指自己喜欢干的事情。

评 析

在孔子的时代，追求发财致富，已经蔚为风气。其时的巨富，如齐国的管仲、鲁国的阳货、吴国的陶朱公，以及孔子的学生子贡，都是领风骚的人物，一时成为人们仰慕的对象。孔子并不是抽象地、单纯地反对富有，而是将原则与财富放在一起来认识财富。他认为，追求财富要合乎原则，即他不厌其烦所论述的仁义道德、礼义廉耻。孔子坚决反对寡廉鲜耻、不择手段地追求富有的行为。因此，本章的关键在于，对于财富如何看？所谓"求"，并不是指努力地做，而是指可不可以做、能不能够做、值不值得做，可以、能够、值得做的界限就是孔子说的"原则"，以义率利。

对于人们不顾一切地趋才求富的行为，孔子既不屑一顾，又忧心忡忡。因此，孔子说道："假如获取财富是合乎原则的，即使是去当差役，我也积极地去做；但是，如果是违反原则的，那就算了吧，我还是安贫乐道为好，甘心继续我清苦的事业。"孔子的这段话，是对待财富的至理名言，影响深远。

十二、平生当心三件事

子之所慎^①：齐^②，战，疾^③。

注 释

① 慎：谨慎小心。

② 齐：读音与意思同"斋"，清心寡欲的意思。古人在祭祀前要斋戒自己，表示慎重和庄重。

③ 疾：生病。

评 析

孔子说，他一生对于以下三件事是十分重视和谨慎的：一是神明，关切礼制，涉及世道人心，所以要虔诚地祭祀。孔子在《八佾篇》第十二章中说过："吾不与祭，如不祭。"表明了他对于祭祀的严肃态度。二是战争，打仗要死很多人啊，战争是关系国家存亡的大事，因此，统治者对于战争要慎之又慎。三是疾病，它对于个人安身立命影响重大，没有身体，修身养性就没有实际意义，更不要讲什么"修身，齐家，治国，平天下"了。孔子在这里集中强调对于齐、战、疾这三件事，要求人们做到临事而惧，严肃对待，仔细斟酌，不可儿戏、大意。这三件事切关国运昌隆与否、个人身家安全如何，可真是大事中的大事啊。孔子是一位千古哲人，他善于抓住矛盾的关键，把握事物发展的大方向。

十三、投身精神的殿堂，如释重负

子在齐闻《韶》^①，三月不知肉味，曰："不图为乐之至于斯^②也。"

注　释

①《韶》：古音乐名，音律十分美妙。

② 斯：这般田地。

评　析

孔子十分重视音乐，将音乐与周礼放在同等重要的地位，认为音乐有助于净化人的心灵，增强人的修养。因此，孔子对于音乐，特别是上古舜帝时代流传下来的经典《韶》乐，心向往之，十分专注，十分投入，如痴如醉。三个月的时间里，吃肉也不香，真是陶醉其中了！可见他"发愤忘食"般执着，用心专一地倾注！孔子感叹说："真没想到，美妙的音乐有如此强烈的感染力啊！"这句话，道出了孔子的心声，音乐有一种巨大的教化力量，不可忽视。

有人理解孔子"三月不知肉味"，认为孔子三个月没吃肉，这就闹笑话了。一是作者的本意是，以肉味之香美来反衬《韶》乐之醇良，精神食粮胜过了物质享受。如果将这段文字理解成三个月没吃肉，这就使得原文词不达意。二是以肉味来衬托《韶》乐之稀罕、难得。古代生活艰辛，生活水平低，吃上一顿肉是十分稀罕的事，因此，每每吃肉，就觉得香美无比。孔子难得吃一顿肉，还不觉得肉味甘美，自然是因为《韶》乐的吸引力太强大了！

十四、对于矢志追求的东西，无怨无悔

冉有曰："夫子为 ① 卫君 ② 乎？"子贡曰："诺 ③。吾将问之。"

入。曰："伯夷、叔齐何人也？"曰："古之贤人也。"曰："怨乎？"曰："求仁而得仁 ④，又何怨？"

出。曰："夫子不为也。"

注　释

① 为：读音同"卫"，帮助。

② 卫君：指卫出公蒯辄。他是卫灵公的孙子，太子蒯聩之子。蒯聩得罪卫灵公宠姬南子，逃奔晋国。于是，蒯辄被立为卫君。晋国为了侵夺卫国，故意送蒯聩回国，以争夺君位，造成卫国政治动荡。卫国父子争位，正好与伯夷、

叔齐互相推让君位的情况相反。

③诺：答应的声音，表示肯定。

④求仁而得仁：孔子评价伯夷、叔齐，因为他们心存仁道，追求仁道，所以，虽然让却了君位，而他们心中也很坦然，没有怨恨，这样，就实践了仁道。

评　析

孔子从不以"仁"的崇高评价轻易许人，却认为伯夷、叔齐推让君位，是"求仁得仁"的壮举，他对此十分肯定。在孔子的思想中，它寓有深刻含义。春秋时期，为了一己之私，父子相残、夫妻相残、君臣相残，动辄僭越犯上、挑起战争，以至危害国家、伤及无辜，血流成河的事情多不胜数。孔子认为，这是残忍，惨无人道，不仅不是仁，而是不仁啊！

子贡显然是了解老师思想的。但是，他有很高的语言思维艺术，没有正面问：老师，卫国父子争位，我们该帮助谁呀？而是旁敲侧击，以事例点正题。所以，当同学向他打听询问老师对待卫国父子争位的态度时，子贡引出了这样一段精彩的对话。冉有问子贡："老师会帮助卫国的新君吗？"子贡说："对呀，是该问问老师的态度。"于是，他们就一起去请教老师，子贡问道："老师，伯夷、叔齐是怎样的人啊？"孔子说："是古代的贤人哪，很了不起。"子贡问道："他们有怨恨吗？"孔子说："他们是求仁得仁的典范，哪有什么怨恨呀？"从孔子的书房出来，子贡对冉有说："老师是不会帮助卫国新君的。"孟子说"杀身成仁，舍生取义"，就是"求仁得仁"的准确注解。

十五、富贵只是人生的一朵浮云

子曰："饭疏食①，饮水②，曲肱③而枕之，乐亦在其中矣。不义而富且贵，于我如浮云。"

注　释

①疏食：粗粮。

②水：相对于"汤"而言，凉水。

③ 曲肱：使肱弯曲。肱，胳膊。

评　析

在本篇第十一章中，孔子说"从吾所好"。在这里，孔子解释了他喜欢的究竟是什么？正是"仁道"。孔子形象地描述了他自己安贫乐道、自得其乐的景象。一个有修养的人，要有自己的理想、志向和操守，坚定不移地朝着既定目标前进，不被物欲和外力所动摇、左右。即使吃的是粗粮淡饭，喝的是凉水，睡觉时用胳膊当枕头，也有无穷的乐趣。接着，孔子说了一句十分经典的话："不义而富且贵，于我如浮云。"孔子道出了他的义利观：通过不正当的手段谋得利益，哪怕是因此而富贵一世，也是不光彩的，对我来说比天上的浮云还轻。以义率利，不为外物所动，是一种中华大丈夫气概。孟子解释为："富贵不能淫，贫贱不能移，威武不能屈。"这是对孔子义利观的精彩发挥。

十六、活到老，学习到老

子曰："加①我数年，五十以学《易》②，可以无大过矣。"

注　释

① 加：读音与意思同"假"。给予。

②《易》：又称《周易》《易经》，是古代占卜之书，经孔子修订后，成为儒家经典之一。

评　析

孔子以人生五十岁作为一个界标，一个成熟的标志。所以，在那时有一句名言："年五十方知四十九之非。"意思是说，人到了五十岁上，反思自己人生的历程，就知道做了哪些糊涂事，以后就不会重蹈覆辙了。孔子认为，等到人成熟后，再读《周易》，必将获益更大，几乎不会有什么失误了。所以，孔子感叹道："再过几年后，我就有五十岁了，认真攻读《周易》，那么，做人就几乎完美了。"孔子对于《周易》推崇备至，对于后人认识这本书，有很大影响。当代著名哲学家冯友兰认为："吾人行为，能取法于《易》，即可不致有错。"

这显然是从孔子的意思里化生出来的。《周易》，虽然是一本占卜之书，但其中蕴藏着丰富的辩证法思想内容，由此受到了人们的重视。特别是它经过孔子删订后，在西汉以后成为儒家的经典，影响深远。

十七、教学也有政治

子所雅言①，《诗》《书》、执礼，皆雅言也。

注 释

① 雅言：西周时代的语言，被称为雅言，相当于后世所说的普通话。春秋时期，诸侯并起，各地方言纷呈。雅言是相对于方言而言。

评 析

孔子在教书行礼时，都使用西周时代的语言，如在讲解《诗》《书》时，尤其如此。《论语》记载的孔子教书行礼的言行，有深刻含义：一是孔子尊重文化传统，用西周时代的语言讲解当时的文化典籍和周礼；二是尊崇正统，孔子以周天子为正统，反对诸侯僭越周礼，犯上作乱，所以在文化活动中使用西周时代的语言，运用周礼，使人们在头脑中有"周天子"这个概念，时刻不忘正统；三是大一统思想，在孔子的时代，诸侯并起，周朝名存实亡，方言纷呈，国家的统一受到威胁，孔子感到十分忧虑，于是，他就使用周代的语言和周礼从事文化活动，使人们时刻不忘国家统一。可见，本章体现的是孔子的文化观、政治观和国家观，孔子的这些思想正是对于纷乱的社会现实的一种有力抗争。

十八、终生以学习求知为乐

叶公①问孔子于子路，子路不对②。子曰："女奚不曰③，其为人也，发愤忘食，乐以忘忧，不知老之将至云尔④。"

注 释

① 叶公：即沈诸梁，字子高，时为叶县县尹。

② 对：回答。

③ 女：读音与意思同"汝"。奚：为什么。

④ 云：如此。尔：同"耳"，而已、罢了。

评 析

文中的叶公，即成语"叶公好龙"中只好虚名，不求实际的那个叶公。孔子晚年，曾从蔡国到楚国，途经楚国叶县。县尹沈诸梁向孔子请教治国之道，并向子贡了解孔子的为人。子贡没有正面回答，或是对于沈诸梁的问话不满，或是对于沈诸梁的为人不屑，或是由于孔子是大贤，简单的话语很难说清楚，总之，子贡是没好气地拒绝了。后来，子贡向老师报告了沈诸梁的问话，孔子责备子贡没有如实回答：发奋学习，常常忘记饥饿；每当学有收获时，就忘却了忧愁；勤奋学习，而不知自己已经垂垂老矣！

解读本章的意义，要联系上文十五、十六、十七几章的内容。君子贵有自知之明。孔子对于自己有准确的认识。孔子一生勤奋，"发愤忘食，乐以忘忧，不知老之将至"，这是对于他自己生活的真实写照，也为后世读书人树立了伟大榜样。孔子一生勤学，学问与道德并进，不断达到人生的更高更新的境界。

十九、学习的进步与功夫成正比

子曰："我非生而知之者，好古①，敏②以求之者也。"

注 释

① 好：读音同"浩"，喜爱。

② 敏：勤勉的意思。

评 析

这一章紧扣上一章的主题："发愤忘食，乐以忘忧，不知老之将至"，进一步阐发孔子在文化领域取得辉煌成就的原因：一是尊重中国文化传统，善于在文化典籍中获取丰富的营养；二是勤奋地学习，专心致志地学习，如饥似渴地学习。孔子是反对天才论的，他并不认为自己是生而知之的圣人。这阐明了杰出的文化人才成长的一般规律，勤奋出天才。孔子的"人非生而知之"，须靠后天努力的教育思想，在荀子、韩愈等人的宣扬下，影响广泛而深远。

二十、仁道、神道有差别

子不语怪①、力②、乱③、神⑤。

注　释
① 怪：怪异。
② 力：强力。
③ 乱：叛乱。
⑤ 神：鬼神。

评　析
子贡在《公冶长篇》第十三章中说，学生们听不到孔子关于"天道"方面的教诲。可见，孔子是信人道和仁道，而不信天道和神道的；在第七章中，孔子批评子路"好勇过我，无所取材"，可见他对于勇力是持异议的；在《雍也篇》第二十二章中说"敬鬼神而远之"，这是一种做人的智慧。可见，孔子对于"天道"中的怪、神，是一以贯之地持保留意见的；至于说力和乱，由于违背了孔子学说中的"仁""智""礼"的规范，因此，孔子也是持反对态度的。孔子毕生所追求的是建构一个美好的人间社会，这是现实的，而不是虚幻的，因此，孔子重视用"仁道"的理想和"周礼"的规范来建设社会体系，他在教学以及日常生活中不议论怪异、强力、叛乱和鬼神，这就是孔子思想的题中之义了。

二十一、只要谦虚，随处都有学习的榜样

子曰："三人行①，必有我师焉②。择其善者而从③之，其不善者而改之。"

注 释

① 三人：这里是虚指。三，多的概称。

② 师：用作动词，值得学习，以……为老师。

③ 从：效法、学习的意思。

评 析

孔子善于吸取历史智慧，老子说过："好人是坏人学习的榜样，坏人值得好人借鉴。"（"善人，不善人之师；不善人，善人之资。"）显然，孔子强调向好人学习，对照坏人的缺点加以改正的看法，是对老子思想的继承。但是，孔子又有发展。他认为，人们只要虚心学习，随处都有自己老师；只要细心，老师就在自己的身边。人们向周围的人学习，这既是一种谦虚，又是一种自信。孔子的论述是很深刻的。这两句话，作为千古名言，具有很强的生命力，源远流长。

二十二、精神的力量是永恒的

子曰："天生德于予，桓魋① 其如予何② ！"

注 释

① 桓魋：宋国的司马向魋，是宋桓公的后代，因此又称为桓魋。魋，读音同"颓"。

② 其如予何：他能够把我怎么样。

评 析

据史书记载，宋国司马桓魋想加害于孔子，趁孔子在树下教学生习礼之机，曾砍倒大树，以此相威胁。学生劝孔子赶快离开宋国。孔子便说了这句意味深长的话。孔子处变不惊，已经是有深厚修养的恢宏景象。孔子具有十足的自信：肉体可以被消灭，但是，道德文章却是永恒的！这映现了一种书生的潇洒豪迈。只有超越生死的人，才能实现人生的升华。

二十三、君子不隐其行

子曰："二三子①以我为隐②乎？吾无隐于尔。吾无行③而不与二三子者，是丘也。"

注 释

① 二三子：几个人。

② 隐：本义是隐瞒，这里是有所保留的意思，特指老师不尽职责。

③ 行：品行。

评 析

孔子道行深厚，对学生要求也高，有的学生进步不快，自然觉得老师在教学中"留了一手"，没有做到知无不言，言无不尽。孔子及时予以说明：我教你们有所保留吗？没有。对于你们来说，我的言行没有一点不是透明的。这就是我孔丘的为人。孔子既是表明自己的师德与人格，也是在向学生传授自己的学习方法。在学习中，学生既要重视学习教材和课堂知识，又要善于学习和领悟老师在行为、品行上表现出来的修养、道德、知识和经验。在孔子看来，学问无处不在，有学问的人无时无刻不在运用和表现学问；学习，首先要善于观察，细心体会。这样，人的进步就会加快。这是对于孔子所说"见贤思齐"思想的现身说法。

在古代，师生关系中以师道尊严为准则，学生对于老师的言行在一定程度上怀有神秘感。孔子身体力行地破除这种神秘感，流露出一种师长的亲切感。孔子对学生推心置腹，襟怀坦荡，循循善诱的高大形象，凸现在世人面前，令人景仰。

二十四、教学的四条原则

子以四教：文①，行，忠，信。

注 释

① 文：古代的文化典籍。

评 析

在孔子的时代，古代典籍就是一切知识内容和文化象征，在人们的心中是极其神圣的。因此，孔子在教育中，以古代典籍为范本。在古代，文人学问多而品行良莠不齐，所以孔子在教学中强调学生的品行要求，他把品行教育作为教学内容。在社会生活中，正确地处理人际关系，自然离不开做人的忠诚和信用。孔子将治学求道与立身做人联系在一起，当然要将忠、信列入教学内容。孔子的教育目的是塑造对社会、对国家有用的人才，因此，在教学内容上，内容服从目标。他十分重视德、才方面的教育，素质与能力的教育。孔子的教育目的性强，教育内容的针对性强，教育方法的科学性强，教育功能的现实性强。在孔子的教育内容四要素中，"文"是处世的才干，"行"是做人的素质，"忠"和"信"是立身的道德。孔子的教育四要素论，在现代教育中依然具有很强的生命力。

二十五、退而求其次也是解决问题的一个办法

子曰："圣人，吾不得而见之矣；得见君子者，斯可矣。"

子曰："善人①，吾不得而见之矣；得见有恒②者，斯可矣。亡③而为有，虚而为盈④，约而为泰⑤，难乎有恒矣。"

注 释

① 善人：与前文的君子同义。

② 恒：长久的意思。

③ 亡：读音与意思同"无"，与后文的有相对。

④ 盈：充实，与前文的虚相对。

⑤ 泰：过度，与前文的约相对。

评 析

孔子有很强的社会责任感和忧患意识，对于社会变革中的消极现象，孔子忧心如焚。孔子以他独有的法眼，揭示了学问道德与人的内在素质、品行的关系。孔子身逢乱世，感叹像尧、舜那样的圣人是见不到了；如果退一步说，能够见到君子，也是好的。由此可见孔子对于乱世的感伤之痛。孔子又退一步说，现在就连称得上君子的人也难得见到了，即使有追求学问道德的恒心，也都显得很可贵了。但是，对于明明没有学问却装出有学问的模样来、明明很空虚却摆出很充实的样子来、明明应该节俭却铺张摆阔的人来说，他们会具备追求学问道德的恒心吗？可见，孔子是一个务实的人，并不是一个虚伪的道德家。他将"恒心"看作是校正社会风气的关键，这还是看出了问题的症结的。在孔子看来，社会上有"恒心"的人多了，追求"善道"的人多了，社会风气就不会滑坡；如果君子真的多了，社会进步就快了。

当然，决定人们是否具有"恒心"的力量，不能够在社会心理中去寻找，而应该到社会的经济基础中去探寻。后来，孟子提出了"恒产"论，是对于孔子思想的发展。

二十六、爱心随处可见

子钓而不纲①，弋②不射宿③。

注 释

① 纲：用作动词，结网的意思。

② 弋：射击鸟的箭缠着生丝带。

③ 宿：在巢中栖息的鸟。

评 析

孔子在休息时，也钓鱼、射鸟。但是，孔子与常人不同，他在钓、射之中，倾注了不凡的人生志趣。俗话说："钓鱼不如捕鱼。"钓鱼量小而见效慢，捕鱼量多而成效快。但是，孔子垂钓，一是为了陶冶性情，二是为了准备祭品。孔子适可而止，不贪婪；孔子不射宿鸟，显现了仁者待物之心。俗话说：

"劝君莫打三春鸟，子在巢中盼母归。"孔子对于鱼、鸟常有不忍之心，待物如此，何况是人啊？由此可见，孔子是仁道的实践者。

二十七、博闻广见，择善而从

子曰："盖有不知而作①之者，我无是②也。多闻，择其善者而从之；多见而识③之；知之次④也。"

注 释

①作：做作、造作。

②是：这个。

③识：读音与意思同"志"，记住。

④次：次一等、差一等。

评 析

孔子强调做人要诚实，在学习中尤其要有老实的态度。孔子在《为政篇》第十七章中说："知之为知之，不知为不知，是知也。"孔子很重视这一条原则，所以在这里很坦然地说：大概有人明明不懂却妄自造作！但是，我没有这个缺点。孔子阐述了获得知识的途径和方法：多听和多看。他认为，多听要比多见强。多听，择善而从；多见，择善而记。孔子主张的"择其善者而从之，多见而识之"，后来变成"择善而从"和"见多识广"两个成语，广为流传。

孔子是一位实践的认识论者，十分强调实践有益于人们求知，他在第十九章中说"我非生而知之"，就是指出后天的实践对于人们获取新知的决定性意义。如果人们只是局限于书本，就会变成一个书呆子；只有不断地扩大见闻，才能不断地增长才干。

二十八、不可将婴儿连同洗澡水一同泼掉

互乡①难与言。童子②见，门人惑。子曰："与③其进也，不与其退也，唯何甚④？人洁己以进，与其洁也，不保其往也⑤。"

注　释

① 互乡：地名，现在已不知具体位置。

② 童子：少年。

③ 与：赞许。

④ 唯：语助词，无实际意义。

⑤ 保：把住不放。往：过去。

评　析

互乡这个地方的人可不怎么样呵，连一般的人都懒得同他们打交道，但孔子居然接见了这个地方的少年。孔子的学生当然对此很纳闷。正是有这么个场景，孔子才说出了一段极有哲理和方法论意义的话："我赞许他们取得进步的地方，并不肯定他们那些不好的东西。既然年轻人来求教，有什么不好呢？一个人像洗澡那样地改正自己的错误，追求进步，就是值得肯定的，不要抓住过去的污点不放啊。"孔子重视人们向善进步的态度，真诚待人，不计旧恶，这是十分可贵的。这里充分体现了孔子"有教无类"的教学思想。对于人过去的弱点、错误，是抓住不放，还是采取改正了就欢迎的态度？这是检验一个人的胸怀、器量、品德和处事方法的尺度。

二十九、求仁得仁，全在自己

子曰："仁远乎哉？我欲仁①，斯仁至矣。"

注　释

① 仁：用作动词，追求仁，按照仁的标准要求自己的意思。

评　析

在十四章中，孔子说："求仁得仁。"这里是进一步强调。俗话说得好："千里之行，始于足下。"实现远大的目标，从起步开始。在这个意义上说，只要在实践，在努力地付出和坚决地追求，那么，任何远大的目标，都会距离自己很近；反之，任何很近的目标，只要你放松甚至放弃了追求，就都会变得很遥远。人们对于仁德来说，也是这个道理。只要你下决心追求它了，那么，仁德就已经装在你心中了，你就是已经在按照仁德要求塑造自己了，仁德自然也就不断地接近你了。孟子体会得很准确，他说："求则得之，舍则失之，是求有益于得也，求在我者也。"不求则不得，离开了自身追求，仁德就会与自己擦身而过。

三十、人贵有自知之明

陈司败①问："昭公②知礼乎？"孔子曰："知礼。"

孔子退，揖巫马期③而进之，曰："吾闻君子不党④，君子亦党乎？君取⑤于吴⑥为同姓，谓之吴孟子⑦。君而知礼，孰不知礼？"

巫马期以告。子曰："丘也幸⑧，苟有过，人必知之。"

注 释

① 陈司败：陈国的司寇。司败，相当于那时的司寇之职。

② 昭公：鲁昭公。昭公，是谥号。

③ 巫马期：孔子的学生，复姓巫马，名施，字子期。

④ 党：结党营私的意思。

⑤ 取：同"娶"，对亲家的意思。

⑥ 吴：吴国，与鲁国同是姬姓。

⑦ 吴孟子：鲁昭公夫人，因为周代"同姓不婚"的礼法，所以，不称为鲁孟子，而称为吴孟子。

⑧ 幸：幸运。

评 析

陈国的司败请教孔子："鲁昭公遵守周礼吗？"孔子说："懂礼。"孔子走后，司败向孔子的学生巫马期作了个揖，请他走近自己，然后说道："我听说君子公正无私，难道孔子有所偏袒吗？鲁昭公娶同姓人为妻，称为吴孟子。如果说鲁昭公守礼，那么，什么人不懂礼啊？"巫马期将司败的这番话转告给孔子。孔子说了一段经典的话："我孔丘真是幸运啊！只要自己有了过错，别人一定能够知道。"自己的错误，不因自己是否意识到而存在。自己犯下的错误，客观地摆在那儿，旁观者最清楚，只不过人家是不是说出来罢了。但是，不说出来，并不等于你的缺点就不存在。所以，孔子主张"人贵有自知之明"；又说，知错善改，是君子的德行。

有一点应该弄清楚，孔子心里当然知道鲁昭公违背了周礼，因为周礼反对同姓通婚；但是，由于是在陈国，陈国司败颇具挑衅意味地问孔子，鲁国的国君是否"知礼"？这是在"揭短"，这在外交上是很不礼貌的。因此，孔子不如实地说出自己的看法来，而是以外交辞令应对。尽管如此，事后孔子意识到有"撒谎"的嫌疑，所以，在学生面前又坦然承认自己也有过失。同样是一件事，在不同的时间地点和条件下，有不同的评价标准：在陈国，孔子这样说，是维护了国家尊严，有力回击了外交挑衅；但在教育学生时，孔子又承认自己说了谎，犯了错，这是一种坦荡，是实事求是。这样做，是符合事物变化的辩证法的。孔子处事，既掌握原则，又灵活善变，体现了高超的处事应对艺术。

三十一、音乐的社会功能在于协同人

子与人歌而善，必使反①之，而后和②之。

注　释

① 反：反复、再三的意思。

② 和：读音同"贺"，唱和。

评　析

孔子很重视音乐的教化作用，所以在教学中安排了音乐课。孔子同学生们一起唱歌，发现谁唱得好，就请他再唱，然后大家跟着他唱。人们在唱歌时，只有气正神凝，字正腔圆，才能唱得好歌曲。孔子请唱得好的人领唱，是肯定和表扬；大家合唱，是为了锻炼协同精神，表现团体的精神面貌。孔子以乐教陶冶人的情操，这是值得教育者重视的。

另一方面，本章也反映出孔子授课内容的丰富多彩性。正是由于知识面广，学生才获得了宽广的发展空间，在孔子的课堂上，形成了一个人才辈出的可喜局面。

三十二、要善于从实践中获得真知

子曰："文，莫①吾犹人②也。躬行③君子，则吾未之有得④。"

注　释

① 莫：有多种不同的解释。本书释读为"大约"。

② 犹人：如同别人。

③ 躬行：亲自实践。

④ 未之有得："未有得之"的倒装句。

评　析

尽管孔子开创了被人们誉为"圣学"的儒家学说，是当时的大贤圣哲，但是，孔子兼备谦虚的美德，所以，他说出了"躬行君子，则吾未之有得"这句十分谦虚而又非常诚恳的话。孔子说："从书本上得来的学问，大概我和别人差不多。如果说同那些善于从实践中获得真知的君子比较起来，我还没有做到呢。"孔子的学识人品已经达到极致，但是，孔子却从来没有骄傲过，始终以一颗永远追求的诚心来对待学问。这真是应了民间俗语："满瓢水不荡，半瓢水起波浪。"古今中外，大凡站在高山之巅的人，多是觉得自己很平凡，觉得自己距离天空很遥远。

孔子强调知行合一，在前文中已有很多论述。这里，孔子又有新的发现，在实践中获得新知，要比在书本中得到知识更难。孔子既是要求自己重视在实践中学习，更是引导学生兼顾书本知识和实践知识，不要像一些"掉书袋"那样，读了几本书，就自以为了不得了，其实，那样只是一个"二半吊子"。在这里，孔子的教诲说得很平实和缓，耐人寻味。

三十三、将教学看成一项神圣的事业

子曰："若圣与仁①，则吾岂敢？抑②为之不厌，诲人不倦，则可谓云尔已矣③。"公西华曰:"正惟弟子不能学也。"

注　释

①圣:据《孟子》中记载子贡的说法,当时人们就将孔子作为圣人看待,认为孔子"仁且智",所以堪称"圣人"。

②抑:表示轻微的转折。

③云尔已矣:如此如此罢了。

评　析

当时人们称赞孔子圣智和仁德,但孔子自谦,他说道,"这岂敢当?"但是,谦虚归谦虚,孔子还是实事求是的。他具有自我认识的能力,所以,孔子说,至于说到"学而不厌,诲人不倦",他也只能是如此如此罢了。其实,作为一个学者和教师,做到这八个大字还是非常不容易的。孔子将一般人难以做到的当成自己的本职,这就从平凡当中折射出孔子的伟大与超凡。正因为如此,孔子的学生公西华才说了一句大实话:"老师啊,这正是弟子们很难学到的呢!"

"学而不厌,诲人不倦",前者是圣智,后者是仁德。它们既是孔子的追求,也是一种干事业的精神境界,还是凡人与圣哲的分水岭。常人的追求,只是一时的成功,而孔子追求的却是永恒的价值。只有那种将永恒价值当成自己事业的人,才能担当"圣人"的称号,才能登上任何一桩事业的顶峰。

三十四、关键在平时

子疾病①,子路请祷②。子曰:"有诸?"子路对曰:"有之;《诔》③曰:'祷尔于上下神祇④。'"子曰:"丘之祷久矣⑤。"

注　释

①疾病:生重病。

②祷:祷告。

③《诔》:读音同"垒"。向神灵祈祷的文章。

④祇:读音同"齐",地神。

⑤ 丘之祷久矣：不能从字面意义上理解孔子祷告了很久，而是说孔子自己的言行一贯合乎天道，从不与神灵相违背。这也是在劝阻子路为他祷告。

评 析

孔子病得很重了，学生们都很着急，尤其是急性子子路显得更急。子路请求老师允许他为老师祈祷，却被孔子劝止了。为了救老师，子路还搬出了古代祭文经典《诔》中的话作为依据："为你向天地神灵祷告。"但是，孔子自有定见，还是不曾允许。孔子主张天人合一，认为祈祷的功夫不能取代自身精神与天地的内在契合；孔子还反对"临时抱佛脚"，认为关键在平时，指望投机取巧，乞求神灵怜悯，是靠不住的。孔子的精神境界是值得人们体会的，至于在其中运用的思想方法，更是值得借鉴。

三十五、宁愿简朴也不要奢华

子曰："奢则不孙 ①，俭则固 ②，与其不孙也，宁固。"

注 释

① 孙：读音与意思同"逊"，恭顺。
② 固：固陋、寒碜。

评 析

在现实生活中，奢侈和简朴是一个对立的范畴。奢华当然不好，简陋也会陷于寒碜。但是，奢侈是越礼犯上的祸根；简陋只是导致寒碜，它还不至于纵容人犯上作乱。因此，在两者之间选择，孔子主张宁愿简朴也不要奢华。这当然是退一步而言。孔子是主张中庸平和的，按说他应该强调既不要奢侈，也不要过于简朴才对。孔子为什么说了这一段话呢？可见他是有的放矢的。孔子认为，这比犯上作乱更为可怕。因为奢侈是根源，它败坏了人的思想，腐蚀了人的灵魂。如果不除祸根，就等于没有根除乱源。在当时要求得国安家宁，只能是妄想。正因为如此，孔子主张清俭和保持做人的本色的思想，在后世特别是士大夫中间，有很大影响。

三十六、君子相与小人相的差别

子曰:"君子坦荡荡①,小人长②戚戚③。"

注 释

① 坦荡荡:平坦宽广的样子。

② 长:意思同"常"。

③ 戚戚:忧愁的样子。

评 析

　　人的风范,是内在精神、情操和修养的体现。孔子认为,在君子和小人的身上,由于内在的东西不同,在风范上就表现为天壤之别:君子胸怀宽广,一副舒畅平和的样子;小人则患得患失,一副忧愁的样子。孔子的本意还是要求人们不断地增强内在素质,以君子的人格、理想为人生航标,使自己有一个乐观而又健康的精神生活。人们领悟本章的思想真谛,还要结合孔子表扬颜回"不改其乐"的论述。

三十七、调和矛盾的两极

子温而厉①,威而不猛,恭②而安。

注 释

① 厉:严肃。

② 恭:端庄。

评 析

　　孔子注重调和矛盾的对立两极,这里说的"温而厉""威而不猛""恭而安"就是中庸的意境,这应该也是对于"君子坦荡荡"君子风范的形象展开。有修养的人,守仁道的人,在待人接物上既不会张狂,也不会懦弱,而是亲切温和的,庄重严肃的;既不是显得不可一世的样子,好勇斗狠,也不是张皇拘谨的样子，而是温暖如和煦春风的样子，威仪自然生成；他既不骄躁，也不轻浮，而是端庄而温和，恭谦而安详。只有这样，他才能在任何时候、任何地方、任何条件，都能保持积极而平和的心态，都能显现出持久而昂扬的态势，乐观地面对逆境，谨慎地对待顺境。

泰伯篇第八

导　读

　　本篇的重点可以用六个字来概括：重学、兴仁、修德。孔子在阐述这些思想的过程中，形成了一些至今仍然有很强生命力的成语、警句：故旧不遗、战战兢兢、如临深渊、如履薄冰、鸟之将死，其鸣也哀；人之将死，其言也善、不夺大节、任重道远、死而后已、不在其位，不谋其政、焕然成章，等等。

　　孔子重学，将学习、求学和治学看成是生命中的重要部分，学习和求知是生生不息的不竭动力，是人生的力量源泉。所以，孔子自己一刻也不放松学习，孜孜不倦，自强不息，正因为这样，孔子才能说出"学如不及，犹恐失之"这句名言。他不仅在学习上严于律己，而且，他还满腔热忱地鼓励学生勤奋学习，勇求新知，孔子表彰"好学"的精神，特别夸奖不带有功利性学习目的的人。他说："三年学，不至于谷，不易得也。"这句话，至今依然可以作为一切读书人的鞭策。

　　孔子将仁道作为学习的重要内容，他建立了学习与求道的良性互动关系：仁道既是学习的内容，又是学习的崇高目标；只有通过不断地学习，才能获得仁道，推行仁道。因此，孔子以学习为条件和动力，将兴仁视为毕生追求的伟大事业。孔子说："君子笃于亲，则民兴于仁。故旧不遗，则民不偷。"兴仁，则民得福祉，天下可不治而安。曾子说，"仁以为己任，死而后已"。这可谓大得孔学精髓。

　　孔子强调修德，对于个人也好，对于安邦定国也罢，这都是极其重要的功夫。人无德不立。所以，孔子有句至理名言："如有周公之才之美，使骄且吝，其余不足观也已。"一个人没有道德，再高的才能也不足道论；没有道德，再怎么学也都无用，拥有再多知识也是枉然；当然，他也不可能求仁得仁。在这个意义上说，德是学习的精神，德是求仁兴仁的条件。修德，是一个国家的国运国脉之所系，它对于治理国家尤其重要。在本篇中，孔子饱含激情地两次惊叹：周代立国，可谓至德矣！原来仁道圣德就是立国之本！孔子追本溯源，认为唐虞之世、大禹时代，都是修德的盛世，所以文化相传，自古一系。孔子祖述尧舜，宪章文武，是要说明浩大锦绣的周文化是历代文明延绵发展的结果，我们珍惜周文化就是珍爱我们自己的历史和文化。孔子的文化思想立意宏远，意味深长，灌注着浓郁的中华情结和崇高的社会责任感、历史使命感。

一、道德至上

子曰："泰伯①，其可谓至②德也已矣。三③以天下让，民无得而称焉。"

注　释

① 泰伯：又作太伯，周朝的祖先古公亶父的长子。古公亶父有三个儿子：泰伯、仲雍和季历。季历的儿子就是后来的周文王姬昌。据记载，古公亶父发现年少的姬昌有圣德，就想打破传位长子的惯例，传位给幼子季历，以便将来姬昌得位。泰伯为了顺遂父亲的心愿，便携同仲雍出走勾吴（为吴国的始祖）。后来，君位果然依次传给季历和姬昌。

② 至：极其，最高。

③ 三：多的概称。

评　析

孔子十分敬重和推崇将道德放在功利之上的人，称他们有圣德，是君子。在这里叫做至德。孔子在前文中称颂伯夷、叔齐，在本章表彰泰伯，因为他们将道德、人格和操守放在至高无上的位置，神圣不可侵犯，不仅主动让度做君王的机会，更不要说使用卑鄙下流的手段夺得君位，而且发自内心，这就很不容易了。孔子的这段话，是在针砭他所处时代的政治弊端：为了一己之私，不惜子弑父、臣害君。在孔子看来，尽管老百姓并不知道泰伯的至德，但是，他的至德仁义还是客观存在的，是值得张显传扬的。孟子后来发展了孔子"道德至上"的思想，主张"舍生取义"，连生命都要服从道德正义原则，更不要说功利富贵了。

二、凡事不可逾越度的界限

子曰："恭而无礼①则劳②，慎而无礼则葸③，勇而无礼则乱④，直而无礼则绞⑤。君子笃⑥于亲，则民兴于仁。故旧⑦不遗⑧，则民不偷⑨。"

注　释

① 无礼：指不按照周礼的要求和规范处世为人。礼，这里是指礼的本质和规范。

② 劳：忙乱。

③ 葸：读音同"喜"，胆怯害怕。

④ 乱：盲动。

⑤ 绞：急切。

⑥ 笃：用作动词，加深、巩固的意思。

⑦ 故旧：老交情，泛指老同事、老朋友、老部下等。

⑧ 遗：丢弃。

⑨ 偷：马虎。这里指感情淡薄。

评　析

本章既讲了道德学、领导学的要义，又紧紧围绕孔子主张的中庸思想阐述。

恭、慎、勇、直，是孔子学说中的重要范畴和美好品德。但是，孔子认为，不能孤立地理解和执行它们，要用中庸的思想方法来领悟它们，以周礼作为它们的精神内涵。由此可见，判断一个人的道德层次，不能被外在的个性所左右，而要透视到精神层面上。

孔子又从推己及人、亲亲爱人的角度，讨论了巩固父母、兄弟、姊妹和朋友之间亲情友情的极端重要性。在孔子看来，亲情友情是任何人爱社会、爱国家的情感基础。如果要建构仁爱的社会氛围，使人人相爱而不是相互敌视，就只有着眼于亲亲之义、爱人之心。

孔子还肯定官员的道德示范意义，认为，如果官员能够真心"念旧"，"富贵不骄人"，不忘旧交，怀念感情，那么，他就可以起到积极的道德引导作用，民风民俗就自然敦厚淳朴了。反之，官员不顾廉耻，以利当先，视感情如纸薄，那么，老百姓也一定会偷巧，社会也一定不得安宁。

三、治学必先做人

曾子有疾，召门弟子曰："启①予足！启予手！《诗》云②：'战战兢兢，如临深渊，如履薄冰。'而今而后，吾知免③夫！小子④！"

注　释

① 启：看的意思。

②《诗》云：语出《诗经·小雅·小旻》。

③ 免：免予刑法制裁的意思。

④ 小子：年轻人。

评　析

曾子的话意味深长。曾子病重，自知死期不远，于是叫来门人弟子，留下遗言，以便他们遵循。曾子的话很简洁，但耐人寻味。他说，你们看看我的脚和手吧，到了死的时候，还是完整的吧！《诗经》上说，遇事要小心啊！多谨慎啊！就好像走在深渊旁，就好像踩在薄冰上，一不小心可就糟糕了！从今以后，我算是可以免予刑法惩罚了。可是，年轻人，你们要小心呀！曾子的临终遗嘱是：一生以道德修养约束自己，就可以免予刑罚，死而无憾。曾子既是在为自己盖棺定论，也是在嘱咐学生好好做人。由此可见，在做人与治学之间，做人是第一位的。

四、至死不忘劝善

曾子有疾，孟敬子①问②之。曾子言曰："鸟之将死，其鸣也哀；人之将死，其言也善。君子所贵乎道者三：动容貌，斯远暴慢矣③；正颜色，斯近信矣；出辞气，斯远鄙倍④矣。笾豆⑤之事，则有司存⑥！"

注 释

① 孟敬子：鲁国的大夫，复姓仲孙，名捷。

② 问：探望。

③ 远：用作动词，避免。薄：粗暴无礼。慢：怠慢不敬。

④ 鄙：粗野。倍：读音与意义同"背"，背理。

⑤ 笾：读音同"边"，古代用于祭祀的竹制品；豆，古代用于祭祀的木制品。

⑥ 有司：主管祭祀的小官。

评 析

曾子病危，孟敬子前去探望。曾子说出了一句流传至今的名言："鸟之将死，其鸣也哀；人之将死，其言也善。"曾子的这句话，是有潜台词的。孟敬子是鲁国三大权臣之一，时人多有议论。曾子在临终时提醒孟敬子一定要注意洁身自好，并表明自己的规劝出自至诚：一是要注意自己的容貌，庄严的容貌可以远离别人的轻侮；二是要待人诚恳，颜色和悦，以利于取信于人；三是要讲究说话的艺术，避免言辞粗野和强词夺理。曾子强调将学问与修养结合起来，培养一种谦和、安详的气质与品格。所以他说，至于像礼仪方面的一些细节，就由有司去安排吧。曾子强调做人要善于谋大事、抓大事，切中本质、主流和原则性问题，不要因小失大，避免捡了芝麻却丢了西瓜。着眼于人生修养和思想方法，曾子的思想与他的老师孔子的思想一脉相承。

五、颜渊修德的法门

曾子曰："以能问于不能，以多问于寡；有若无，实若虚，犯而不校①——昔者吾友②尝从事于斯矣。"

注 释

① 犯而不校：别人得罪了我，我也不计较。犯，非礼待人；校，读音同

"叫"，计较。

②吾友：指颜渊。

评　析

本章是曾子对于颜渊的追忆和赞赏，言语之中流露出欣慰和自豪。曾子为学友取得的成绩而骄傲，这也是一种美德。曾子说："自己有才华却乐于向才能平平的人请教，自己有丰富的知识却乐于向知识较少的人请教；自己很有学问和修养却像普通人一样，自己生活得很充实却像空无所有一般，自己得到了非礼的待遇也不计较——我的学友颜渊他在世的时候都做到了。"曾子赞扬颜渊不耻下问、谦恭虚怀的态度和品德，是为了教育自己的学生加强人生修养。曾子教育学生的人生观、价值观和方法直接继承了孔子的学说。在孔子的论述中，有很多言论是肯定颜渊的，尤其是颜渊不耻下问、谦恭虚怀的修养和品行，孔子是极其看重的。

六、君子最重节操

曾子曰："可以托六尺①之孤②，可以寄百里之命③，临大节④而不可夺也——君子人与？君子人也。"

注　释

①六尺：古代的尺子比今天的要短，一尺相当于23厘米。那时六尺高的人大约还是15岁的少年，因此，古代以身高七尺为成年。

②托孤：受亡君之命辅助幼主。孤，15岁以下未成年的幼君。

③寄百里之命：寄托国家大事。百里之命，指国政，古代诸侯封地不过百里。

④大节：国家存亡安危的紧急关头，人的气节要受到考验。因此，这里是指紧要关头。

评　析

孔子论君子，侧重于"内功"，即修养，内在的东西。曾子论君子，有所发展，由孔子的内功扩展到"外功"上，即外在的表现。曾子说："可以托孤辅政，可以托付军国大政，在生死存亡的紧要关头毫不动摇、决不屈服的人——他是君子吗？肯定是君子啊！"曾子重君子的节操，强调德才兼备。孟子后来对于君子的气节又进行了深刻论述。他们关于君子大节的议论在后世有很强的影响力。"君子临大节而不可夺"，成为千古名言，在世时代代的爱国志士身上得到充分体现，成为中华爱国主义的优秀文化传统。

七、读书人至死不渝的职志

曾子曰："士不可以不弘毅 ①，任重而道远。仁以为己任 ②，不亦重乎？死而后已 ③，不亦远乎？"

注 释

① 弘毅：心胸宽广，意志坚强。

② 仁以为己任："以仁为己任"的倒装句。

③ 死而后已：到死的时候才停止。已，停止。

评 析

曾子认为，读书人身上肩负着庄严的社会责任感和历史使命感，应该以严肃的态度来承担社会责任感和历史使命感。他说："读书人可要心胸宽广啊，因为他任重道远。以推行仁道为己任，这样的任务还不重吗？为了实现远大目标，奋斗终生，至死方休，这样的历程还不远吗？"当然，对于有志之士来说，担负崇高的社会责任感和历史使命感是有前提条件的：需要心胸宽广，意志刚强。心胸宽广，才能立大志，做大事；意志刚强，才能具有顽强奋斗的勇气和毅力，具有勇往直前的英雄气概，具有拼命到底的顽强毅力。曾子说的以仁为内容的重任，以仁为载体的远道，就是孔子所说的亲亲、仁民和爱物。

"任重道远"、"死而后已"这两个成语，对于具有远大理想和奋斗精神的志士来说，既是鞭策和鼓励，更是肯定和加油。直到今天，它们仍然被广泛使用，具有很强的文化感召力。

八、诗、礼、乐各有所司

子曰："兴① 于《诗》，立② 于礼，成③ 于乐。"

注 释

① 兴：用作动词，激发。

② 立：用作动词，自立。

③ 成：用作动词，完成。

评 析

孔子认为，在教育内容中，诗教、礼教和乐教都是非常重要的。在前面的论述中，孔子强调诗对于人可以起到陶冶性情的作用。礼则可以规范人的言行，使人生的航向能够循规蹈矩。在《雍也篇》第二十七章中孔子说过"君子约之于礼"，就是指出了礼的教化作用。至于说乐，孔子十分重视它协调人的性情和行为的作用，所以，孔子钟情于乐，以至"三月不知肉味"。总之，孔子认为，诗教使人明辨是非，激发人们善善恶恶；礼教使人中规中矩，卓然自立；乐教使人性情和顺，健康向上。

九、政策重在执行

子曰："民① 可使由之，不可使知之。"

注 释

① 民：下愚者。这个字，历来困扰着研究者。

评 析

研究者对于本章历来就有分歧。由于断句不同，得出截然相反的两种看法：一是按照"民可使由之，不可使知之"的断句，认为孔子主张愚民政策，当然，将文中的"民"理解为老百姓；二是"民可，使由之；不可，使知之"的断句，认为孔子主张民主政治。但是，这里的"民"大有讲究。依照《雍也篇》第二十一章的内容，孔子主张因材施教，将教育对象划分为中人以上和中人以下两种类型，对于不同类型的人教育不同的知识文化内容，可见，这里的"民"是指下愚者：对于下愚者来说，要让他们按照我们主张的样子做；不要让他们知道应该这样做的理由。孔子在这里强调的是政策引导的作用。下愚者不参与制定政策，只要知道执行政策就行了；上智者是制定政策的人，因此有必要弄清楚为什么要让下愚者这样做。

十、凡事都有本质决定的东西

子曰："好勇疾贫①，乱也；人而不仁，疾之已甚②乱也。"

注　释

① 疾贫：痛恨贫穷的意思。

② 已甚：到了极点。

评　析

孔子根据人的性格与所处的环境，预测了人的发展走向。他说：一个好勇斗狠的人，如果不安于自己所处的贫困状态，他就要闹事；一个缺乏人性的人，如果狠得太过，他也要闹乱子。孔子看问题入木三分，他看到了经济上的贫困是社会动乱的根源，看到了社会教化与文明程度对于社会稳定和发展的巨大作用。孔子处在春秋时代的动乱社会，细心察看社会演变的规律，提醒当政者特别重视贫穷与仁心这两大社会问题。孔子所指出的这两大社会问题，是非常到位的。古往今来，凡是明智的政治家和以研究社会进步为己任的学问家，莫不以提高社会的经济水平和文明程度为思考对象，这两大社会问题其实也是永恒的社会主题。

十一、在才干与道德之间，道德最重要

子曰："如有周公之才之美，使骄①且吝②，其余不足③观也已。"

注 释

① 骄：恃才凌人。

② 吝：自私，不愿用才能帮助别人，使才能的社会作用得不到应有的发挥。

③ 足：值得。

评 析

孔子极端佩服古代的著名政治家周公，在本文中，孔子有十分动情的流露。周公是古代德才兼备的大政治家。周公辅佐成王治理天下，谦虚下士，不骄不吝，很得人心。孔子宣扬周公的才能和美德，是在提倡人才培养和选任的价值导向，是在张扬一种进步的人才观念：德才兼备。在孔子看来，一个人虽然具有周公的才能，但是，却没有周公的品德，恃才傲物，骄傲得很，又连起码的同情心都没有，不肯帮助别人，至于他能够做出什么成绩来，就也没有什么值得欣赏的了。孔子称赞这样的人才，换句话说，孔子的人才标准是：超拔的才能，崇高的修养，宽广的胸襟，包容的雅量，助人的品德。看来，才德冲突的一线之隔，就在于"骄"和"吝"这两个字身上。

十二、学习贵在心去旁骛

子曰："三年学，不至 ① 于谷 ②，不易得也。"

注 释

① 至：到。

② 谷：粮食的通称，这里指俸禄。古代有"学也，禄在其中矣"的警句。古代做官的俸禄以粮食计。

评 析

在孔子的时代，学问是谋官的出路，"学而优则仕"，既是那时的习俗，又是人们所普遍奉行的准则。三年为取仕的周期，学习成绩上去了，就有做官获得俸禄的可能。因此，那时求学的人，大抵上是为了做官。孔子的高徒、

"七十二贤人"之一的子张在学习中就向老师讨教过"干禄",可以为证。

孔子的教育思想既重才,更重德。对于人们以学谋官的观念和行为,孔子十分担忧,因此发出了这段感慨:"求学三年,却不想做官而得俸禄的人,实在是了不起啊。"孔子并不反对学生们学以致仕。但是,他主张和强调将自身修养放在首位,以德御才;如果将追求当官得俸禄放在最重要的位置,那就十分危险了。从古到今,为了谋官而不择手段的人,多不胜数,将求学当官作为人生的唯一目标,不仅不能以学问造福人类,反而为害多端,造成了以学害德的后果。这样的人,不论有多么了不得的才干,他也不是社会所需要的人才,因此,他得不到社会的认同和欢迎。

孔子的这段议论,涉及教育的目的和功能,尤其值得重视。

十三、既要忠于理想,又要保全自己

子曰:"笃信①好学,守死善道。危邦不入,乱邦不居。天下有道则见②,无道则隐。邦有道,贫且贱焉,耻也;邦无道,富且贵焉,耻也。"

注 释

① 笃信:笃,坚定;信,执着。
② 见:读音与意思同"现",与后文的"隐"相对。

评 析

孔子自己热爱"善道",所以宣扬"善道",强调重视"善道"。这个"善道"不是别的什么理论,恰恰就是他所钟情和执着的仁道。孔子认为,对于善道,既要坚定地信守、维护,又要认真地学习、实践。在孔子看来,善道不仅可以提高人的道德修养,而且还可以帮助人明辨是非,远离祸端、分辨生死:不介入动乱,不卷入危局,做到不进入危险的国家,不留在动乱的国家;天下太平就站出来做官,否则,就隐居起来。这样做,都是为了保全自己的正确选择,为了保全身家性命,也是为了保全"善道"不被侵扰,这是一种处危善守的文化精神。"善道"还可以帮助人保全良知良心,保存一颗羞恶之心:政治清明,自己却很贫苦,就要自找原因了,自己不努力,是件很耻辱的事情;政治混浊，自己居上位、发大财，也要反省自己了，如果是依靠不正当的手段和途径得来的这些，也是一件十分丢人的事情。

孔子这里所议论的，都是做人的修养和法门；后来，成为品评人的道德品行的标准："危邦不入，乱邦不居。天下有道则见，无道则隐。邦有道，贫且贱焉，耻也；邦无道，富且贵焉，耻也。"这几句话，在不同的条件和时代，都有着极强的生命力，被广泛引用。

十四、想问题要与自己的职责相称

子曰："不在其位，不谋①其政。"

注　释

①谋：筹划。

评　析

孔子有很强的角色意识，强调职责规范：是谁的事情，由谁负责；不关自己的事情，不要瞎操心。没有规范和职责要求，也就没有规矩和方圆，事情就要被办砸了。换句话说，是自己的事情，就不要推诿，就要很好地担负起职责来，要做到管事情，兴事业。孔子的这句话，与"事不关己，高高挂起"是有本质区别的。在当时，孔子虽然是对读书人讲的，但其中的道理具有广泛的适用性，因此，被长期地广泛引用，成为一句名言警句。

十五、鲁乐令人心旷神怡

子曰："师挚之始①，《关雎》之乱②，洋洋乎③盈④耳哉！"

注　释

①师挚之始：师挚，鲁国的乐师，姓师，名挚；始，古代奏乐，"升歌"为开始。

②《关雎》之乱：《关雎》，是《诗经·国风》的首篇。雎，读音同"居"。乱，

音乐演奏完毕。

③ 洋洋乎：盛大雄伟的样子。

④ 盈：充满。

评 析

这是孔子对于鲁国音乐胜景的推崇和评价。据记载，孔子从卫国回到鲁国后，就同太师师挚一道，致力于复兴鲁国的音乐。要知道，鲁国是周文化的嫡传，推崇鲁乐，就是推崇周乐，维护正统。从孔子愉悦的心情来看，孔子协助师挚进行的"正乐"工作，大获成功了，以至于孔子感叹："如此的盛大，如此的雄伟啊，我的满耳朵里都是美好奇妙的音乐啊！"孔子的这段议论，着眼于文化正统观和复兴周文化的思想，体现了孔子的文化取向和文化价值观。

十六、注意三种违背常情常态的人

子曰："狂而不直①，侗② 而不愿③，悾悾④ 而不信，吾不知之矣。"

注 释

① 直：正直、爽直。

② 侗：读音同"同"，幼稚、无知。

③ 愿：朴实。

④ 悾悾：诚恳的样子。悾，读音同"空"。

评 析

孔子对于三种违反常态常情的人，表示不理解，也是在提醒人们重视和注意。一般来说，人的性格组合，往往是矛盾的调和，有一方面的特点，又会有相反的另一方面的特点。如果不是这样的话，那就显得不正常了：一是狂放而不正直；二是幼稚而不朴实；三是貌似诚恳而不守信。孔子对于这三种人，是不屑一顾的。

十七、视学问如珍宝

子曰:"学如不及①,犹②恐失之。"

注 释

① 及:达到。

② 犹:还。

评 析

本章可以说是孔子治学的自述:做学问就像赶路那个样子急迫,唯恐追赶不上;对于获得的学问,就像藏宝那个样子珍藏起来,还是唯恐丢失。它是孔子治学精神面貌的真实写照,又是孔子渴求知识的内心真实。孔子治学只争朝夕,孜孜不倦;孔子将知识视同奇珍异宝,爱不释手。只有将求知当成生命的组成部分的人,才能登上知识的巅峰。孔子的理想和实践,就是明证。

十八、以德服人

子曰:"巍巍乎①,舜、禹②之有天下也,而不与③焉。"

注 释

① 巍巍乎:高大巍峨的样子。

② 禹:大禹,上古时代夏部落的首领。相传受舜之命治理水患,因为立功而得到舜的禅让。

③ 与:读音同"预",参与。这里是夺权的意思。

评 析

孔子的议论,是在讥讽时弊。孔子所处的时代,礼崩乐坏,道德失范,为了一己之私,以至于君不德,臣不忠,父不慈,子不孝,社会动乱,民不聊生。有感于此,孔子怀念上古时代的圣君,他们得天下,是因为功德盖世而获得禅让,而不是动歪心眼靠夺权得来的:"多么崇高啊!舜和禹得到天下,是因为功德高尚而获得了禅让，他们没有争权夺利，不择手段呢，光明正大地得到了天下啊！"

十九、学习尧舜的榜样

子曰："大哉！尧之为君也；巍巍乎！唯天为大，唯尧则之①。荡荡乎②！民无能名③焉。巍巍乎！其有成功也；焕④乎！其有文章⑤。"

注　释

① 则：效法。

② 荡荡乎：广渺的样子。

③ 名：用语言说出来。

④ 焕：光彩闪亮。

⑤ 文章：指礼乐法度，属于文明的范畴。

评　析

孔子称颂上古时代圣君尧的功勋，是在针砭时弊，主张推行仁道和德治，反对战乱和暴政。孔子对于尧的称美充满激情，为其有爱，才有所恨。孔子说：伟大呀！尧是古代的圣君。崇高呀！只有上天才能匹配！尧的圣德多么广渺啊，老百姓不知道用什么语言来表达。多么高尚啊，尧治理国家功勋不朽；多么灿烂啊，尧时代的社会文明！传说时代的圣君尧、舜、禹经过圣人孔子的描述和赞赏，在后世更加光彩夺目，并被日益神化。

二十、像周代那样以德治国

舜有臣五人①而天下治。武王②曰："予有乱臣十人③。"孔子曰："才难，不其然乎！唐虞之际④，于斯⑤为盛。有妇人⑥焉，九人而已。三分天下有其二⑦，以服事殷⑧。周之德，其可谓至德也已矣。"

注　释

① 有臣五人：指舜时代的五位能人：治水的禹、教百姓种庄稼的稷、从事文化教育的契、掌管司法的皋陶和焚山林以驱猛兽的伯益。

② 武王：即周武王，姓姬，名发，周王朝的开国人。

③ 有乱臣十人：乱，治。十人是：周公旦、召公奭、太公望、毕公、荣公、太颠、闳夭、散宜生、南宫适和太姒。

④ 唐虞之际：尧舜时代。传说时代的尧国号为唐，舜的国号为虞。

⑤ 斯：这，现在。指周武王时代。

⑥ 妇人：指周文王的后妃，周武王的母亲太姒，母仪天下，德泽百姓。也有另说。

⑦ 三分天下有其二：华夏九州，周文王得其中六州。

⑧ 殷：商朝迁都于殷，后来也称商朝为殷朝。

评　析

从表面上看，孔子是在讲治国安邦，人才难得；其实，孔子是在称颂周朝的"至德"，人臣谨守臣子的礼法，不以下犯上。孔子针对时弊乱局，讥讽诸侯不贡周天子，封国不尊周王室为正统等种种犯上作乱的劣行败迹，以周朝先祖的仁德为镜子，观察现实，树立是非善恶标准。

善于延揽人才当然是德。古时候舜的身边有五位贤人，他们使天下大治。周武王骄傲地说："我有十位善于治理国家的贤臣。"孔子议论道："人才难得啊，难道不是这样吗？尧舜以后，周朝人才最盛。周武王说的十位贤臣，只有九人而已，其中一位是妇道人家。"得到人才治理国家虽然是有德的表现，但是，仁道圣德还不体现为这些，重要的是循规蹈矩，遵循王道，遵守正统，不恃强凌弱，不以下犯上，周朝的先祖可以说配得上仁德的称号了："周文王获得天下的三分之二，但仍然以臣礼事奉殷朝。正因为这样，周朝立国，才称得上是高尚的仁德了。"

二十一、像大禹那样做人做事

子曰："禹，吾无间 ① 然矣。菲 ② 饮食而致孝乎鬼神，恶衣服而致美乎黻冕③，卑④宫室而尽力乎沟洫⑤。禹，吾无间然矣。"

注 释

① 间：空隙。引申为缺点、毛病的意思。

② 菲：薄，不厚。

③ 黻冕：黻，读音同"扶"，古代祭祀穿的礼服；冕，古代祭祀戴的礼帽。

④ 卑：低矮。用做动词，使……低矮。

⑤ 沟洫：沟渠，指农田水利建设。洫，读音同"序"。

评 析

孔子盛赞大禹的文化功绩，短短的一段话，都以"禹，吾无间然矣"为起句和尾句，可以说，孔子对于大禹，到了佩服得五体投地的地步。孔子最集中、最简练地概括了大禹的文化成就：大禹自己平日的饮食很菲薄，可是用于祭祀的食物却很丰盛；他平日总是穿破旧的衣裳，而祭祀的礼服却很华丽；他居住的房屋低矮简陋，却尽力地兴修农田水利。大禹克己奉公、兴礼重教、造福民众，让孔子敬佩得无以复加，所以，孔子说大禹实在是太完美了："他简直没有缺点，我对于他没有什么批评的了！"

子罕篇第九

导　读

　　鲁迅笔下的孔乙己，给人留下了深刻的印象。孔乙己的口头禅："多乎哉？不多也。"就出自本篇第六章。在本篇中，还有很多成语、名言。如：空空如也、欲罢不能、待价而沽、何陋之有、各得其所、不舍昼夜、功亏一篑、后生可畏、止止进往、三军可夺帅也，匹夫不可夺志也、岁寒，然后知松柏之后彫也、智者不惑，仁者不忧，勇者不惧等，至今仍然被广泛使用，体现出很强的文化活力。

　　孔子做人做事，体现出很强的原则性和韧劲。孔子专注、钟情于他主张的仁道，罕言利；孔子维护周礼，不管社会风气如何变化，他都始终以周礼处事待人。孔子具有宁为玉碎，不为瓦全的品格和意志。不随波逐流，坚守本质，宁愿"待贾"。孔子张扬匹夫之志，主张在原则问题上坚定不移。孔子还是实事求是的典范，"子四绝"，至今仍有教育意义；孔子事公卿、父兄，勉于丧事，不困于酒，有很强的原则性，也能给人以积极的启迪。

　　孔子弘扬自强不息、锲而不舍的顽强拼搏精神，他自己更是身体力行，感天动地。"子在川上曰：'逝者如斯夫！不舍昼夜。'"传诵了多少年，教育了多少代中国人！孔子主张止止进往，反对功亏一篑，表彰自强不息的精神和实践。孔子对颜渊顽强拼搏，死而后已的向上精神和韧劲的肯定，令人击节叹赏！

　　孔子在强调学习的同时，将品德放在更重要的地位，主张品学兼优，不可偏废。孔子在学习上要求奋进不止，在品德上要求像松柏那样"挺且直"，那样高洁无双。孔子不被时用，安心于教学，不怨天尤人，不奴颜婢膝，坦坦荡荡，顶天立地，孔子说："吾不试，故艺。"可以作为一切正直的人们的座右铭。

一、正确对待物质利益

子罕^①言利，与^②命，与仁。

注 释

① 罕：稀少。

② 与：赞成，肯定。

评 析

孔子不轻易谈论功利，但却赞许命运和仁道。在《论语》中，涉及"利"有十见，作名词"利益"解的有六见，孔子的意见是重义轻利、以义率利，肯定合理的物质利益关系；涉及"命"有二十一见，作名词"命运"解的有十见，孔子的意见是相信命运、顺从命运，孔子说的"命运"，在很大程度上有"规律"的意思，"不可逃避的法则"的意思。譬如，在《雍也篇》第十章中，孔子面对学生伯牛身染重疾不治，感叹地说："亡之，命矣夫！"孔子认为，人的命运是不可抗拒的，是上天的安排，当然，天命虽然不可被改变，但是，还是可以被认识的，譬如在《为政篇》第四章中，孔子认为，"五十而知天命"；涉及"仁"有一百零九见，作"仁道"解的有一百零五见，作"仁人"解的有三见，孔子一生以宣扬仁道、推行仁道、主张人们努力以做仁人为己任，将"仁"当作思想体系的核心，因此，他赞许"仁"就是必然的了。

二、做开时代新风的人

达巷党人^①曰："大哉孔子！博学而无所成名。"子闻之，谓门弟子曰："吾何执？执御乎？执射乎？吾执御矣。"

注 释

① 达巷党人：达巷这个地方的人。党，乡党。

评 析

孔子博学，是一名百科全书型的学者知识内容包罗万象，十分丰富。这在当时就被人们所认识了。可是，在注重专才的时代，人们对于孔子的博学尽管敬佩，但还是有所遗憾的。这有当时达巷那个地方人的议论为依据："真伟大呀！孔子这个人！他学问渊博，可惜没有一技之长。"孔子却很风趣地对学生说道："我究竟该专心于哪一项呢？驾车吗？射箭吗？我还是驾车吧！"孔子愿意做驾车快跑的人，着实是一语双关！孔子要像驾快车那样领导中国的文化运动，开时代新风。这里的"执御"与《述而篇》第十二章里的"执鞭"意思是一样的，都是驾马车，用法也是一样的，用作比喻。

三、君臣礼仪不可俭省

子曰："麻冕①，礼也；今也纯②，俭③，吾从众。拜下④，礼也；今拜乎上⑤，泰⑥也。虽违众，吾从下。"

注 释

① 麻冕：用麻料制成的礼帽。

② 纯：黑颜色的丝。

③ 俭：省俭。

④ 拜下：臣子给君王行的礼，先在堂下磕头，然后升堂再拜。

⑤ 拜上：臣子给君王行的礼，臣子见君王时，直接到堂上拜，不在堂下拜。

⑥ 泰：骄慢。

评 析

孔子尊君，根深蒂固，至死不逾。对于生产领域里的变革，孔子是欢迎的；但是，对于俭省君臣礼仪，孔子就表示反对了。孔子是从政治的角度思考问题的。在他看来，固有的君臣礼仪，是尊君的产物。如若对此进行损益，这就是在挑战君王的权威，助长了对君不尊，犯上作乱的歪风。因此，孔子很坚决地说："不管别人怎样，我还是主张原来的做法，先在堂下叩头，然后在堂上磕头。"

四、注意思想方法上的四个关节点

子绝^①四：毋^②意^③，毋必，毋固，毋我。

注　释

① 绝：杜绝。

② 毋：读音与意思同"无"。

③ 意：读音与意思同"臆"，主观判断。

评　析

孔子的学生评价孔子的思想方法，有四大特点：不主观臆断，不绝对武断，不墨守成规，不自以为是。这既是一种智慧的思想方法，又是一种可贵的人生态度：不主观臆断，就是注重实际情况，凡事多调查研究；不绝对武断，就是注重过程，认真处事，脚踏实地，并做到不钻牛角尖；不墨守成规，就是机智灵活，善于把握事物的变化发展方向，及时地进行变革，掌握主动；不自以为是，就是尊重客观，尊重别人，服从真理。这种思想方法和处事态度，无疑是值得人们学习的。

五、神情泰然地面对灾难

子畏于匡^①，曰："文王既没^②，文不在兹乎？天之将丧斯文也，后死者^③不得与^④于斯文也；天之未丧斯文^⑤也，匡人其如予何^⑥？"

注　释

① 匡：地名，在今河南省长垣县西南。孔子离开卫国去陈国的途中，经过匡地，因孔子的长相与老百姓所痛恨的阳虎相象，被误认，所以受到五天拘禁。

② 没：读音同"殁"，死了。

③ 后死者：孔子自谓。

④ 与：读音同"欲"，参加。

⑤ 斯文：先代文明的积淀。

⑥ 如予何：奈我何，把我怎么样。

评　析

孔子落难于匡，这在孔子的人生道路上，是一件很大的事。当时，孔子被匡地的老百姓误认为坏人阳虎，被拘禁起来，长达五天。当时可能有人主张将假阳虎杀掉，以致形势紧急，孔子的学生们都被吓坏了，认为孔子难逃此劫。孔子非常相信命运，也非常自信。孔子说："文王以后，我身上肩负着传承和光大中国文化的重任。假如上天一定要中断中国文化的发展，那么，我就必死无疑；否则，吉人自有天相，有什么好着急和害怕的呢？"孔子在患难之中，泰然自若，情神安定，彰显英雄风骨。

六、本事都是从实践中学来的

太宰① 问于子贡曰："夫子圣者与？何其多能也？"子贡曰："固天纵② 之将圣，又多能也。"

子闻之，曰："太宰知我乎！吾少也贱③，固多能鄙事。君子多乎哉？不多也。"

注　释

① 太宰：官名。

② 纵：使，让。

③ 贱：这里是指出生寒微。

评　析

俗语说："宝剑锋自磨砺出，梅花香自苦寒来。"又说："穷人的孩子早当家。""不经一事，不长一识。"孔子的这段话，就是讲的这个常见常新的道理。

有一天，太宰对子贡说："孔子是一位大圣人吗？为什么他有那么多本事啊?"子贡回答说:"大概是老天爷要使他成为圣人,因此又赋予了他很多才能。"孔子听说后,觉得太宰是个聪明人,说道:"太宰太了解我了!我幼年时很穷困,所以学会了很多技艺。出身于贵族家庭的人会有那么多的才干吗?不会的呀!"孔子的话,是对"艰难困苦,玉汝于成"这则古训的精辟解释。

七、不做官有不做官的益处

牢①曰:"子云:'吾不试②,故艺。'"

注　释

① 牢:有人说是孔子的学生。

② 试:使用。

评　析

本章可同上章联系起来读。孔子在上面谈了他多才多艺的一个原因,因为出身穷困,他很早就得到实践的锻炼,所以,生活造就了他很多才干。在这里,孔子又认为,由于没有当官,所以有更多的时间学习多种技艺。看来,时间与实践,对于造就多才多艺型人才来说,是必备条件。

八、竭尽所能地帮助求教者

子曰:"吾有知乎哉?无知也。有鄙夫①问于我,空空如②也。我叩其两端而竭焉③。"

注　释

① 鄙夫:庄稼汉。

② 空空如也:诚恳的样子。

③ 叩:盘问。两端:两头,始终;竭:尽,尽量。

评　析

孔子成名后，找他请教问题的人很多。孔子博学，多才多艺，也乐意回答别人的问题。人们以为孔子无所不能，非常景仰孔子。孔子很谦虚，他并不认为能够解决别人的问题是因为学识渊博，而是因为自己一是态度诚恳，不以有色眼镜视人，即使是庄稼汉请教问题，他也是很诚恳；二是方法对头，不是简单地应付了事，而是从头到尾、源始察终、推敲正反，竭尽智慧和所能。这样，请教者自然满意而去。

九、不可一日不忧国

子曰："凤鸟①不至，河不出图②，吾已矣夫！"

注　释

① 凤鸟：传说中的吉祥鸟。据说，大禹时代出现过凤凰；周文王时，凤鸣岐山。

② 河不出图：传说黄河中龙马负图而出，伏羲氏据此画八卦。古代人们将凤鸟飞来、河中出图作为圣王诞生的预兆。

评　析

孔子借用典故哀叹身逢乱世，昏君当道，民不聊生，不能遇到凤鸟至、河图出的伟大盛世，因此，他担心这个世道没有希望了，自己的远大理想也无法实现了。看来圣人也有黯然神伤、心灰意冷的时候。但是，值得注意的是，即使是如此的失意，他的内心深处，依然是关心国家民族发展的前途和命运，他并不只为自己的得失所动。即使是在失意的时候，他的情怀和精神风貌，依然令人肃然起敬。如孔子说："凤鸟不来，河不出图，我的这一生算是虚度了！"

十、礼多人不怪

子见齐衰①者、冕衣裳②者与瞽③者，见之，虽少，必作④；过之，必趋⑤。

注　释

① 齐衰：读音同"资催"，古代用熟麻布制作的丧服。

② 冕衣裳：指身着华丽衣裳的贵族。冕，礼帽；衣，上礼服；裳，下礼服。

③ 瞽：瞎眼睛。

④ 作：站起来，表示敬意。

⑤ 趋：快步上前，表示敬意。

评　析

孔子强调仁，富于同情心；强调礼，注重社会规范。孔子不是只说不做的人，而是言传身教，又说又做，说到做到的圣贤。孔子在生活中，凡是遇到穿丧服的人、穿华贵衣裳的人和盲人，即使他们比自己年轻，都要起立致敬；从他们身边走过的时候，他一定是快步走，表示敬意。

十一、爱真理就要爱得如痴如醉

颜渊喟然 ① 叹曰："仰之弥高 ②，钻之弥坚。瞻之在前，忽焉在后。夫子循循然 ③ 善诱人，博我以文，约我以礼，欲罢不能。既竭吾才，如有所立卓尔 ④，虽欲从之，末由也已 ⑤。"

注　释

① 喟然：叹息的样子。

② 弥：更加。

③ 循循然：有秩序的样子。

④ 卓尔：高耸的样子。

⑤ 末由也已：没有途径罢了。由，途径。

评　析

颜渊是孔子的得意弟子，很善于理解老师的思想。本章是颜渊随孔子学习的感受。颜渊感叹道：老师的仁道，就像巍峨的高山，越是抬头仰望，就越觉得高耸；越是用力钻研，就越是觉得精妙难攻。这么博大的思想，难以掌握

165

啊，就像追逐雾里的明灯，它看起来忽前忽后的。但是，老师自有其高明的教学方法：他善于有步骤地启发我们的思想，引导我们深入学习，他旁征博引，用各种文献来丰富我们的知识，用仪礼来约束我们的行动，使我们越学越有兴趣，真是欲罢不能啊！学无止境，奋力跋涉，我竭尽了我的全部力量。高大的目标就在眼前，但是，我又不知道如何开始了！一边是老师教育学生时耐心细致，循循善诱；一边是学生学习时兢兢业业，欲罢不能。如此一对师徒典范，如此敬业执著，真是令人感奋！

十二、做人要实诚，不要虚荣

子疾病，子路使门人为臣①。病间，曰："久矣哉，由之行诈②也！无臣而为有臣。吾谁欺？欺天乎！且予与其死于臣之手也，无宁③死于二三子之手乎！且予纵不得大葬④，予死于道路乎？"

注　释

①臣：指家臣。古代大夫之家有家臣，办理家庭事务。

②诈：欺骗。

③无宁：倒不如。

④大葬：隆重的葬礼。这里是指大夫、贵族的葬礼。

评　析

大约是在孔子返回鲁国的途中，孔子大病了一场。孔子的学生们担心老师有意外，于是，就由子路出头，组织了一个由学生假扮家臣的治丧小组。孔子的病情稳定后，就狠狠地批评了子路一通："很久了吧！子路做这种骗人的把戏。我本来就没有家臣，把我的学生们都装成家臣了。这是欺骗谁呢？骗老天爷吗？我与其由家臣来办理丧事，倒不如由自己的学生来操持丧事，这样不是更好吗！况且，即是不能够按照大夫的礼仪来安葬我，难道我会死在路上也无人管吗？"孔子遵从周礼，反对逾越；孔子主张实事求是，反对虚荣不实。孔子是一个百姓，死了就应该由学生们按照老百姓的葬礼下葬；但是，设计隆重的葬礼，特别是由学生们假扮家臣治丧，既僭越礼制，又名不副实。孔子不追求超过自己身份的"待遇"，也不摆无谓的"臭架子"，显得朴实无华。

十三、宁愿待价而沽也决不贱卖

子贡曰："有美玉于斯，韫椟①而藏诸？求善贾②而沽③诸？"子曰："沽之哉！沽之哉！我待贾者也。"

注　释

① 韫椟：藏在匣子里。韫，藏起来；椟，读音同"毒"，匣子。

② 贾：读音同"古"，商人。

③ 沽：卖出去。

评　析

本章的对白，看似讨论买卖，实则是用玉打了一个比方，讨论道德问题。子贡问道："我如果有一块美玉，是将它藏在匣子里好呢？还是将它卖出去好呢？"孔子说道："卖掉它吧！卖掉它吧！我一定要等待识货的人来买走它哩！"这个比喻很幽默。美德何曾能够买卖？孔子感叹生不逢时，抱负难展，理想难伸，正确的主张和美好的道德不能够得到当权者认同和推行。尽管如此，孔子十分珍爱他的美德价值，表示要坚守到底，至死不渝。

十四、精神的力量可以转化为物质力量

子欲居九夷①。或曰："陋②，如之何？"子曰："君子居之，何陋之有？"

注　释

① 九夷：古代东北边疆的九种少数民族。

② 陋：这里指文明未开，闭塞落后。

评　析

在《公冶长篇》第七章中，孔子表达过"道之不行，乘桴于海"的愿望。

本章说孔子"欲居九夷",思想背景是一样的。孔子认为,仁道思想就是为了开化野蛮,发展文明的,即使到了蛮荒之地,也可以更加显示仁道的价值和力量,那么,君子布道,就不会害怕闭塞落后了。唐代文豪刘禹锡的名篇《陋室铭》末句说:"孔子云,何陋之有?"即源于此。

孔子一方面是在表现君子的仁道品格;另一方面,也是在针砭时弊,他认为仁道思想不能在周文明的故国推行,那么,只有到周边落后地方去宣传它,才有可能得到采纳的机会。

十五、各自找到自己的位置

子曰:"吾自卫反于鲁①,然后乐正②,《雅》、《颂》各得其所。"

注　释

① 反:同"返",返回。孔子在鲁哀公十一年(公元前484)的冬天,结束了周游列国的生活,回到鲁国生活。

② 乐正:孔子与鲁国大夫师挚整理周代的经典乐章,使鲁国的宫廷音乐合乎周代音乐的旋律和传统。

评　析

孔子从卫国回到鲁国后,一方面整理古代文献;另一方面,和鲁国的宫廷乐师一道,按照周代音乐的旋律和传统,订正错乱不堪、僭越周礼的当时音乐。这项工作十分重要的是,《雅》乐和《颂》乐得到区分,并各有各的内容和特征。孔子对于成功地完成这项工作,感到由衷的欣慰,他谦虚地用了一个中性的成语"各得其所"来表白。孔子在这里说的"乐正"工作,与《泰伯篇》第十五章所感叹的"洋洋乎盈耳哉",是同一件事。

十六、规规矩矩做人,就没有难做的事情了

子曰:"出则事公卿,入则事父兄,丧事不敢不勉,不为酒困,何有于我哉①?"

注 释

① 何有于我哉：这对于我有什么难的呢。

评 析

孔子在本章阐述了做人的行为规范，在家庭有居家的行为规范，在朝廷有理政的行为规范，二者不可混同。但是，居家的行为规范是在朝廷理政的行为规范的基础，后者只是一种社会化行为规范的延伸。孔子说："为国效力，就是事奉朝廷；居家，就要敬爱父兄。尽力地按照礼仪办理丧事，不因为饮酒而乱本性，这些，对于我有什么难得做到呢！"孔子是十分看重居家的行为规范的。这就是孔子在开篇第二章里所说"其为人也孝弟，而好犯上者，鲜矣；不好犯上，而好作乱者，未之有也"的道理所在。

十七、人生苦短须珍惜

子在川上曰："逝① 者如斯夫！不舍② 昼夜。"

注 释

① 逝：消逝，过去。
② 舍：停留，止息。

评 析

孔子感叹时光飞逝，永不再回，少壮不努力，老大徒伤悲。因此，他勉励学生们珍惜时间，努力学习，自强不息。孔子是追赶时间的人，他"学而不厌""发愤忘食""乐以忘忧""不知老之将至"，是拼搏不止、死而后已的典范。他以自己的体会和经历教育学生，充满激情，富于哲理，十分感人！孔子的这句"逝者如斯夫！不舍昼夜"，成为千古名言，直至今天，仍被广泛引用，激励人们奋发有为，顽强进取，永不言败，矢志不渝，豪迈向前！

十八、好德立身，好色失身

子曰："吾未见好德如好色^①者也。"

注　释

① 色：漂亮的女子。

评　析

据记载，孔子在卫国住了一个多月后的一天，卫灵公请孔子陪同出游。卫国夫人主陪，而孔子坐次座，游车招摇过市。孔子羞愧难当，思想上震动很大。于是，就有了这句感慨："我没有看到爱好道德就像喜欢女色那样的人啊！"这在当时广为流传。如上文所说，孔子要乘桴出海，居九夷，都是有感于当时社会道德不兴，人心日薄的时弊，想有所补救，无奈统治者"好色而不好德"，孔子虽有良策，终于无可奈何。

风气成于上，风俗起于下。当时的社会"薄于德而厚于色"，孔子认为与当权者有很大关系，于是奋起抨击这股社会风气。在孔子看来，假如统治者像好色那样地好德，社会风气怎么会如此之坏？换句话说，要振奋社会风气，就要好德，而不是一味地好色；以德化民，社会正气就会上扬。

十九、功亏一篑太可惜

子曰："譬如为山，未成一篑^①，止^②，吾止也。譬如平地，虽覆一篑，进，吾往^③也。"

注　释

① 篑：读音同"愧"，竹筐子。
② 止：不赞许的意思。
③ 往：与上文"止"相对，赞许的意思。

评　析

孔子说过："己欲仁则仁。"增强道德修养，全在于自己，不在别人。人是向前，还是退落，在于自己，不在别人。道德修养，本来就是一门征服自我的独特功课。比如取土堆山，还有一筐土没有添上，你就止步不前了，那只能前功尽弃。那么，失败在自己，而不在别人。又比如平地垒山，还只是刚刚上了一筐土，但他有不达目的誓不罢休的决心和勇气，并能够脚踏实地向目标推进，那么，他一定能够成功。这成功的奥秘，全在自身，而不在别人。因此，孔子不赞许前者，而称许后者。孔子张扬自强不息、不舍昼夜、顽强拼搏的进取精神，孔子表彰锲而不舍、脚踏实地、善始善终的韧劲。《尚书》上说："为山九仞，功亏一篑。"孔子说："逝者如斯夫！不舍昼夜。"又在本章中说，止止往进。其昂扬向上、奋斗不息的精神，一脉相承，十分感人。

二十、听讲必须全神贯注

子曰："语①之而不惰②者，其回也与！"

注　释

① 语：告诉。这里是教育的意思。

② 惰：懈怠。

评　析

孔子既是在表彰颜回始终如一、全神贯注地听讲，也是号召学生们向颜回学习。孔子认为，学习的基础是听讲，在老师的指导和引导下学习；但是，认真是保证，在听讲中，不能心有旁骛，而要专心致志，心神投入。孔子表扬颜回在听讲时总是"不惰"，就是认真的体现。这里与《为政篇》第九章孔子表扬颜回时说的"吾与回言，终日不违"是一个意思。孔子对于颜回的认真精神评价很高，认为只有颜回一人能做到"认真"二字。可见，在学习中"认真"之难得，"认真"之重要！

二十一、最可爱的品质是自强不息

子谓颜渊曰①："惜乎！吾见其进也，未见其止也！"

注　释

① 谓……曰：谈到某人时说道。

评　析

孔子同颜回有深厚的师生情谊。孔子既为颜回不幸早夭而痛惜，也为自己失去一位勤学不倦、勇猛精进的好学生而叹息。在《雍也篇》第三章中，鲁哀公问孔子："您的学生中哪一个最好学？"孔子回答说："有颜回者好学，不迁怒，不二过。不幸短命死矣。今也则亡，未闻好学者也。"在本章中，孔子再次表达了他对于颜回英年早逝的痛惜之情，称赞颜渊是位一心向学、勇往直前的好学生，其品德有闪光的地方。

二十二、事物的发展总有特殊性

子曰："苗①而不秀②者有矣夫！秀而不实③者有矣夫！"

注　释

① 苗：谷子发芽成秧。

② 秀：禾苗吐穗开花。

③ 实：穗子长成谷子。

评　析

本章与其说是在感物，倒不如说是在伤怀。孔子感叹道："庄稼只长苗，而不开花吐穗，是有的吧！庄稼只吐穗，而不结实，是有的吧！"伤怀之感，既是指颜渊早夭，没能学成建功，又是指一些学子半途而废，学不精进。事物的发展总是这样，开始的时候，都被赋予希望，但是，有一部分却被分化出来，并不能取得最终结果，中途止步了，如孔子在上文中说，"未成一篑"；

只有坚持不懈，始终如一的禾苗，才能又开花，又结果，这当然是来之不易的。

二十三、后来居上是自然规律

子曰："后生可畏①，焉②知来者之不如今也？四十、五十而无闻焉，斯亦不足畏也已。"

注　释

① 后生可畏：年轻人值得敬畏。后生，年轻人；畏，敬服。
② 焉：疑问代词，怎么，哪里。后一个"焉"，是指示代词，在那里。

评　析

事物的发展规律总是这样：新陈代谢，今胜于昔，后来居上。所以，孔子说后生可畏，怎么能够认为后来者比不上当今的人！当然，如果年轻时没有努力，在四十岁、五十岁上依然没有做出成绩来，还默默无闻，就不值得敬畏了。古代人的寿命比今人要短得多。在孔子的时代，四五十岁的年龄已经步入老年，来日不可追，所以孔子说，"不足畏"。孔子一方面指出青年人是未来的希望，要满腔热忱地重视和支持青年人健康成长，使一代胜过一代，一代更比一代强；另一方面，孔子意在勉学励志。孔子认为，青年的概念是变化的，年轻时精力充沛，正是学习的好年华，如果不努力，等到年老时再醒悟，就来不及了，最终就会一事无成，留下终生遗憾，所谓"时间不等人""老大徒伤悲"，正是这个道理。贻误人生、一事无成的人，当然不值得敬服，只有那些朝气蓬勃、拼搏向上的后生，才是可敬可爱的人！

二十四、对于批评和表扬都要有正确的态度

子曰："法语之言①，能无从乎？改之为贵。巽与之言②，能无说③乎？绎④之为贵。说而不绎，从而不改，吾末⑤如之何也已矣。"

注 释

① 法语之言：义正词严的批评。法：规范，原则。

② 巽与之言：温和委婉的表扬话。巽，读音同"训"，恭顺谦敬。

③ 说：读音与意思同"悦"，高兴。

④ 绎：读音同"亿"，分析，在纷乱之中理清头绪。

⑤ 末：没有。

评 析

孔子强调对于批评和表扬一定要有正确的态度。闻过能改，善莫大焉；巽言三思，择善而从。孔子说："合乎正道的话，能够不听从吗？但听从之后能够改正，才是可贵的。恭敬悦耳的话，听了能够不高兴吗？但要对这些话进行分析，才是正确的态度。只是高兴而不鉴别，只是听从而不改正，我实在是拿他没有办法啊！"孔子认为，说什么话在于别人，怎么听，听了之后如何办，却在于自己。正确地对待别人的意见，对于自我完善和健康成长，这实在是太重要了。

二十五、与能人交朋友

子曰："主忠信，毋友不如己者，过则勿惮改。"

评 析

孔子在开篇第八章中将"主忠信，毋友不如己者，过则勿惮改"，作为君子的品行予以规范。这里之所以重复，是为了进一步强调。

二十六、匹夫之志最可贵

子曰："三军①可夺帅也，匹夫②不可夺志也。"

注 释

① 三军：周代兵制，左军、中军和右军，通常一万五千人一军。

② 匹夫：一个人，指老百姓。

评 析

孔子说："在战斗中，可以俘虏三军主帅，但是，休想迫使一个人改变他的志向。"孔子将立志放到了十分重要的位置：做人，始于立志。求学问道须有志向，为官从政需有志向，干一切事业，都须立志。有志则成，无志则废。一个人容易被外物外力牵引，甚至改变自己的正确主张、主意，都是因为没有志向。有志向，就有主心骨，就有精神动力，就有韧劲，就能遇事则成。

孟子后来将立志与节操联系起来。他认为，守节操，须立志；没有志向，就会在关键时候变节。因此，孟子认为，立志是做人的关键。

二十七、进步没有止境

子曰："衣敝缊袍①，与衣狐貉者立②，而不耻者，其由也与？'不忮不求，何用不臧？'③"子路终身诵之。子曰："是道也，何足以臧？"

注 释

① 衣敝缊袍：衣，穿；敝，破旧；缊，读音同"运"，新旧混合的丝绵絮。

② 衣狐貉：穿着用狐皮和貉皮做的袍子。

③ 不忮不求，何用不臧：语出《诗经·邶风·雄鸡篇》。忮，读音同"志"，嫉妒；臧，读音同"赃"，善美，良好。

评 析

孔子表扬了子路，当子路得到表扬而沾沾自喜的时候，孔子又狠狠地批评了他。子路因为什么而得到孔子的表扬呢？子路在富贵与贫穷之间，自有定见，显现出良好的修养和宽广的胸怀，自尊自信，气度不凡。这正是孔子的仁道所要求的。孔子说："身穿一件破旧的丝绵袍子与衣着华贵的狐貉皮裘的人站在一起，并不觉得自卑的人，大概只有子路吧！《诗经》上说，'既不妒忌别人，也不乞求别人，有什么不好呢？'"子路听了老师肯定他的话，非常高兴，就经常将老师的表扬话挂在嘴上。因此，他又得到了老师的严厉批评："仅仅只是如此，怎么能够被称为'好'呢?"孔子要求子路不要闻善则喜，就此止步，而要不断追求美好的品德。孔子的这段教诲，发人深思。

二十八、苦寒培养高洁品格

子曰:"岁寒，然后知松柏之后彫① 也。"

注　释

① 彫:读音与意思同"凋"，凋谢，零落。

评　析

孔子认为，在平常情况下，是看不清人的真正品格的，只有经受严峻的考验，才能够给人下最后的结论。艰难困苦是一块试金石。只有在大风大浪中，才能展现出人的品格和本质。经过这样艰苦的考验，才能够知道人的品质和气节是良莠不齐的。孔子以植物中的松柏作比:"岁寒，然后知松柏之后彫也。"哲理深厚，意义隽永。这是一句千古流传的名言，这是一曲久唱不衰的德望正气之歌。它有着丰厚的文化意蕴，影响至深至远。从古到今，又因此点化出多少感人的名句名篇。如古人说:"疾风知劲草，板荡识忠臣。"今人也有诗章:"大雪压青松，青松挺且直。要知松高洁，待到雪化时。"它们都有极强的教育意义。

二十九、君子的品德

子曰:"知① 者不惑，仁者不忧，勇者不惧。"

注　释

① 知:读音与意思同"智"。

评　析

孔子将智、仁、勇的道德范畴归并在"君子"名下，认为君子应当具有这若干种美好的品质。本章集中地论述了君子必须具备的智、仁、勇三种品德。孔子说:"智者心地明亮,不致迷惑;仁者心胸开朗,乐观通达;勇者无所畏惧,一往直前。"

三十、可遇而不可求

子曰:"可与共学,未可与适①道;可与适道,未可与立②;可与立,未可与权③。"

注　释

① 适:达到。

② 立:站得住。

③ 权:衡量。

评　析

孔子说:"可以在一起学习,但未必会同时学得道;可以同时获道,但未必能够一起坚守住道;能够在一起守住道,但未必能够在一起随机应变。"这可谓是人生经验的总结。俗话说得好:"人生相处几百人,称得知己有几许?"人的发展受多种因素影响,具有个性,难具有共性,因此,不能强求一致,所谓"道不同,不相为谋","朋友虽多,知音却少",就是这个意思。人要善于宽容;只有宽容,才能达到团结。

三十一、思念可以缩短时空距离

"唐棣之华①,偏其反而②。岂不尔思?室是远而③。"子曰:"未之思也,夫何远之有④?"

注　释

① 唐棣之华:唐棣,又叫棠棣,一种开花的树木;华,读音与意思同"花",开花。这两句古诗的意思是述说情人或朋友离合之后的心情。

②偏其反而：偏，读音与意思同"翩"，飞起来的样子；反，读音与意思同"翻"，翻转。

③室：居室。

④未之思也，夫何远之有：思念可以跨越时空，既然我有所思念，那么，我们之间的距离就近在咫尺。这个用法，与《述而篇》第二十九章的子曰"仁远乎哉？我欲仁，斯仁至矣"的用法是一样的。

评　析

本章使用了文学上比兴的手法，以唐棣为本体，喻人、喻情、喻事、喻学都可。本章意蕴深远，活脱空灵。孔子引用了一首遗诗中的四句话："唐棣花开着呀，婆娑起舞，摇曳不停。我的心思念着你呀，但是，我们相距得实在是太遥远了！"孔子说：这算不上思念吧！假如真的思念着，还有什么远呀近的呢？在孔子看来，内心的距离才决定了人与人之间的距离；真实而亲密的情感，缩短甚至化解了人与人之间的时空距离。人们相思，正是人的真挚感情的体现。

乡党篇第十

导 读

本篇是关于孔子日常生活的记录。由于学生们与老师长期生活在一起,并且朝夕相处,因此,举凡孔子的饮食、起居、行走、仪态和休闲等各个方面,都有仔细的观察和记叙。品味本篇,勾勒孔子的言行事迹,栩栩如生,鲜活的孔子历历在目。

孔子的养生之道,集中体现于此。孔子的生活习惯是健康的,饮食起居是科学的。直到今天,孔子关于健康生活的态度、行为,依然给人以健康生活的指引。譬如,食不厌精,脍不厌细;食不语,寝不言;席不正,不坐;寝不尸,居不容等教诲,在今天仍然得到人们遵循。

有学者将本篇形容为古代生命科学的教科书,这是有道理的。

一、朝堂上下有分别

孔子于乡党,恂恂如①也,似不能言者。

其在宗庙朝廷,便便言②,惟③谨耳。

注 释

① 恂恂如:温和恭顺的样子。如:像那个样子。

② 便便言:侃侃而谈。便:读音同"骈";言:说话。

③ 惟:只是,才。

评 析

孔子在家乡的时候,显得非常温和恭谦,好像不会说话的样子;可是在宗庙里、朝堂上，孔子却侃侃而谈，毫不含糊，只是态度显得很谨慎。这是时人对于孔子的评价。

孔子在家乡的时候，尊老敬贤，所以言辞很少，温和而又恭顺。孔子并不因为自己在外做过官，跑的路多，见的世面广，就盛气凌人，居高临下，夸夸其谈。但是，他在宗庙、朝廷议事就不同了，职责所在，不能含糊，所以，孔子既能够将事情说清楚，道明白，又能够做到态度谨慎。这是描写并表彰孔子具有一副难得的君子仪态。

二、不同的场合有不同的行为规范

朝，与下大夫言，侃侃如①也；与上大夫言，暗暗如②也。君在，踧踖如③也，与与如④也。

注　释

① 侃侃如：从容不迫的样子。

② 暗暗如：和悦欢快的样子。暗，读音同"银"。

③ 踧踖如：恭敬不安的样子。踧踖，读音同"促及"。

④ 与与如：行步安详的样子。

评　析

在朝房里，孔子同下大夫谈话，表现出从容不迫的样子；同上大夫谈话，显得和悦欢快的样子。上朝的时候，孔子恭敬严肃，步态安详，小心翼翼，行动得体。这也是时人对于孔子的评价。

孔子遵循周礼，维护等级制度，在与不同社会等级的人们相处时，有不同的行为规范。这体现了孔子处事严谨，有原则、知进退的一面。

三、不负君王重托

君召使摈①，色勃如②也，足躩如③也。揖所与立，左右手，衣前后，襜如④也。趋进⑤，翼如⑥也。宾退，必复命曰："宾不顾⑦矣。"

注 释

① 摈：读音同"宾"，接待宾客。

② 色勃如：变脸色的样子。

③ 足躩如：快步走的样子。躩，读音同"决"，快速。

④ 襜如：整齐的样子。襜，读音同"掺"，整齐。

⑤ 趋进：快步迎上去。

⑥ 翼如：像鸟展翅的样子。

⑦ 不顾：不回头。

评 析

孔子受国君的委托，接待外宾的时候，以礼待客，庄重严肃。事后，还向国君报告，有始有终。请看时人的描述：鲁国国君召唤孔子去接待外宾，孔子的脸色马上凝重起来，并加快了脚步。孔子向两旁的人作揖，或者向左拱手，或者向右拱手，衣裳虽然前后起伏，但是仍然很整齐。孔子快步走的样子，就像鸟儿展翅，动作敏捷而优美。宾客离开后，孔子还一定要向国君汇报："宾客已经走远了。"孔子熟悉外交礼仪，办事有章法，既有自尊，又尊重了外宾。孔子办事认真，事后有回复，显得很"靠谱"。

四、朝堂礼仪真仔细

入公门①，鞠躬如②也，如不容。

立不中门③，行不履阈④。

过位⑤，色勃如也，足躩如也，其言似不足者。

摄齐⑥升堂，鞠躬如也，屏气⑦似不息者。

出，降一等⑧，逞⑨颜色，怡怡如⑩也。

没阶⑪，趋进，翼如也。

复其位，踧踖如也。

注 释

① 公门：指国君之门，相对诸侯之门而言。

② 鞠躬如：谨慎恭敬的样子。

③ 立不中门：不站在门中间；中，靠近。

④ 履阈：踩在门限上。

⑤ 位：指国君的位子。

⑥ 摄齐：提起衣服的下摆。摄，向上提；齐，衣服的下摆。

⑦ 屏气：憋住气。

⑧ 降一等：下一级台阶。

⑨ 逞：舒展。

⑩ 怡怡如：轻松和悦的样子。

⑪ 没阶：走到台阶的尽头。

评　析

孔子在朝堂上的表现，极其庄重严肃，谨慎小心，遵守礼制。古人说："君子肚中自有春秋方圆。"在孔子身上得到体现：孔子在进入朝堂大门的时候，显得极其恭敬的样子，就像大门容不下自己的身体那样；不在大门中间停留，也不踩着门槛；经过国君的座位时，脸色庄重，脚步也加快了，说话时也慢声细语，好像中气不足的样子；提起衣服的下摆走上朝堂，表现出恭敬谨慎的样子，好像不曾呼吸那样，憋住了气息；罢朝出来的时候，下了一级台阶，脸色便舒展了，显得很轻松欢快的样子；下完台阶，走在平地上，疾步如飞，轻盈矫健；回到上朝前自己的座位上，脸色又凝重严肃起来。孔子在朝堂上的举止，完全达到了孔子说的"事君尽礼"（《八佾篇》第十八章）的要求。可见，孔子是身体力行、言行一致的楷模。

五、重视外交礼仪

执圭①，鞠躬如也，如不胜②。上如揖，下如授。勃如战色③，足蹜蹜④如有循。

享礼⑤，有容色⑥。

私觌⑦，愉愉如⑧也。

注　释

① 执圭：拿着玉器。圭，上圆下方的玉器。古代君臣举行隆重的典礼时，都要执圭。

② 胜：读音同"声"，承受得起，受得住。

③ 勃如战色：像打仗时的庄重紧张神色布满脸堂。勃，旺盛。

④ 蹜蹜：脚步细密而狭窄的样子。

⑤ 享礼：即献礼，使臣将礼物罗列在庭院前。

⑥ 容色：与上文的"战色"相对，和气之色。

⑦ 觌：读音同"笛"，相见。

⑧ 愉愉如：颜色和悦，愉快的样子。

评　析

孔子奉命出使，在行聘礼时和行礼后的举止各不相同，但是都做得恰到好处。孔子办外交，既不辱君命，又合乎礼仪。时人是这样描述的：孔子奉命出使外国，捧着国君授予的玉器，恭敬小心地拿好，好像举不动的样子。向上举起，好像是在作揖；放下来，好像是在递给别人。孔子的面色庄重，就像士兵作战时的样子；脚步紧凑细小，好像沿着一条线在走。敬献礼物的时候，孔子满脸和气。以私人身份同外国君臣相见时，孔子表现出一副轻松愉快的样子。孔子在外交中，举止言谈，张弛有度，仪态雍容不俗。

六、穿出人的气质和风采来

君子不以绀緅饰 ①，红紫不以为亵服 ②。

当暑，袗绤绤 ③，必表而出之。

缁衣 ④，羔裘 ⑤；素衣，麑裘 ⑥；黄衣，狐裘。

亵裘长 ⑦，短右袂 ⑧。

必有寝衣 ⑨，长一身有半。

狐貉之厚以居 ⑩。

去丧，无所不佩。

非帷裳 ⑪，必杀之 ⑫。

羔裘玄冠不以吊 ⑬。

吉月 ⑭，必朝服而朝。

注 释

① 绀緅饰：绀，读音同"甘"，深青透红的颜色，古代礼服的颜色；緅，读音同"邹"，黑中透红的颜色，古代丧服的颜色；饰，镶边。

② 亵服：平时在家里穿的便服，不用红色和紫色这两种华贵的颜色。

③ 袗絺绤：袗，读音同"枕"，用作动词，穿单衣；絺，读音同"痴"，用作动词，穿用细麻布做的衣服；绤，读音同"细"，用作动词，穿用粗麻布做的衣服。

④ 缁：黑色。

⑤ 羔裘：用羔羊皮做的袍子，黑颜色。

⑥ 麑裘：用幼鹿皮做的袍子，白颜色。麑，读音同"泥"，小鹿。

⑦ 亵裘长：居家时，穿长皮袍是为了取暖。

⑧ 袂：袖子。右边的袖子短，便于做事。袂，读音同"妹"。

⑨ 寝衣：睡觉时盖的被子。

⑩ 居：坐的意思，用狐貉的厚皮做坐垫，为了防寒保暖。

⑪ 帷裳：古代上朝和祭祀时穿的礼服，一般用整幅布做，多余的布折叠起来缝上，不裁剪掉。

⑫ 杀：剪裁。

⑬ 玄冠：黑色礼帽。古人以黑色的礼服为吉服，所以不穿它去吊丧，而是身穿白色的丧服吊丧。

⑭ 吉月：每月的初一。

评 析

孔子的衣着，有三条原则：一是符合周礼，这是一种时代的文化标识，有着丰富的文化内涵；二是美观雅致，从颜色、形制到质地都体现着服饰美，文化美；三是实用，有利于健康，方便于生活。看看孔子的穿着：不用深青透红和黑中透红的布镶边，居家时不穿红色和紫色的便服。在夏天，将麻布单衣套在外面穿。配衣服穿，颜色要协调。黑色的罩衣，配黑色的羔羊皮袍；白色的罩衣，配白色的小鹿皮袍；黄色的罩衣，配黄色的狐貉皮袍。居家时穿的皮袍做得长一些，右边的袖子却要短一些。睡觉时要盖小被子，长度为一身半长。用厚厚的狐貉皮做坐垫，便于保暖。服丧之后，才可以在衣服上佩戴饰物。不是上朝和祭祀时穿的礼服，一定要裁边。不穿黑色的羔羊皮袍和头戴黑色的礼帽去吊丧。每月初一，一定要身着朝服晋见君王。透过孔子的衣着，一副儒雅、整洁、健康的文人形象就活脱脱地展现在人们的面前。

七、祭祀的态度要虔诚

齐①，必有明衣②，布③也。
齐必变食④，居必迁坐⑤。

注 释

① 齐：读音与意思同"斋"，斋戒。古人在祭祀前，不饮酒，不吃荤，不与妻妾同房，要沐浴，就叫做斋戒。

② 明衣：沐浴后穿的贴身衣服。

③ 布：用作动词，穿布做的衣服。

④ 变食：改变平常的饮食习惯，不吃荤。

⑤ 迁坐：从内室搬到外室，即不与妻妾同房。

评 析

孔子对于祭祀十分虔诚，在《八佾篇》第十二章中，孔子说："吾不与祭，如不祭。"在第二十六章中说："为礼不敬，……吾何以观之哉？"孔子将祭祀作为社会生活和政治生活中的大事对待，严格按照周礼中的斋戒来安排祭祀前的生活细节。对于斋戒是如此慎重，对于祭祀的认真就可想而知了。前面记载了孔子对于祭祀的要求，这里则描述了孔子本人在祭祀时的虔诚情状。孔子是要求别人做到的，自己就首先做到的君子。

八、把好入口关

食不厌精，脍不厌细①。

食饐而餲②，鱼馁而肉败③，不食。色恶，不食。臭恶④，不食。失饪⑤，不食。不时⑥，不食。割不正⑦，不食。不得其酱，不食。

肉虽多，不使胜食气⑧。

唯酒无量，不及乱⑨。

沽酒市脯⑩，不食。

不撤姜食，不多食。

注　释

① 食不厌精，脍不厌细：食，粮食的统称；厌，满足；精，上等的细米，与粗粮相对；脍，读音同"快"，切细的肉；细，精细。

② 食饐而餲：饐，读音同"译"，餲，读音同"饿"，食物因久存而腐败发臭。

③ 鱼馁而肉败：鱼腐烂为"馁"，读音同"垒"；肉腐烂为"败"。

④ 臭恶：气味使人恶心。臭，气味。

⑤ 饪：烹调。

⑥ 不时：不到吃饭的时间。

⑦ 割不正：宰杀牲畜不按固定的规程。

⑧ 食气：饭料。气，读音同"细"。

⑨ 乱：神志不清。

⑩ 脯：读音同"辅"，干肉。

评　析

孔子行年七十三岁，在孔子的时代，人们的平均寿命只有四十五岁左右，相比较而言，孔子是绝对的高寿。孔子高寿，与他健康的饮食习惯是密不可分的。孔子关于饮食的"戒律"，一连串的"不食"，至今依然是健康的法则：粮食不嫌舂得精，肉鱼不嫌切得细。食物久放而臭，肉鱼腐烂了，不吃；食物的颜色变得难看了，不吃；食物的气味变得难闻了，不吃；没有到吃饭的时间，不吃；不是按照一定的方法切割的肉，不吃；不使用调味的酱，不吃。尽管席上的肉很多，但是，也不要吃过量。虽然饮酒不必限量，但也不要喝醉。从酒肆上买来的酒，不喝；从市场上买来的熟肉，不吃。每顿饭一定要有生姜，但不要多吃。孔子是中国优秀饮食文化（美食文化）的开创者。

九、祭肉不能久放

祭于公，不宿肉①。祭肉②不出三日。出三日，不食之矣。

注 释

① 不宿肉：不把肉留着过夜。随同国君参与祭祀的人，在事毕后可以领到一份祭祀用肉，但是，由于已经过了一两天时间，就不很新鲜了。因此，拿回家后，就不能再耽搁了。

② 祭肉：自己家里用于祭祀的肉。

评 析

孔子对于肉的保鲜度很有研究，说得很准确：参加国君的祭祀典礼后，领到的那份祭肉回家后就不要再留着过夜了，赶紧烹制了；祭肉的保存不宜超过三天；超过三天的祭肉就不要吃它了。

十、吃饭睡觉都要有好的状态

食不语①，寝不言②。

注 释

① 食不语：食，吃饭；语，说话。

② 寝不言：寝，睡觉；言，说话。

评 析

孔子注重健康的生活方式，他在饮食和就寝时讲究：吃饭时不交谈，以保持良好的食欲和舒展的胃口，便于消化；睡觉时不说话，保证及时入睡，保持良好的睡眠状态。吃饭和睡觉，是人体健康的重要环节。

十一、礼行要到堂

虽蔬食菜羹①，瓜祭②，必齐如也。

注　释

① 蔬食菜羹：蔬食，粗菜淡饭；菜羹，菜汤。

② 瓜祭：瓜，疑为衍字；祭，古人饭前将席上的食物各拿出一点，集中到器皿里，祭古代发明烹调的人。

评　析

孔子认为，是否尽到礼仪与饮食是否丰盛是两码事。孔子重视的是饮食上的礼仪，强调的是人类的文明特性，这与食物的丰俭是没有关系的，因为前者是精神、文化的东西，后者只是物化、物质的东西。孔子有坚定的文化信念：即使是粗茶淡饭、一碗菜汤，也一定要毕恭毕敬地祭人类的饮食初祖，好像斋戒过了那样。

十二、要有坐相

席①不正，不坐。

注　释

① 席：将席子铺在地上，席地而坐。这是古人的生活习惯。

评　析

孔子在生活中以礼要求自己，行为规规矩矩，一丝不苟，认为不摆正座席是违背礼法的，因此不要坐那种摆设不正的座席。孔子认为，身正，席正，坐正，是一个人内在思想、气质的反映，这虽是生活中的小事，但却直接体现人的素质、精神。

十三、礼让长者

乡人饮酒①，杖者②出，斯出矣。

注 释

① 乡人饮酒：这是古代的一种礼仪，叫做行乡饮酒礼。这里是指敬老的腊祭。

② 杖者：拄着拐杖的人。指老年人。

评 析

孔子尊老，等到行乡饮酒礼后，所有的老人都退席了，孔子才跟着走出去。孔子决不争先恐后地抢着离开。即使是人多的时候，别人可能并不会注意到他的行为，但是，孔子的自律性很强，时刻按照礼来规范自己的行为。

十四、既要尊重风俗，又要遵守孝道

乡人傩①，朝服而立于阼阶②。

注 释

① 傩：读音同"挪"，古代的一种风俗习惯。主要内容是迎神以驱逐疫鬼。

② 阼阶：即东阶，主人站在东阶上迎送宾客。

评 析

每逢乡人行傩礼驱鬼时，孔子就穿着朝服站在祖庙东阶上，唯恐傩礼惊扰了祖先在天之灵。孔子尊重风俗，又极重孝道。

十五、慎重其事地拜托人

问①人于他邦，再拜②而送之。

注　释

① 问：这是古代的一种礼仪。向人问好，也奉送礼物表示情义。

② 拜：这是古代的一种礼仪。向人拱手并弯腰。

评　析

托人向其他诸侯国的朋友致意，一定要对受托的人再次致意，然后送别。孔子认为，尊重和庄重地拜托受托者，既是显示慎重其事，也是对于拜访对象的尊敬。

十六、吃药须先通其性

康子馈药①，拜而受之。曰："丘未达②，不敢尝之。"

注　释

① 馈：读音同"愧"，赠送。

② 达：通达明了。

评　析

季康子向孔子赠送药品，孔子拜谢后就收下了。孔子对身边的人说："我对于这药的药性不了解，所以不敢尝。"俗话说，药物关乎身家性命。孔子对于赠送的药品持谨慎的态度，在弄明药性之前不尝，这是对于自己生命负责的表现，他表现出一种严谨的生活态度。

十七、人的生命高于一切

厩焚①。子退朝，曰："伤人乎？"不问马。

注　释

① 厩焚：马厩被烧毁。厩，读音同"就"，马棚；焚，烧毁。

评　析

孔子家的马棚失火了。孔子退朝回家，急忙问道，伤人了吗？并不问马的情况。孔子重仁，重人而轻物，有着浓厚的人道主义情怀。可见，孔子的仁道与人道主义有着很大的联系。

十八、严守君臣礼仪

君赐食，必正席先尝之；君赐腥①，必熟而荐②之；君赐生③，必畜④之。侍食于君，君祭，先饭⑤。

注　释

① 腥：生肉。

② 荐：供奉。

③ 生：同"牲"，畜生。

④ 畜：同"蓄"，伺养。

⑤ 先饭：先尝一尝。

评　析

国君赠送的熟食，一定要摆正座席，先尝一尝，然后再让家里人吃；国君赠送的生肉，一定要烧熟后，才可祭祀祖先；国君赠送的牲畜，一定要饲养起来。陪同国君吃饭，在举行饭前祭礼的时候，要先尝一尝饭菜。孔子对于国君极其尊敬，在日常生活中自觉按照尊君之礼来约束自己。这在当时礼崩乐坏的条件下，孔子的行为，是难能可贵的，显示出孔子人格的伟大。

十九、病中不废君臣礼

疾，君视之，东首①，加朝服②，拖绅③。

注　释

① 东首：头朝东向。东，用作动词，朝着东方；首，人的头。

② 加朝服：因为重病在床，不能穿朝服，于是就将朝服披在身上。

③ 绅：束在腰间的长带子。

评 析

孔子生了重病，卧床不起，鲁国国君前来探视。孔子无法起身，于是，就将身体移了移，头朝东，将朝服披在身上，拖着长带子，按照君臣礼仪与国君相见。孔子在生活中极其严谨。即使重病在身，也不疏忽君臣礼仪。孔子在原则问题上，一丝不苟，不论时间地点和条件。

二十、国君召见要急行

君命召，不俟①驾②行矣。

注 释

① 俟：读音同"似"，等待。

② 驾：驾马车。古代大夫级的官员坐马车。

评 析

孔子既尊君，又敬业。国君召见孔子，孔子不等驾好马车，就急着步行入宫。孔子有很强的入世精神，很希望自己的政治理想得到实现。

二十一、祭祀无小事

入太庙，每事问。

评 析

本章与《八佾篇》第十五章重复，意在强调。

二十二、为朋友料理后事是一种美德

朋友死，无所归，曰："于我殡①。"

注　释

① 殡：读音如"宾"，停放灵柩、埋葬死者。这里指做丧事。

评　析

孔子具有仁爱的品德和人道主义精神，见义勇为，无私奉献。如果有朋友死了，没有后人料理后事，怎么办呢？对此，孔子就说："由我来料理丧事吧。"孔子对于亡友寄托了深厚的情谊，体现了一个"义"字。这里是微言大意，孔子倡导朋友义气的情怀，关怀人，关切人的人道主义精神。

二十三、答谢要合乎礼制

朋友之馈，虽车马，非祭肉，不拜。

评　析

孔子认为，对于朋友的馈赠，要有所答谢，但是，答谢要符合礼制，虽然贵重如轻车宝马，也比不上祭礼用的肉，因此，用不着拜谢。孔子重礼轻物，任何物质的引诱，也动摇不了孔子对于周礼的虔诚态度和敬仰之情。

二十四、寝坐安详

寝不尸①，居不客②。

注　释

① 不尸：用作动词，不要摆着像死人那样。指睡觉时不要偃卧僵直，有惰慢骄肆之情。

② 居不客：居，坐；不客，用作动词，显示威仪。

评　析

孔子睡觉时不是像死人那样平躺着，而是显得很安详；在家里坐着的时候，不是像接待客人或者自己做客时那样，庄严拘谨的样子，显得很恬淡。这里与《述而篇》第四章中记载的"子之燕居，申申如也，夭夭如也"是同一个意思。孔子平日里生活舒坦自如、轻松安详，显现出一派祥和的景象。

二十五、举手投足有规矩

子见齐衰①者，虽狎②，必变。见冕者与瞽者，虽亵③，必以貌。

凶服者式④之。式负版⑤者。

有盛馔⑥，必变色而作⑦。

迅雷风烈⑧必变。

注　释

① 齐衰：读音同"资催"，用熟麻布做的缝了边的丧服。

② 狎：读音同"峡"，亲近。

③ 亵：熟悉。

④ 凶服者式：凶服，送死人的衣服；式，同"轼"，车前扶手用的横木。

⑤ 版：古代用木板写的国家图籍，如户籍册、疆域图等。

⑥ 盛馔：盛大的筵席。馔，读音同"赚"。

⑦ 作：站起来。

⑧ 迅雷风烈："迅雷烈风"的意思。像雷那样来得快，像风那样吹得猛。

评　析

孔子思想敏锐，洞悉事务，人情练达，遵循礼制，有同情心，有礼貌，有原则，在不同的场合，其举止言行，乃至面部表情都是不一样的。由此可见，孔子是一个内涵非常丰富的人！看看孔子学生们的记叙：孔子看见身穿丧服的人，即使平日与他往来密切，也一定要将态度变得严肃起来；看见头戴礼帽的人和盲人，即使与他很熟悉，也一定要表现得很有礼貌；看见给死人送衣物的人，乘车时一定要俯身伏在扶手上表示同情；看见背负国家图籍的人，在车上也要表示敬意；参加丰盛的筵席，一定要改变颜色并站起来表示庄敬；遇到雷电大风，也一定要改变神色表示敬畏。在《子罕篇》第十章中，也有相关内容的记载。

二十六、出行以安全为要务

升车，必正立执绥①。车中不内顾②，不疾言，不亲指。

注　释

① 绥：上车使用的扶手带。

② 顾：回头看。

评　析

孔子出行，非常注意途中安全。无论是马车行驶在平地上，还是在崎岖的山路上，也不论是长途，还是短途，孔子坐车的时候，一定是先站得端端正正，然后抓着扶手带上车。在车上，孔子决不左顾右盼，高声喧哗，指指画画。正是由于这样，孔子一生周游列国，安全行车万里之遥。

二十七、学会把握时机

色斯举矣①，翔而后集②。曰："山梁雌雉③，时哉时哉！"子路供之④，三嗅而作⑤。

注　释

① 色斯举：色：脸色；斯，就；举，飞起来。

② 翔而后集：翔，飞翔；集，鸟儿群集在树上。

③ 雌雉：母野鸡。

④ 供：通"拱"，拱手。

⑤ 三嗅而作：嗅，用鼻子闻；作，起身站起来。

评　析

孔子在教学中，经常借题发挥，以事理来晓谕世理。在《泰伯篇》第十三章中孔子曾说："笃信好学，守死善道。危邦不入，乱邦不居。"这里也是借鸟儿的灵性向子路讲述君子应该善于随机应变、趋利避害的道理。一天，孔子和子路走在山路上，一群野鸡见有人来，马上便飞起来了，反复回旋，直到看清楚了来人，才肯停在树上。孔子感叹道：山梁上的野鸡，多会把握时机！当然，子路错会了孔子的意思，向野鸡挥了挥手，使它们展翅高飞而去。

先进篇第十一

导　读

本章主要反映了孔子与学生之间纯真浓郁的师生情。孔子热爱学生，所以做到了诲人不倦，他是学生的知心人；学生敬爱老师，执着地跟随老师求学问道，无怨无悔，他们是老师的贴心人。俗话说，了解学生莫如老师。孔子敬业爱教，与每一个学生都结下了深厚的感情，所以，他能够针对学生的品行、修养、才学来准确地评价每一位学生，鼓励他们进步。如第三章说：德行：颜渊、闵子骞、冉伯牛、仲弓；言语：宰我、子贡；政事：冉有、季路；文学：子游、子夏。这是评论学生的特点和专长。第十三章说：闵子侍侧，訚訚如也；子路，行行如也；冉有、子贡，侃侃如也。这是评论学生的仪表和神采，他们每人都有自己的风采，孔子感到很高兴。第十八章说：柴也愚，参也鲁，师也辟，由也喭。孔子以爱护、关心的口吻指出了学生的性格弱点，激励他们加以克服。这一章最集中、最生动地描述了孔子与颜渊情同父子的师生之情。这种师生情、父子情，是人间真情，合乎人伦正道，是情与义结合的典范。

在这一章中，孔子之道一以贯之，譬如，孔子主张不拘一格选人才；反对巧言令色，矫情伪装，口是心非的伪君子，称赞言论笃实，忠实可靠的真君子；孔子主张话不在多，在于精，在于准，欣赏"言必有中"，说话能够开门见山，一矢中的；孔子主张在学习上循序渐进，掌握正确的学习方法，最后能够"升堂入室"，成为某一领域的专门家；孔子具有正义感，反对苛政、暴政，对于盘剥老百姓的行为，孔子号召学生们勇于攻伐，"小子鸣鼓而攻之，可也！"孔子鼓励学生树立社会责任感和使命感，树立远大志向，努力做到学以致用。这些思想，并不因为时代的变迁、时间的久远而失其光芒，仍能给人以智慧的启迪。

一、不拘一格选人才

子曰："先进于礼乐①，野人②也；后进于礼乐③，君子④也。如用之，则吾从先进。"

注　释

① 先进：研究者说法很多。指先学习然后做官的人。

② 野人：指在野的人。

③ 后进：指先做官然后学习的人。

④ 君子：指卿、大夫等当权的贵族。他们享有世袭特权，先做官然后学习礼乐。

评　析

孔子主张任人唯贤，反对以出身为取士的标准。孔子说，先学习礼乐，然后做官的人，是平民家的子弟；反之，则是贵族家的子弟。假如由我选用人才，我一定是选择前者。孔子一贯反对以出身门第论英雄，孔子在《雍也篇》第六章中就说过，像冉雍这样的人才，为什么要计较他的出身呢？孔子主张打破门第界限，不拘一格选人用人，是进步的人才思想，对于后世影响很大。

二、莫回首，回首太伤情

子曰："从①我于陈、蔡者，皆不及门②也。"

注　释

① 从：跟随。

② 及门：指设学育人的地方。

评　析

孔子追忆往事，怀念学生，发出了情谊深长的叹息："从前跟随我在陈国、蔡国忍饥挨饿的人，如今都不在我的身边了！不在了啊！"据记载，孔子周游于陈国、蔡国之间，楚国派人前去迎聘。在孔子动身之际，陈、蔡大夫心怀猜忌，在郊外将孔子围起来，断粮七日。情况万分危急，生死考验就在孔子面前。孔子派子贡到楚国班救兵成功，方幸免于难。这件事，在孔子的人生历程中留下了深深的记忆，在晚年也难以磨灭，因此，经常回忆并感慨万分。

三、人才可以互补

德行：颜渊、闵子骞、冉伯牛、仲弓；言语①：宰我、子贡；政事：冉有、季路；文学②：子游、子夏。

注　释
① 言语：指外交辞令。
② 文学：指古代典籍。

评　析
自古人才难全，全才是极其少见的；人们常说的人才，也只是在某些方面突出一些而已。孔子将人才分为四种类别：在德行方面值得称道和学习的人有颜渊、闵子骞、冉伯牛、仲弓；擅长言辞的人有宰我、子贡；精通行政的人有冉有、季路；熟悉古代文献的人有子游、子夏。干事业，对于人才不能求全责备，而是要善于将具备不同特长的人才组织好、使用好、发展好、保护好。

四、要敢于发表自己的意见

子曰："回也，非助我者也，于吾言无所不说。"

评　析
孔子认为，对自己最有帮助的，恰恰是那些提出不同意见的人。别人提出不同的意见，可以使自己开阔思路，增长见闻，引起深思，受益无穷。同时，正确地对待别人的不同意见，也是不断提升修养的过程。颜回虽是贤人，但是，对于孔子的话，从不违背，孔子对此是持批评态度的。孔子在教学中主张双向交流，教学相长。在《八佾篇》第八章中，孔子表扬子夏，敢于提出自己的看法和见解，可以启发老师的思维，具备了与老师一起求学问道的品格和素质。孔子在《为政篇》第九章中就批评过颜回"不违，如愚"，这里又说，他对老师的话没有不喜欢的，从不提出任何疑问，实际上，这对老师的教学没有任何帮助。这番话是有见地的，充满了辩证法的睿智。

五、反对愚孝

子曰："孝哉！闵子骞！人不间于其父母昆弟之言①。"

注　释

① 人不间于其父母昆弟之言：间，读音同"见"，间隙，这里是批评的意思。昆，兄长。

评　析

孔子夸奖学生闵子骞孝顺。闵子骞的父母兄弟都称赞他孝顺，别人听了，也没有什么异议。闵子骞被后人列为鼎鼎有名的二十四孝之一。闵子骞的继母虐待他，但是，他以家庭团结的大局为重，并不计较，最终感化了继母，一家人温暖和睦。闵子骞行孝的特点是有原则，而且还很机敏，他并不是一味地愚孝。

六、嫁女要嫁聪明人

南容三复白圭①，孔子以其兄之子妻之。

注　释

① 三复白圭：三复，反复吟诵；白圭，白玉，诗句见《诗经·大雅·抑篇》："白圭之玷，尚可磨也；斯言之玷，不可为也。"

评　析

仅仅靠会背几句《诗经》，南容就得到了孔子的侄女。这似乎不可思议。

其实，这只是一个表象。南容重德操，以"白圭"诗句为座右铭，孔子特别欣赏他；而且，孔子又是一个主张言行一致的人。孔子细心地考察了南容的实际表现，觉得他的道德出众。南容的入世才能也是很突出的，孔子在《公冶长篇》第二章中评价南容说道："邦有道，不废；邦无道，免于刑戮。"可见，南容是一个德才兼备的人。

七、英才早逝其奈何

季康子问："弟子孰为好学？"孔子对曰："有颜回者好学，不幸短命死矣，今也则亡，未闻好学者也。"

评　析

在《雍也篇》第三章中，鲁哀公有此一问。除了称赞颜回好学外，还突出表扬了颜回"不迁怒，不贰过"的优点。这里说得要简略一点。孔子对于颜回的英年早逝，一直是十分痛惜的。

八、按规矩办事

颜渊死，颜路①请子之车以为之椁②。子曰："才不才，亦各言其子也。鲤③死，有棺而无椁。吾不可徒行以为之椁。以吾从大夫之后④，吾以不可徒行也。"

注　释

① 颜路：孔子的学生，颜回的父亲，字路，名无繇。

② 椁：读音同"果"，外棺。

③ 鲤：孔子的儿子，死时五十岁，孔子七十岁。

④ 从大夫之后：跟随在大夫行列的后面，意思是说自己曾经当过大夫。

评　析

颜渊死后，其父颜路请求孔子卖掉车子为儿子买一副外棺送葬。孔子维护礼制，没有满足颜渊父亲的要求。孔子说：暂且不要说才能大小差异吧，普天之下，没有父亲不疼爱儿子的。你爱你的儿子，想给他办一副外棺，我是可以理解的。可是，我的儿子死的时候，我也想给他买一副外棺，但是，同你一样，因为穷而买不起啊！我也没有卖掉车子。因为我曾经为官，不能以步代车了。其实，我也是将颜渊当作自己的儿子来看待的。孔子主张"思不越其位"，就是要求做人守本分。

九、天意难违

颜渊死。子曰："噫！天丧予！天丧予！"

评　析

孔子对于颜渊的早逝，极度痛心，所以无限伤感地说："啊！老天爷要了我的命哪！老天爷要了我的命哪！老天爷就这么忍心把颜渊带走了！"可见孔子对于颜渊所寄托的希望之高，也可见他们的师生情之浓。

十、悲恸是真情的流露

颜渊死，子哭之恸①。从者曰："子恸矣！"曰："有恸乎？非夫人②之为恸而谁为？"

注　释

① 恸：读音同"痛"，极度悲哀。

② 夫人：这个人。

评　析

颜渊死了，孔子哭得十分伤心。随从的弟子们说："您太悲伤了！"孔子说："真的太悲伤了吗？假如我不为这样的人悲伤，还为什么人悲伤呢？"孔子将颜渊引为自己的同道，所以发自内心地伤心。

十一、尊重死人的意愿

颜渊死，门人欲厚葬之。子曰："不可。"

门人厚葬之。子曰："回也视予犹^①父也，予不得视犹子也。非我也，夫二三子也。"

注　释

① 犹：好像。

评　析

颜回死后，他的同学们主张厚葬他。孔子知道后，就建议道：切莫这样。颜回是有德行的人，他不希望在自己死后得到厚葬。可是，同学们并没有按照孔子的意见办，还是厚葬了颜回。孔子知道后，很感叹："回呀！你生前待我如同父亲，我待你就像自己的儿子。这次厚葬你，不是我的主意，你不要责怪我。都是你的同学做的主啊！"孔子待人论事，十分坦然。

十二、立足于现实

季路问事鬼神。子曰："未能事人，焉能事鬼？"

曰："敢问事死。"曰："未知生，焉知死？"

评　析

孔子对于鬼神的态度是前面说到的"敬鬼神而远之"。孔子是一位现实主义者，他认为先弄清楚了做人的道理，才有资格来讨论鬼神的问题。在孔子看来，人道是现世的，是眼前的，而鬼神之道则是远期的，是将来的；人道重于鬼神之道。孔子与季路的对答，有讥评的意思：子路请教孔子，如何事奉鬼神。孔子说："连活人都侍奉不好的人，怎么有资格侍奉鬼神呢？"子路又问："我斗胆请问老师，死亡是怎么一回事？"孔子说："不知道生存是怎么一回事，哪里知道死亡的道理？"

十三、性格决定人生命运

闵子 ① 侍侧，訚訚 ② 如也；子路，行行如 ③ 也；冉有、子贡，侃侃如也。子乐。"若由 ④ 也，不得其死 ⑤ 然。"

注 释

① 闵子：闵子骞。

② 訚訚：读音同"银银"，和悦的样子。

③ 行行如：刚强的样子。行，读音同"航"。

④ 由：仲由，即子路。

⑤ 不得其死：不能善终的意思。

评 析

孔子以人的精神状态和物象来评论学生：孝子闵子骞，温和而恭敬的样子；子路，刚正不阿的样子；冉有、子贡，温和快乐的样子。孔子看在眼里，对他们满心欢喜。但是，他为子路的性格惋惜，认为像子路那样的个性，难以善终。孔子的话，很有预见性。后来，子路死于卫国之乱中。孔子不是相术家，而是透过人的精神表象、性格品德和一贯表现，来预测未来。

十四、不说则已，说则切中要害

鲁人为长府 ①。闵子骞曰："仍旧贯 ②，如之何？何必改作？"子曰："夫人 ③ 不言，言必有中。"

注 释

① 鲁人为长府：鲁人，鲁国的当权派；为，改建；长府，国库的名称。

② 仍旧贯：沿袭老样子。仍，因袭；贯，事。

③ 夫人：这个人。

评　析

孔子称赞学生闵子骞看问题准，说得尖锐，能够一矢中的。鲁国大夫改建名叫长府的国库。闵子骞评论说："何必要改建呢？还是适当地修缮好。"孔子说："闵子骞这个人平常不爱说话，但是，他要说，就一说一个准。"闵子骞崇尚节俭，这也很合乎孔子的心意。

十五、要将本事学到家

子曰："由之鼓瑟①奚为于丘之门②？"门人不敬子路。子曰："由也升堂③矣，未入于室④也。"

注　释

①瑟：读音同"涩"，古代的一种乐器。

②奚：为什么。为：弹奏。

③堂：大厅。

④室：内室。

评　析

孔子借助子路在门前弹奏瑟，与他开了一个玩笑：子路为什么要在门前弹瑟？不入门呢？同学们认为是老师在批评仲由学问没有入门，所以不再敬佩他。孔子解释说，仲由的学问已经入门了，只是欠火候，没有到家而已。这就是"升堂入室"这个典故的由来。生活中的孔子，其实是很幽默的，在幽默中喻理论事。

十六、以"适中"作为想问题、办事情的要诀

子贡问："师与商①也，孰贤？"子曰："师也过，商也不及。"

曰："然则师愈②与？"子曰："过犹不及③。"

注 释

① 师与商：子张与子夏。

② 愈：胜过，优于。

③ 过犹不及：做过了头与做得不够一样，都不合乎标准。过，超出；犹，像，如同；及，达到。

评 析

孔子重视中庸的思维方式与处事方法，认为过头了固然不好，达不到也不行。合乎仁道的标准，就是适中。孔子在回答子贡比较子张与子夏哪个更强一点的问题时，阐述了"过犹不及"的道理。

十七、要敢于抨击违背原则的行为

季氏富于周公①，而求也为之聚敛而附益之②。子曰："非吾徒也，小子鸣鼓而攻之③，可也。"

注 释

① 季氏富于周公：季氏，季孙氏，鲁国大夫；周公，周公旦。

② 求也为之聚敛而附益之：求，冉求，即子有；聚敛，通过盘剥而积聚钱财；附益：增加。

③ 小子鸣鼓而攻之：小子，老师对于学生的亲切称呼；攻，讨伐。

评 析

孔子主张轻徭薄赋，节省民力，反对不顾老百姓的死活而一味索取。鲁国的季孙氏已经十分富有了，可是仍不满足，还让孔子的学生子有去帮助他搜刮民脂民膏。孔子对此明确地表示过反对，可是子有并没有听从老师的话。于是，孔子就对学生们发出号召："子有再也不是我的学生了，学生们可以旗帜鲜明地讨伐他了！"孔子原则性强，有正义感，有号召力。以后，凡是违背原则的不义之行，都使用"鸣鼓而攻之"这个成语。

十八、人的性格不会十全十美

柴也愚①，参也鲁②，师也辟③，由也喭④。

注　释

① 柴也愚：柴，孔子的学生，姓高，名柴，字子羔；愚，笨。

② 参也鲁：参，曾参；鲁，迟钝。

③ 师也辟：师，子张；辟，偏激。

④ 由也喭：由，子路；喭，读音同"宴"，鲁莽。

评　析

孔子评论子羔、曾子、子张和子路他们四人的四种性格，其实就是孔子学生的四种人格特性：像子羔那样朴拙近于迟钝，像曾子那样执着近于鲁莽，像子张那样固执近于古怪，像子路那样直率近于冒失，这在儒生中都是存在的，各有利弊得失，很难说谁优谁劣。

十九、人与人，不相同

子曰："回也其庶①乎？屡空②。赐不受命，而货殖③焉，亿④则屡中⑤。"

注　释

① 庶：读音同"树"，差不多。

② 屡空：总是贫穷。屡，经常。

③ 货殖：用作动词，从事工商业。

④ 亿：同"臆"，意料，猜测。

⑤ 中：读音同"众"，命中，成功。

评　析

孔子感叹颜回与子贡命运的差异：颜回执着于仁道，毕生不悔，可是"穷斯滥矣"，孔子为此愤愤不平，命运对于颜回如此不公；子贡虽然赞同仁道，但不愿意去实践它，反而获益，他做生意总能把握行情，因此成为巨富。

二十、小聪明误人

子张问善人①之道。子曰："不践迹②，亦不入于室③。"

注　释

① 善人：本性善而未学习的人。

② 不践迹：不踩着前人的足迹走。迹：脚印。

③ 入于室：如前文"升堂入室"中的"入室"，是双关语"到了家"。

评　析

"善人"是资质纯厚的人，但他同孔子说的"仁人"毕竟有着本质的不同。仁人，是一切人都可以走的路，不论天资如何，只要笃信它，实践它，就可以达到仁的境界。但是，"善人"就不同了，因为他依赖天资，缺少后天的学习，所以，不可能将道德学问弄到家。在孔子看来，"仁道"就是一种人生的正道和法门，必须经过自身的洗练陶冶，才能达到；靠小聪明，自创一格，他是不可能接近仁道的。这就是孔子说的"求仁得仁"的意思。

二十一、透过现象看本质

子曰："论笃是与①，君子者乎？色庄者乎？"

注　释

① 论笃是与：见到言辞诚恳的人就赞许，笃，诚恳；与，赞许；是，这、这个；是与，"与是"的倒装句。

评　析

孔子强调识人知人的重要性，要善于透过现象看本质，要细心观察人的一贯表现，不要轻易做出决断性的评价：你知道他真的是君子呢？还是伪装成君子的？这两句话值得人们在与人相处时经常体会，并从中获得方法论的智慧。

二十二、教学如治病，对症下药

子路问："闻斯行诸①？"子曰："有父兄在，如之何其闻斯行之？"

冉有问："闻斯行诸？"子曰："闻斯行之。"

公西华曰："由也问闻斯行诸，子曰，'有父兄在'；求也问闻斯行诸，子曰，'闻斯行之'。赤也惑，敢问。"子曰："求也退，故进之；由也兼人②，故退之。"

注 释

① 斯：就。

② 兼人：好勇过人。

评 析

孔子的教育方法和特点是因材施教，不拘一格，针对性强。对于子路和冉有请教的"是否听到了就该行动起来"的问题，孔子有不同的回答：因为冉有胆小怕事、谨慎小心，所以孔子就鼓励他大胆些，勇敢些；子路好勇过人，遇事敢作敢当，所以孔子就用"父兄"来压压他，使他有所顾忌。公西华不懂得老师的良苦用心，认为老师说话矛盾，所以孔子剖白心迹，让学生明白自己因材施教的教学方法。

二十三、师生亲情永不改变

子畏于匡①，颜渊后。子曰："吾以女为死矣。"曰："子在，回何敢死②？"

注 释

① 畏于匡：指孔子从卫国到陈国的途中，经过匡地，被当地群众误认为阳虎，受到拘禁的事情。畏，拘押。

② 何敢：岂敢。

评　析

孔子在追悼颜回的时候说，他们师生之间的感情亲如父子。他们之间的这股真情，由于道义而结合在一起，纯真自然。且看他们遇险时流露的真情实感：孔子在匡地被人围攻，颜回后来才赶来同孔子相会。孔子惊喜交集地说："颜回呀，老师我还以为你遇难了呢！"颜回高兴地回答道："老师您老人家还健在，我怎么能先死呢！"

二十四、大臣与具臣有分别

季子然①问："仲由、冉求可谓大臣与？"子曰："吾以子为异之问，曾由与求之问。所谓大臣者，以道事君，不可则止②。今由与求也，可谓具③臣矣。"曰："然则从之者与？"子曰："弑父与君，亦不从也。"

注　释

① 季子然：鲁国季氏家族子弟。

② 止：离职。

③ 具：充数。

评　析

孔子借季子然提出的问题，论述了大臣与具臣这两个概念。自古以来，有君就有臣。臣子里边分为大臣、名臣、忠臣、能臣、贤臣和佞臣、奸臣。大臣是国家的栋梁，是管事的人，国家固然一日不可无君，但也一日不可无大臣。大臣既忠于君王，又能以大局为重，维护国家利益，并不是一味地顺从国君，所以，大臣能够以仁义来为国君和国家服务。如果此路不通，他们宁可辞官归隐，独善其身。他们所看重的是道义、责任和事业，并不只是个人的职权、地位和待遇。具臣是能人和干才，他们不一定当上大官，做大臣的事，但是，如果将他们放到合适的位置，一定能行，一定管用。虽然他们的地位不高，但是，他们有气节和责任心，对君王和国家同样尽心尽责，一丝不苟，决不做犯上作难、背叛道义的事情。孔子这里是在提醒季氏，即使仲由和冉求受到季氏的推荐，做了官，他们也会坚守原则，服从道义，而不会做任何违背仁道的事情。

二十五、揠苗助长是恶行

子路使子羔为费宰。子曰："贼^①夫^②人之子。"

子路曰："有民人焉，有社稷焉，何必读书，然后为学?"

子曰："是故恶夫佞者^③。"

注 释

① 贼：贻害。

② 夫：这个。

③ 恶夫佞者：憎恶那些惯于花言巧语的人。恶，读音同"误"。

评 析

孔子是个不怎么生气的人。看来，这一次，孔子真的气愤得很啊！孔子骂子路是狡辩的"佞者"，只差用"小人"来教训他了。为什么呢? 原来，子路提拔他的同学子羔做了县太爷。孔子认为子羔学业未成就急于做官，既误人，又害己。子路不赞成这个看法，强辩道："子羔做官的地方，有老百姓啊，有权力机关啊，他可以在实践中学，何必认为读书就是学习呢?"这句话刺痛了孔子。孔子认为，仁道是先从书本上学来的，然后才运用到生活中实践。子路将实践中的学习与书本学习混为一谈。因此，孔子骂他是在狡辩。

二十六、乾坤在我心中

子路、曾皙^①、冉有、公西华侍坐。

子曰："以吾一日长乎尔^②，毋吾以也。居^③则曰：'不吾知也!'如或知尔，则何以哉?"

子路率尔^④而对曰："千乘之国，摄^⑤乎大国之间，加之以师旅，因之以饥馑^⑥；由也为之，比^⑦及三年，可使有勇。且知方也。"

夫子哂之。

"求，尔何如?"

对曰："方^⑧六七十，如五六十，求也为之，比及三年，可使足民也。如

⑨ 其礼乐，以俟 ⑩ 君子。"

"赤，尔何如？"

对曰："非曰能之也，愿学焉。宗庙之事 ⑪，如会同 ⑫，端章甫 ⑬，愿为小相 ⑭ 焉。"

"点！尔何如？"

鼓瑟希 ⑮，铿 ⑯ 尔，舍瑟而作 ⑰，对曰："异乎三子者之撰 ⑱。"

子曰："何伤乎？亦各言其志也。"曰："莫春 ⑲ 者，春服 ⑳ 既成，冠者 ㉑ 五六人，童子六七人，浴乎沂 ㉒，风乎舞雩 ㉓，咏而归。"

夫子喟然 ㉔ 叹曰："吾与 ㉕ 点也！"

三子者出，曾皙后。曾皙曰："夫 ㉖ 三子者之言何如？"

子曰："亦各言其志也已矣。"

曰："夫子何哂 ㉗ 由也？"

曰："为国以礼，其言不让，是故哂之。"

"惟求则非邦也与 ㉘？"

"安见方六七十如五六十而非邦也者？"

"惟赤则非邦也与？"

"宗庙之事，如会同，非诸侯如之何？赤也为之 ㉙ 小，孰能为之大相？"

注　释

① 曾皙：姓曾，名点，曾参的父亲，孔子的学生。

② 尔：你们。

③ 居：平日，平时。

④ 率尔：轻率而急迫的样子。

⑤ 摄：夹。

⑥ 因之以饥馑：因，继续；饥馑，饥荒，馑，读音同"谨"，连蔬菜和野菜都吃不上。

⑦ 比：等到。

⑧ 方：方圆，表示面积的大小。

⑨ 如：或者。

⑩ 俟：等待。

⑪ 宗庙之事：指祭祀的事情。

⑫ 会同：诸侯会盟。

⑬ 端章甫：端，古代礼服的名称；章甫，古代礼帽的名称。

⑭ 相：傧相，诸侯祭祀或会盟时主持赞礼和司仪的官员。小相，相当于"士"。

⑮ 希：同"稀"，稀少。

⑯ 铿：弹瑟完毕时发出铿的一声高音。

⑰ 作：站起来。

⑱ 撰：表述。

⑲ 莫春：晚春。莫，同"暮"。

⑳ 春服：夹衣。

㉑ 冠者：成年人。古代男子二十岁举行冠礼，表示成年。

㉒ 浴乎沂：在沂水洗澡。乎，在；沂，水名，在今山东省曲阜市南。

㉓ 风乎舞雩：在舞雩迎风乘凉。风，用做动词，迎着风；舞雩，鲁国祭天求雨的地方，在今山东省曲阜市；雩，读音同"鱼"。

㉔ 喟然：深深地叹息的样子。喟，读音同"愧"。

㉕ 与：赞许。

㉖ 夫：这。

㉗ 哂：笑。

㉘ 惟：语气词，无实际意义；邦：国家；与：同"欤"。

㉙ 为之：为，动词，治理的意思；之，它，指国家。

评　析

这是一篇优美的散文。和悦的气氛和美好的意境，完美地结合在一起。

孔子的四个高才生——子路、曾皙、冉有、公西华侍立在孔子的身旁，对老师显得非常尊敬的样子。孔子说："你们不要因为我年长几岁，就认为我有什么了不起。其实，我和你们一样，潜心问道修德罢了。你们平日说，没有人能够发现你们。假如真的有一天你们的才学被认识，得到起用，那你们又将如何？请把你们的志向说给我听听！"孔子完全是一副宗师的模样，对学生的满意溢于言表。

　　子路是个急性子，说话又欠周全，有时冒冒失失。子路抢着回答说："假如有一个中等以上大的国家让我来统治，而这个国家又处在几个强国的包围之间，经过连年征战，经济困难，而且又逢天灾饥荒，我也只要三年的时间，就可以治理好：老百姓不仅有战斗力，而且知礼守法。"子路说得豪迈动听，颇有一股子英雄气概。但是，孔子以微微一笑表示否定。孔子认为子路还没有能力做到，话说得太大太满。

　　孔子接着要冉求说一说。冉求既实话实说，又带着几分谦虚，说道："假如将一个方圆只有六七十里的小国甚至是只有五六十里的小国交给我治理，三年以后，这里一定丰衣足食。至于如何用礼乐来教化百姓，只有等待君子了。"

　　孔子又让公西华谈谈自己的志向。公西华是一位能言善辩的人，他有自己的表达方式。他说："我并不认为我很有本事，不过，我愿意认真学习。至于国家大事，如诸侯会盟的时候，我穿着礼服，头戴礼帽，作为国君的助手努力工作。"

　　孔子同其他三位学生谈论的时候，曾皙却在一旁悠闲地鼓瑟。孔子听完三人的报告后，自然想听听曾皙的理想。曾皙慢慢地站起来，说道："老师您问我呀，可是，我与他们三人的想法不一样。"孔子说道："这有什么关系呢，只不过说说罢了，但说无妨。"于是，曾皙说道："在那暮春时节，穿上新制的春装，带着五六个成年人，六七个少年，在沂水中游泳，然后在舞雩迎风乘凉，晚了，就一路上唱着歌儿回家。那是多么自在啊！"曾皙看似不关心老师与同学的谈话，只是自己赏乐鼓瑟，其实，他在鼓瑟的同时，关注着他们的思想，已经准备好自己的应对。可见，曾皙的修养已经达到很高的层次。

　　孔子等曾皙说完，连忙赞许道："我就希望同他一样啊！"曾皙的一番话，说到了孔子的心坎上。

　　子路等三人先走了，曾皙留在后头。曾皙问道："他们三位同学的说法怎么样？"曾皙对于老师的称赞似乎是懂非懂。

　　孔子似乎不十分愿意再做评论，因为其他三人已经离开了。于是，孔子泛泛地说道："大家不过是自由地谈谈自己的理想罢了。"

　　但是，曾皙很有个性，他一定要讨个说法。又问道："那老师为何笑子路呢？"

　　孔子说道："子路不懂得礼让，出言不逊。治理国家恰恰需要礼让。所以我笑他。"

又问："冉求所说的算得上国家吗？"

孔子说："怎能说方圆六七十里或五六十里大的国家，就算不上一个国家呢？"

又问："公西华所说的也是治理国家吗？"

孔子说："协助国君执掌会盟诸侯的礼仪，难道不是国家大事吗？假如说公西华做的事太小，那么，有谁做的事才算得上是大事呢？"孔子年事已高，不可能再出来做官，所以，很想有一个轻松悠闲的晚年，像曾皙说的那样；但是，他还是关心治国安邦这样的大事的。孔子认为，治理国家的关键是知礼守礼，像子路那样失礼，孔子就笑他；像冉求那样重礼，孔子就肯定他。言谈之中，孔子轻松地表达了他自己的价值观和政治观，并以此来影响学生。

至于子路、冉有和公西华三人的才华志向，可以参看《公冶长篇》第八章。

颜渊篇第十二

导　读

《颜渊篇》历来被视为《论语》中最重要的篇章。一方面，它紧扣孔子思想的主题"仁道"，提出了关键性的命题：什么是仁？孔子说，克己复礼是仁；又说，己所不欲，勿施于人，在邦无怨，在家无怨是仁；还说，爱一切人就是仁。孔子的道德理想是为仁由己，求仁得仁，最后达到天下归仁。将这些话联系起来，并同孔子关于君子的论述结合起来理解，就大体上可以知道孔子所说的仁道是怎么一回事了。从"仁"出发，本章还比较集中地反映了孔子关于君子的论述，孔子对于君子有德才兼备的要求，如：君子不忧不惧；君子不患无兄弟；君子成人之美，不成人之恶；君子风行草偃；以及借曾子之口说出来的君子以文会友，以友辅仁；等等。因为论述君子，孔子还区别了君子与小人、贤达与闻人。孔子重视统治者的行政思想与行为，体现出他的民本思想。孔子由家庭伦理推演出一套社会政治伦理规范，君君，臣臣，父父，子子。这套政治伦理规范支配了两千多年中国传统政治思想，产生了极大的社会影响。孔子强调德治，重视政治家的道德魅力和人格力量，强调"居之不倦，行之以忠"，这是政治家必须遵循的道德规范；他认为，让老百姓服从的力量来自统治者自身，俗话说，打铁还得自身硬。孔子重视社会风尚的影响作用，认为社会风尚是上行下效的结果，统治者追求什么，就有什么样的社会风尚。

另一方面，围绕着孔子的话题，议论精辟，妙语连珠，除上面提到的外，还有：非礼勿视，非礼勿听，非礼勿言，非礼勿动；内省不疚；四海之内皆兄弟；驷不及舌（一言既出，驷马难追）；爱之欲其生，恶之欲其死，反复无常；政者，正也。子帅以正，孰敢不正；君子之德风，小人之德草，草上之风，必偃；质直好义，察言观色；自取其辱；等等，这些词语至今仍然活跃在我们的话语系统之中，是人们表达思想的必备语汇。

一、用礼来规范自己的言行

颜渊问仁。子曰："克己复礼为仁。一日克己①复礼，天下归②仁焉。为仁由己，而由人乎哉?"

颜渊曰："请问其目。"子曰："非礼勿视，非礼勿听，非礼勿言，非礼勿动。"

颜渊曰："回虽不敏③，请事④斯语矣。"

注　释

① 克己：战胜自身的私怨。克，战胜，超越。

② 归：赞许。

③ 不敏：不才、愚钝的意思，自谦之词。

④ 事：从事，实行。

评　析

颜渊向孔子请教"仁"是什么? 孔子认为，克己复礼，就是仁了。克己，就是要超越自我，战胜自我；复礼，就是保持自身的庄严诚敬，按照礼的要求来接物待人。一旦做到了克己复礼，天下人就会仰慕这种仁德。孔子又说，实践这种仁德，完全取决于自己，求仁得仁，不是别人能够包办代替得了的。孔子论述了仁的本相、功用和表象。颜渊进一步问道，如何实践仁呢? 孔子认为，不合乎礼的事情不要做，不合乎礼的话不要听，不合乎礼的话也不要说，不合乎礼的事情不要干。

仁是孔子思想的核心，礼是孔子思想的表现，离开了仁，礼就没有价值原则；离开礼，仁就是没有内容的空壳。仁指导人们生活、工作，礼规范人们的行为。举凡父子、夫妻、兄弟、长幼、贵贱等，都需要用礼来维持。也可以说，仁是精神的东西，礼是实践的东西。"克己复礼"这四个字，集中地精辟地概括了孔子思想的要义。

二、己所不欲，勿施于人

仲弓问仁。子曰："出门如见大宾，使民如承大祭。己所不欲，勿施于人。在邦①无怨，在家②无怨。"

仲弓曰："雍虽不敏，请事斯语矣。"

注 释

① 邦：邦国，诸侯国。

② 家：卿、大夫之家。

评 析

冉雍向孔子请教，什么是"仁"？孔子说道："行仁之道，在于谦敬。你在出门的时候，好像去迎接贵宾的样子；你役使老百姓的时候，好像在从事盛大祭典的样子。你自己不喜欢的，就不要强加于人。你在诸侯国干事，无人怨恨；你在卿大夫家做事，也无人怨恨。"孔子提出的待人接物基于谦敬和谨慎的三条要求，是从"仁者爱人"的角度来展开的，这与上一章"颜渊问仁"的解答是有区别的。

三、说到就要做到

司马牛问仁。子曰："仁者，其言也讱①。"

曰："其言也讱，斯谓之仁已乎？"子曰："为之难，言之得无讱乎？"

注 释

① 讱：读音同"忍"，难开口。

评 析

司马牛向孔子请教，"仁"是什么？孔子说道，仁就是难以表达。因为实行仁道十分困难，说起来就显得十分困难了。孔子的这番话，很有针对性。据记载，司马牛行为浮躁，而且喜欢夸夸其谈。所以，孔子强调，按照仁的要求，就是少说多做，尤其不能言过其行。孔子在《学而篇》中说："君子……敏于事而慎于言"；在《里仁篇》中又说："古者言之不出，耻躬之不逮也"；"君子欲讷于言，而敏于行"。这些都是一个意思。

四、君子不忧不惧

司马牛问君子。子曰："君子不忧不惧。"

曰："不忧不惧，斯谓之君子已乎？"子曰："内省不疚①，夫何忧何惧？"

注 释

① 省：反省，自我检查；疚：内心痛苦，愧疚。

评 析

司马牛请教孔子，怎样才算得上是一个君子？孔子说，君子不忧愁，不畏惧。事事都问心无愧，那么，还有什么值得忧愁和畏惧的呢？

孔子的这段话，同样具有很强的针对性。他把不忧不惧作为衡量君子的依据和标准：事事都按照礼的规范实行，身怀爱人之心，就可以问心无愧，无忧无虑了。孔子说的"不忧不惧"，是从人的内心深处讲的，"自己不做亏心事，夜半敲门心不慌"。它不是一般人挂在嘴上的不忧不惧。孔子在《述而篇》中说"君子坦荡荡"，在《子罕篇》中说"仁者不忧"，"勇者不惧"，都是围绕着"内省不疚"展开的。

五、四海之内皆兄弟

司马牛忧曰："人皆有兄弟，我独亡①。"子夏曰："商闻之矣：死生有命，富贵在天。君子敬而无失，与人恭而有礼。四海之内，皆兄弟也。君子何患乎无兄弟也？"

注 释

① 人皆有兄弟，我独亡：司马牛本有哥哥，叫桓魋。此人无恶不作，是个混

蛋。所以，司马牛说他自己没有哥哥。这里有褒贬取向。亡，读音与意思同"无"。

评　析

这里没有孔子的话，为何单独成章？大概子夏安慰司马牛的话，得到过孔子的认可，符合孔子的思想，所以也作为孔子的言论收入本书。

生死有命，富贵在天。这是一句影响深远的话。有生就有死，生死的发展有自己的规律。它表现为人们常说的"命"，即命运。各人的命运不同，受各自的生死规律支配。富贵相对于贫贱而言，获得富贵，其中有许多因素起作用，如偶然因素的作用，习惯上，人们称之为"天"，或者"运气"，即"天命"。

四海之内，皆兄弟也。这也是一句很有影响的话。博爱，是它的精神原则。人虽不同血亲，这是无可奈何的事情，但是，人们可以同普天之下的人结为兄弟，这完全在于自己的作为。如果他能够增强自身修养，谨慎小心，没有过失，能够以礼待人，虽然天下广大，其实到处都有自己的兄弟啊！这就是本章讲到的"君子敬而无失，与人恭而有礼"。

六、做一个知人善察的明白人

子张问明①。子曰："浸润之谮②，肤受之愬③，不行焉，可谓明也已矣。浸润之谮，肤受之愬，不行焉，可谓远也已矣。"

注　释

① 明：这里是指知人善察。

② 谮：读音同"怎"，中伤人的谗言。

③ 愬：读音同"素"，诬告。

评　析

子张请教孔子，如何做一个知人善察的明白人？孔子说，像流水浸润物件那样的流言，像身体感受到疼痛那样的诬告，在你的面前都无所作为，一个人就可以称得上是明白人了；而且，他还是一个有远见的聪明人。做一个领导者，首先要做一个明白人，要有识人善察的本事。这样，对于忠奸善恶，才能做到心中有数，不被坏人牵引，误入泥沼。在历史上和现实生活中，有很多"浑人"的悲惨事例，令人感叹不已！

七、民无信不立

子贡问政。子曰："足食，足兵①，民信之矣。"

子贡曰："必不得已而去②，于斯三者何先？"曰："去兵。"

子贡曰："必不得已而去，于斯二者何先？"曰："去食。自古皆有死，民无信不立。"

注　释

① 兵：武备。

② 去：舍弃。

评　析

在政治运行中，有三条基本的要素：老百姓的物质生活要相对安定，有衣穿，有饭吃，有房子住；有强大的国防；老百姓对官府有坚定的信心。对于政治家来说，谋政总会有轻重缓急，总会有先有后，迫不得已时，只能先抓一项。子贡向孔子请教如何治国，就是问的优先原则是哪一项。孔子注重民心凝聚、众志成城，即老百姓对朝廷的坚定信念。离开了老百姓对于政府的信任，任何高明的政治家都一定无所作为。"自古皆有死，民无信不立"，这是一句千古流传的政治哲言。

八、形式美和内容美都重要

棘子成①曰："君子质②而已矣，何以文③为？"子贡曰："惜乎，夫子④之说君子也！驷不及舌⑤。文犹质也，质犹文也。虎豹之鞟⑥犹犬羊之鞟也。"

注　释

① 棘子成：卫国大夫。

② 质：品质，质地。

③ 文：文采，做表面工夫的意思。

④ 夫子：指棘子成。古代对于有地位的人，都尊称为夫子。

⑤ 驷不及舌：即成语"一言既出，驷马难追"，驷，读音同"四"，四匹马拉一辆车子。

⑥ 鞹：读音同"阔"，去掉毛的兽皮，即皮革。

评 析

卫国的当权人物棘子成给"君子"下了一个定义：具有内在品质，不必具备外在的文采。子贡认为棘子成重质轻文的说法不妥。他说，就像虎豹的皮革和犬羊的皮革一样，去掉文采，就没有什么本质的差别了。因此，文采同本质一样重要。子贡是对孔子的文质理论进行发挥，辩驳棘子成的文重于质论。孔子在《雍也篇》第十六章中说："质胜文则野，文胜质则史。文质彬彬，然后君子。"孔子强调文质和谐论，重视文与质的有机结合，认为两者不可偏废，文质兼备才是一种人格美、形象美与和谐美。

九、国君与百姓，本是一根藤上的瓜

哀公问于有若①曰："年饥，用不足，如之何？"

有若对曰："盍彻②乎？"

曰："二，吾犹不足，如之何其彻也？"

对曰："百姓足，君孰与不足？百姓不足，君孰与足？"

注 释

① 有若：孔子的学生，姓有，名若。

② 盍：读音同"何"，何不。彻：周朝的田税制度，计亩均收，十取其一。

评 析

鲁哀公向有若请教开源之法，有若劝鲁哀公推行十分抽一的税法。鲁哀公觉得不能解决鲁国的财政困难，认为，"即使十分抽二尚嫌不足，何况是十分取一呢?"对此,有若说了一段很经典的话:"老百姓富足了,国君才会富足;如果老百姓不富足,那么,国君怎么能富足呢!"这就是说,老百姓是国家的命脉,国家的根本。有若是在运用孔子珍惜民力、反对横征暴敛的思想来规劝鲁哀公。后来,孟子将孔子的这一思想发展成"民为邦本"理论,在后世影响深远。

从本章的对话可以透视当时的历史,孔子和他的学生对于当时鲁国实行初税亩的做法是持反对意见的。

十、反复无常的人缺德

子张问崇德辨惑 ①。子曰:"主忠信,徙义 ②,崇德也。爱之欲其生,恶之欲其死。既欲其生,又欲其死,是惑也。'诚不以富,亦祇以异 ③。'"

注 释

① 崇德辨惑:崇德,提升道德层次;辨惑,明辨是非。

② 徙义:靠近仁道。

③ 诚不以富,亦祇以异:这是《诗经·小雅·我行其野》中的诗句。意思是说,我被你抛弃,你另寻新欢;你诚然不是嫌贫爱富,但起码也是喜新厌旧的缺德行为。这是一首爱情哀怨诗,放到这里令人费解,只能选取它的引伸意义。祇,同"只"。

评 析

孔子在回答子张如何提升道德层次的问题时,强调的仍然是"见贤思齐"的方法:亲近忠实可靠的人,不断地向仁道靠拢,他就可以改正自身缺点,不断提升道德层次。简单地说,做人就是要自知并知人,明确人生目标,向先进学习。孔子认为,一个人如果好恶无常,爱一个人恨不得使他长命百岁,一旦厌恶起来又恨不得他马上就死掉,这种人,就很糊涂啊!《诗经》上说:"爱恨如此反复无常的人,只能够让人家骂你缺德。"孔子很重视人的品德,将"忠信"与"见贤思齐"联系起来。在《学而篇》中,孔子说:"主忠信。无友不如己者。过,则勿惮改。"

十一、没有规矩，不成方圆

齐景公①问政于孔子。孔子对曰："君君，臣臣，父父，子子。"公曰："善哉！信②如君不君，臣不臣，父不父，子不子，虽有粟，吾得而食诸？"

注 释

① 齐景公：齐国国君，名杵臼，齐庄公的异母弟。

② 信：真的。

评 析

因为鲁国发生内乱，孔子从鲁国到齐国避难。齐景公时，政治不修，大臣陈氏阴谋不轨，而齐景公好色，并且不立太子，国内政局不稳。齐景公向孔子请教治国的道理，孔子就有针对性地说了一番"正名"的话：国君要有个国君的样子，臣子要有个做臣子的样子，父亲要有个做父亲的样子，儿子要有个做儿子的样子。这一番话，说到了齐景公的心坎儿上，齐景公非常赞同：说得好啊！真的假如国君没有个国君的样子，臣子没有个臣子的样子，父亲没有个父亲的样子，儿子没有个儿子的样子，纵然是粮满仓，我能吃到嘴里吗？遗憾的是，虽然经过孔子的点拨，齐景公明白了正名的道理和重要性，但他并没有这样做。不久，陈氏发动政变，自立，齐亡。

十二、不要违背诺言

子曰："片言可以折狱者①，其由②也与！"子路无宿诺③。

注 释

① 片言可以折狱者：片言，偏言，诉讼中一方的说法；折狱，断案；狱，案件。

② 由：即子路。

③ 宿诺：久拖不践的诺言。宿，久留。

评 析

本章是孔子对于子路的评论。孔子欣赏子路的侠肝义胆，敢于伸头，敢于负责，遇事能摆平。所以，孔子以欣赏的口吻说，能够做到说干就干的人，大概只有子路了。由于子路说话算数，所以，他绝不空许愿而不实行。

十三、希望老百姓没有官司

子曰："听讼①，吾犹人也。必也使无讼乎！"

注 释

① 听讼：审理诉讼案件。

评 析

孔子五十三岁时，在鲁国担任过一段时间的主管司法诉讼的官。这段话，可能就是孔子在任上讲的。孔子的政治思想就是通过德、礼的教化，使老百姓过上安定的生活，在《为政篇》中孔子说，统治者肩负的政治责任就是："导之以德，齐之以礼。"在这里，孔子讲自己断案的体会是：希望老百姓少打，甚至不打官司才好。不打官司，是因为老百姓没有纠纷，是因为社会和谐，百姓安定。孔子把讼狱作为评价社会是否安定和谐的指标，这是有意义的。

十四、干一行，爱一行

子张问政。子曰："居①之无倦，行之以忠。"

注 释

① 居：指身居官位。

评 析

孔子回答子张的问题：应该如何从政？孔子的答案是，遵守当官的职业道德：干这行，就要爱这行，勤政诚敬，没有一丝一毫的马虎；执行政令的时候，忠实可靠，保证政令畅通无阻。这八个字，听起来容易，做起来就不容易了，因此，在历代官场上，因"倦""忠"而衍生出千奇百怪的官场病。孔子用这八个字将政治的本质要求看破了。

十五、走正道的要诀

子曰："博学于文，约之以礼，亦可以弗畔矣夫！"

评 析

本章与《雍也篇》第二十七章重复。

十六、成人之美，不成人之恶

子曰："君子成人之美，不成人之恶。小人反是。"

评 析

孔子对比君子与小人在道德实践中截然相反的做法：君子极力促成别人的好事，而不去指使别人干坏事。小人缺德，就正好相反。孔子意在指责小人的行为，表彰君子的德行，鼓励人们干好事，见义勇为，而不去干坏事，更不要说指使人做坏事了。君子成人之美，不成人之恶。这是一句千古流传的劝善良言。

十七、从自己做起

季康子问政于孔子。孔子对曰："政者，正也。子帅①以正，孰敢不正？"

注 释

① 帅：带头。

评 析

俗话说："正人必先正己。"正，与邪相对。孔子将政治与端正等同起来，又说政治家首先要正己，做到以上率下，万事都起表率作用，就是要使政治伸张正义，循着正道走，促进社会正气上扬。孔子将政治的社会功能揭示得十分准确，概括得十分精练。"子帅以正，孰敢不正？"你带头做一个正直的人、正派的官，那么，还有谁敢走邪路歪道？这确实值得每一位从政者深思细品。

十八、当官的喜好本身就是提倡

季康子患盗，问于孔子。孔子对曰："苟① 子之不欲，虽赏之不窃②。"

注　释

① 苟：如果，即使。
② 窃：偷。

评　析

孔子站在老百姓的立场上批评季康子。季康子责怪强盗土匪太多，感到很担心，于是就找孔子谋良策。孔子却说："如果您不好奢贪多，恐怕您奖励偷窃，也没有人愿意当窃贼。"孔子揭示了社会多盗贼的社会根源：统治者贪财纵欲，盘剥百姓，实际上是在鼓励人们去偷盗行窃，以偷窃的形式来维护自己生存的地位和权力。社会多盗贼，正是统治者逼民为盗的结果。可见，社会风气形成的原因，要到社会经济生活中去寻找，要到统治阶层中去寻找。

十九、风行草偃

季康子问政于孔子曰："如杀无道，以就有道，何如？"孔子对曰："子为政，焉用杀？子欲善而民善矣。君子之德风，小人之德草，草上①之风，必偃②。"

注　释

① 上：加在它的上头。用作动词。
② 偃：扑倒。

评 析

孔子给季康子的一篇话，旨在说明政治家所承担的治国安邦的重大作用，统治者若以仁德教化百姓，老百姓就会甘心服从。成语"风行草偃"，就出自本章。

季康子请教孔子，是否可以通过以杀止杀的办法，将坏人都杀掉，使社会归于正道，达到天下大治？孔子用"风行草偃"予以否定：在孔子以前，著名思想家老子就说过非常有名的一句话，"民不畏死，奈何以死惧之？"人并不是绝对怕死的，用死来治天下，那是压不住人的，只有以仁德来化育百姓，才能治理好国家。政治家心怀一颗善心、慈心来行政，下面的风气就自然跟着变好了，向善了，这就是人们熟知的"上行下效"的道理。孔子打了一个著名的比方，官与民就像风与草的关系一样，如果一阵风吹过去，草就必然顺着风的方向倒下去；风势、风力越大，草就倒得越快，力量也越大。因此，聪明的政治家，总是善于造成一种风气，以风气引导老百姓。这是一种纯熟的领导艺术。这就是一句影响了世世代代的政治家的名言："君子之德风，小人之德草，草上之风，必偃。"

二十、做贤人，不做闻人

子张问："士何如斯可谓之达①矣？"子曰："何哉？尔所谓达者？"子张对曰："在邦必闻，在家必闻②。"子曰："是闻也，非达也。夫达也者，质直而好义，察言而观色，虑以下人③。在邦必达，在家必达。夫闻也者，色取仁而行违，居之不疑。在邦必闻，在家必闻。"

注 释

① 达：通达，见识高，不同流俗。

② 闻：出名，有声望。

③ 下人：甘居人下。下，用作动词，对人谦恭有礼。

评 析

子张问"达"，孔子论述了"闻人"与"贤达"之间的区别。子张请教老师，何谓通达？孔子说，子张你所谓的通达是什么意思呢？子张认为，读书人在诸侯国有一定的名声，在大夫的封地也有一定的名声，这就算通达了。孔子说，子张呀，你将闻人与贤达搞混了：首先，贤达他本质上是正直的，没有歪心思；第二，他慷慨好义，能够见义勇为；第三，他很有远见卓识，善于准确判断事物的发展方向；第四，他待人谦和，不居高临下，傲慢张狂。这样的人，才称得上是贤达。而子张你所说的只不过是闻人罢了。有名声，还得要看看名声后面的内容，往往有一些有名的人，善于伪善，心口不一，言行不一，貌似仁人而实际上并不是那么回事。这样的人，还厚颜无耻，坦然以仁人自居，一点也不亏心。这就像习惯了说谎的人那样，久说谎话，一点也不难为情了，这就是"色取仁而行远，居之不疑"啊。这种人，往往能够在国家骗得名声，在卿大夫家也骗得名声。孔子提倡做一个有学问、有道德、有正义感、乐于服务社会的贤达，反对做一个沽名钓誉、巧取名声、徒有虚名的伪君子。

今天我们所用的成语"察言观色"，出自本章，但意思有变化。在这里，察言观色是褒义词，如今我们用作贬义词。

二十一、理智帮助人克服弱点

樊迟从游于舞雩之下，曰："敢问崇德，修慝[①]，辨惑。"子曰："善哉问！先事后得，非崇德与？攻其恶，无攻人之恶，非修慝与？一朝之忿[②]，忘其身，以及其亲，非惑与？"

注　释

① 修慝：改恶从善。修，整治；慝，读音同"特"，邪恶。
② 忿：读音与意思同"愤"，愤怒，气愤难平。

评　析

孔子回答学生的提问，很有针对性。在第十章，孔子回答过子张的如何崇德辨惑的问题，着重讲"见贤思齐"的方法和戒除感情用事的弱点。在这里，孔子阐释老问题，连同如何改过自新的新问题，主要讨论了做人所必备的三条品德：一是要敢于先付出，然后才考虑有所得，即先义后利的道理，这也是孔子在前面《雍也篇》第二十二章里所说的"仁者先难而后获"；二是要有严于律己，宽以待人，进行自我反省的自觉性；三是要克服感情用事、心血来潮的冲动和鲁莽，理智处事，孔子认为发"一朝之忿"，即赌一时之气、抖一时之狠、泄一时之愤是很害己的。

二十二、亲贤人，远小人

樊迟问仁。子曰："爱人。"问知。子曰："知人。"

樊迟未达①。子曰："举直错诸枉，能使枉者直。"

樊迟退，见子夏曰："乡②也吾见于夫子而问知，子曰，'举直错诸枉，能使枉者直'，何谓也？"

子夏曰："富哉言乎！舜有天下，选于众，举皋陶③，不仁者远④矣。汤有天下，选于众，举伊尹⑤，不仁者远矣。"

注 释

① 达：弄明白。

② 乡：从前，这里是刚才的意思。

③ 皋陶：传说是舜的贤臣。

④ 远：用作动词，远离。

⑤ 伊尹：商汤时的宰相，曾辅佐商汤灭夏桀而有天下。

评 析

樊迟请教老师，你经常提到仁，那么，什么是仁呢？你经常强调智慧的重要，那么，什么是智慧啊？孔子回答得很干脆："仁，就是胸怀博大，爱所有的人；智，就是善于观察，了解所有的人。"樊迟一时没有弄明白，孔子就引用了他在前面《为政篇》第十九章里讲过的一句话："举直错诸枉，则民服；举枉错诸直，则民不服。"选用正直的人，罢黜邪恶的人，就能改造好邪恶的人，使他也变得正直起来。

琢磨来，琢磨去，樊迟还是没有弄明白，于是，他就去请教同学子夏。子夏一听，直称赞老师讲得精到，内容丰富，很能够启发人。子夏就用历史例证启发樊迟，说道："过去，舜得了天下，就在群众中挑选人才，最后，选用了皋陶，结果，那些坏人就逃得远远的；汤得了天下，就在众人中选出伊尹，结果，那些坏人也走得远远的。"孔子是针对樊迟来解答"仁"和"智"的，子夏也是顺着孔子的意思而举例讲解的：作为一个政治家，做人做事，就是要依靠那些正直的人，有品德的人，有才干的人，要在众人里比较、挑选、重用，自然就大事可成了。

在《雍也篇》第二十二章中，也有樊迟与孔子问仁、问智的问答，孔子所答与本章不同，大概樊迟所问的条件不同。

二十三、要尽朋友之责

子贡问友 ①。子曰："忠告而以善道 ② 之，否则止，毋自辱 ③ 焉。"

注 释

① 友：用作动词，交友。
② 道：读音与意思同"导"，开导。
③ 辱：用作动词，取辱。

评 析

子贡向孔子请教交友之道，孔子从交友的艺术高度给予回答：发现朋友的缺点，不指出来，是不对的；不进行规劝，给予忠告，并耐心开导，也是不对的。但是，凡事都有一个度，如果忠告、规劝都不管用，那就只好作罢，不要坚持自己的意见了，以免自取其辱。孔子坚信求仁得仁的道理，如果他自己不愿意改正的错误，那就只有自取其咎了；但是，作为朋友，你已经尽责了，于心可安。孔子在这里又灌注了中庸的思想方法，适可而止，不要强求，孔子觉得交一个朋友很难，不要因为分歧而反目成仇，朋友不成成冤家。有人说，孔子很滑头，还教学生也圆滑世故。这个看法不对，因为孔子有一个"毋自辱"的前提，可见，这里并不涉及原则问题。

二十四、取长补短，共同提高

曾子曰："君子以文会友，以友辅①仁。"

注 释

① 辅：帮助。

评 析

曾子的话，依然是关于交友之道的论述，回答了子贡的问题。文，说大些，可以指文化思想；说具体些，指文章。总之，朋友相交，要互相在学识上多多勉励，在思想上相互激荡，在方法上仔细切磋，围绕着有利于提高道德品质、素质修养，取长补短，共同提高。不要交无原则的朋友，如酒肉朋友、利益朋友等。

子路篇第十三

导　读

本章主要表达了孔子的为政思想。孔子重视当权者的榜样作用和人格魅力，认为当官就要起模范带头作用，以身作则，要老百姓做到的，自己应该首先做到，言传不如身教，"其身正，不令而行；其身不正，虽令不从"，这是至理名言。在工作中，要善于发现人才，使用人才，孔子说"知贤才而举之"，曹操后来说"唯才是举"，他们的思想一脉相承。孔子主张政治家要知识广博，但要学用结合，活学活用。孔子要求政治家具有崇高的社会责任感和使命感，精辟地论述了"一言兴邦""一言丧邦"的道理，千百年来，在历代政治家的心中，产生了强烈的震撼力。孔子尤其重视名正言顺的问题，一句"名不正，则言不顺；言不顺，则事不成；事不成，则礼乐不兴；礼乐不兴，则刑罚不中；刑罚不中，则民无所错手足"，在中国传统政治思想中产生了深远影响，个中道理，至今仍为人们所熟知。孔子强调政治家说出去的话就一定要算数，并起实际的作用，"言必信，行必果"。虽然历经几千年的时代变迁，但是，这句话依然有着强劲的折服力，被人们所普遍遵奉。

在讨论何谓士、如何成为士的问题中，孔子还同仁道、君子与小人等范畴联系起来，提出了一些很有思想的见解，至今仍然被视为名言佳句，广为流传。如，"行己有耻，使于四方，不辱君命""君子和而不同，小人同而不和""君子泰而不骄，小人骄而不泰"，等等。

当然，任何思想都有它产生的时代性，不可能句句是真理，永远是真理。否则，人类就不会前进了。譬如，孔子关于情与法的看法，关于"直在其中"的命题，在今天就是值得斟酌的；孔子有重视脑力劳动者而轻视体力劳动者的倾向，在今天也应予矫正。

一、勤政为民才能管理好国家

子路问政。子曰："先之①，劳之②。"请益③。曰："无倦④。"

注 释

① 先之：引导百姓。先，引导，诱导；之，指百姓。

② 劳之：役使百姓。劳，役使；之，指百姓。

③ 益：增加。这里是要求孔子多讲一点的意思。

④ 倦：懈怠。

评 析

子路请教孔子，如何才能管理好国家？孔子认为，政治家的责任重大，首先要引导好老百姓，然后才能统治他们。子路请孔子讲得明白一些，孔子说，治国要持之以恒，永不懈怠。永不懈怠，正是孔子对于统治者所希望的，并认为是统治者所必备的道德。在前面一篇，孔子说统治者要勤政，"居之无倦，行之以忠"。

二、留住人才

仲弓为季氏宰①，问政。子曰："先②有司③，赦小过，举贤才。"
曰："焉知贤才而举之？"子曰："举尔所知；尔所不知，人其舍④诸？"

注 释

① 宰：家臣，管家。

② 先：用作动词，示范。

③ 有司：官僚机构，这里指人，中小官吏。

④ 舍：放弃，扔掉。

评 析

仲弓做了季氏家的总管，他请教孔子，如何进行管理？孔子交代了三条：

一是要身先士卒，要下级做到的，自己要先做到，起到模范带头作用；二是敢于承担责任，原谅下属的一些小的失误，不要与下级斤斤计较；三是选拔人才，重用人才。仲弓为举贤而犯难，孔子就开导他：举贤之先，是要知人、识才；当然，也要重视你自己暂时还不了解的人才，因为你举贤，自然就有人向你推荐了。孔子认为，领导者重视人才，使用人才，就会有人才涌现，身边的各种人才就会层出不穷；否则，人才就会离你而去，人才流失就不能成事业。

三、名正言顺，万事可成

子路曰："卫君①待子而为政，子将奚②先？"

子曰："必也正名③乎！"

子路曰："有是哉，子之迂也！奚其正？"

子曰："野哉，由也！君子于其所不知，盖阙④如也。名不正，则言不顺；言不顺，则事不成；事不成，则礼乐不兴；礼乐不兴，则刑罚不中⑤；刑罚不中，则民无所错⑥手足。故君子名之必可言也，言之必可行也。君子于其言，无所苟⑦而已矣。"

注 释

① 卫君：指卫出公蒯辄。卫国父子争位，使君臣父子关系混乱。

② 奚：什么。

③ 正名：纠正名不副实的现象。

④ 阙：同"缺"，存疑。

⑤ 中：读音同"众"，得当。

⑥ 错：同"措"，安置。

⑦ 苟：随便，马虎。

评 析

这一段对白很有意思。因为子路批评孔子迂腐，书生气过重，而引出了孔子关于"正名"的议论。孔子应邀到卫国做官，子路关心地问道："老师呀，您到了卫国从政，首先解决什么问题呢？"孔子毫不含糊地说："一定要从正名做起！"孔子认为，卫国内乱后，父亲外逃，儿子继承君位，统序错乱，名分不正，必须予以纠正。子路规劝说："老师，您怎么这样迂腐啊！儿子夺得君位，已成事实，还正个啥名呢！"孔子并不接受，摆出了他的正名理论："仲由啊，你真是粗俗！作为君子，对于他所不明了的事，总是持保留的态度。你可想过？一位国君，怎么能够不计较名分？假如名分不正，那么，他说话就没有威信，就无人顺从了；他说出的话无人顺从，就办不成大事了；办不成大事，就不能复兴周代礼乐制度；没有礼乐制度，就不能准确地掌握刑罚标准；刑罚不当，老百姓就无所适从了。所以，君子对于他的名分一定能够说出一番道理来，他所说的话也一定要能够实行到底。可见，君子对于他自己说的话，并不是随随便便、信口开河呢！"

孔子为什么如此重视正名？并不仅仅是针对卫国的名不正、言不顺的情况，而是针对很多诸侯国的"失礼"行为讲的。孔子并不是如子路所批评的迂腐，而是一种为了实现复兴周礼这个理想的执着。孔子认为，名不正，体现着社会道德失范，社会秩序紊乱，社会环境失衡，这对于社会正常发展来说，真是很可怕的事情，因此，一定要予以矫正。而最有效的东西，就是复兴周代的礼乐制度。

四、风尚缘于朝廷

樊迟请学稼①。子曰："吾不如老农。"

请学为圃②。曰："吾不如老圃。"

樊迟出。子曰："小人哉，樊须③也！上好礼，则民莫敢不敬；上好义，则民莫敢不服；上好信，则民莫敢不用情。夫如是，则四方之民襁负④其子而至矣，焉用稼？"

注 释

① 稼：用作动词。种植谷物。

② 为圃：种菜。

③ 樊须：即樊迟。

④ 襁负：背着婴儿。襁，读音同"抢"，背小孩的宽带子；负，背着。

评 析

孔子批评樊迟，没有远大志向。孔子主张"学而优则仕"，他办学的目的，是为了培养读书人做官，推行他的思想、学说。樊迟既然要当农民、菜农，又追随孔子，在孔子看来，樊迟自然是投错了门。因此，孔子狠狠地批评樊迟"真没出息"："樊迟呀！如果统治者提倡礼仪，老百姓就不敢不恭敬处事；统治者如果公道正派，老百姓就不会不甘心服从；统治者说话算数，老百姓就一定会真心待他。如果真是这样，四面八方的老百姓就一定会扶老携幼来投奔他，有这么好的民心，有这么多的劳动力，哪里需要当官的去种地啊！"

孔子有很强的社会角色意识，认为读书人的前途就是做官，他所考虑的事情是如何提升修养，增长才干，如何治理国家？至于别的事情，自然有别的社会角色来考虑，如农民种田，菜农种菜，这是天经地义的事情。这反映了孔子劳心者统治人，劳力者被人统治的思想。

五、学以致用，空谈无益

子曰："诵《诗》① 三百，授之以政，不达② ；使于四方，不能专对③ ；虽多，亦奚以为④ ？"

注 释

①《诗》：指《诗经》。

② 达：通晓意思。

③ 专对：独立地进行交涉和应对。

④ 亦奚以为：那有什么用呢。以，用作动词，用；为，语气词。

评 析

孔子的教育思想，主张学以致用，不尚空谈。孔子在本章中说，《诗经》是一门很有用的学问，但是，仅仅只是会背诵，在外交中不会加以运用、发挥，不能增长应对的本领，那就违背了学习《诗经》的本意。因此，孔子强调学习知识的目的，在于运用知识。他在后文《季氏篇》第十三章中说，"不学

《诗》，无以言"，正如前后互释。

六、以身作则就是号召

子曰："其身正，不令而行；其身不正，虽令不从。"

评　析

孔子认为，统治者与其发号施令，倒不如以身作则。这样，他不用命令号召，老百姓就自然行动起来了。否则，即使你三令五申，强迫命令，老百姓也不会服从。孔子重视当权者本身的模范行动对于老百姓潜移默化的影响作用。在上一篇中，孔子就意味深长地说："正者，政也。子帅以正，孰敢不正？"由此看来，领导者的自身素质与人格力量在政治行为中，是极其重要的。领导者的权威并不在于职权本身，而在于领导者在老百姓心目中的认同程度。

七、向鲁国和卫国学习

子曰："鲁、卫之政，兄弟也。"

评　析

孔子除了在自己的出生地鲁国生活的时间比较长外，再就是卫国了。孔子对于鲁国和卫国的文化精神有深切的了解，因此，能够得出中肯的评价。孔子认为，鲁国与卫国的政治，就像兄弟那样相像。这既是肯定，又是赞美，也是感慨。鲁国与卫国的政治文化比较贴近周代的礼乐文化，而其他更多的诸侯国就谈不上了！他们同周代的礼乐文化是背道而驰的。

八、清廉节俭是美德

子谓卫公子荆①，"善居室②，始有，曰：'苟合③矣。'少有，曰：'苟完矣。'富有，曰：'苟美矣。'"

注　释

① 卫公子荆：卫献公的儿子，字南楚，当时任卫国大夫，被人称为君子。

② 善居室：会过日子，不奢侈浪费。

③ 苟合：差不多合乎大夫的身份。苟，差不多。

评　析

我们平常对于世家子弟的印象大多不好，用"纨绔子弟""败家子"来称呼。孔子却为我们树立了一个难得的正面典型，这就是在当时被人们称为君子的卫国公子荆。孔子肯定他的生活态度，褒奖他的价值观念，所以为我们说得绘声绘色：公子荆在有一点财产时，就说："差不多合乎大夫的身份了。"稍微积累一点，他就说："行了，差不多满足了。"富有一点时，他又会说："够了，差不多十全十美了！"公子荆不追求奢华的生活，不以贪婪示人，用清廉的生活讽刺了贪求的世风，孔子认为清廉节俭是一种美德。

九、富而教之

子适①卫，冉有仆②。子曰："庶③矣哉！"

冉有曰："既庶矣，又何加焉？"曰："富之。"

曰："既富矣，又何加焉？"曰："教之。"

注　释

① 适：到……地方去。

② 仆：驾马车。

③ 庶：人口稠密。

评　析

孔子初到卫国，对于那里人丁兴旺的景象很是钦佩，并赞叹不已。冉有问道："人丁兴旺后，政治家应该考虑什么问题呢？"孔子说："如何使老百姓富裕。"冉有又问："再然后呢？"孔子说："教育他们知礼守法。"孔子一贯主张统治者要施行仁道，实行仁政，因此，这里的庶之、富之和教之，正是孔子政治主张中的重要内容。对于政治家来说，使国家增加人口，使老百姓富裕起来，这只是最基本的职责，最根本的和最重要的是要用文化教育、引导老百姓，使他们知礼节、别荣辱、识善恶、辨义利、近忠孝、远狡狯，将国家建成礼义之邦。可见，对于一个国家发展来说，重视文化和教育，这实在是太重要了。

十、用我必成

子曰："苟有用我者，期月①而已可也，三年有成。"

注　释

① 期月：一年。期，读音同"鸡"。

评　析

据记载，孔子的感叹是在卫国讲的。卫灵公老了，不理政务，孔子没有得到重用，因此有这番叹息。孔子对于治国安民有自己成熟的见解，因此，他对于从政治国很有信心。如果有作为的舞台，孔子一年就可以推行自己的政治理想，三年大建成效。这里的三年，是指古代国君考绩大臣的时限，相当于如今的任期考核制度。

十一、戒残暴，免杀伐

子曰："'善人为邦①百年，亦可以胜残去杀②矣。'诚哉！是言也。"

注　释

① 为邦：治理国家。
② 胜残去杀：制止残暴，免除杀戮。

评　析

孔子阐述自己的政治见解，引用了别人说的话："善人治国，经历上百年的时间，便可以消除残暴，免除杀伐。"孔子对此表示赞同。孔子主张为政戒急，尚宽和。善人是什么意思呢？是介于孔子时代的国君与像尧舜那样圣君之间的君王。孔子反对战乱，强调国君要像"善人"那样治国，在经历一个较长的历史过程后，达到社会太平。

十二、治国理念决定管理水平

子曰："如有王者①，必世②而后仁。"

注 释

① 王者：称王的人。王，读音同"望"，用作动词，称王。

② 世：古代以三十年为一世。

评 析

孔子将治国的才能和水平分为三个层次：时君、善人和王者。时君是孔子时代的乱君，他们相信暴力，以暴易暴的结果是暴政因袭，社会陷入乱世；善人治国，慢慢积累仁德，历经上百年的时间，国家得到治理，人民安居乐业；圣君治国，由于他们推行仁政，因此只要三十年时间，就可以进入仁道的境界，达到天下大同。虽然都是君王，都在治国，但是，孔子认为，由于治国的理念不同，德才各异，因此仁者高于善者，善者高于时者。

十三、正人必先正己

子曰："苟正其身矣，于从政乎何有①？不能正其身，如正人何②？"

注 释

① 何有：有何的倒装句，有什么帮助的意思。

② 如正人何：如何正人的意思。如……何，是文言文的固定语法，对于……怎么样的意思。

评　析

孔子一再讲述"子帅以正，孰敢不正""其身正，不令而行；其身不正，虽令不从"的道理，强调"身正"是政治家必备的道德。在这里，孔子重申，自身端正，是端正别人的先决条件。孔子重视道德榜样在政治行为中的积极作用。

十四、国事家事有分别

冉子退朝①。子曰："何晏②也?"对曰："有政。"子曰："其事也。如有政，虽不吾以③，吾其与④闻之。"

注　释

① 冉子退朝：冉有从季孙氏家中的办公处回来。冉子，即冉有，时任季孙氏的家臣；朝，是指设在季孙氏家中的办公处。

② 晏：迟，晚。

③ 吾以："以吾"的倒装句，用我的意思。

④ 与：参与。

评　析

冉有任季孙氏家臣，所处理之事应为家事、私事，不应为国家大事。这是一条原则和界限，不能逾越。可是，由于季孙氏专权擅越，将国政放置在家中处理，和家臣商议，排斥大臣，使家国不分，朝廷名存实亡，这是僭越王权、架空国君的行为。孔子予以讥讽。孔子强调"名正言顺"，指责季孙氏不该在家中商议国是，处理国事。

十五、君臣各有难易

定公①问："一言而可以兴邦，有诸?"

孔子对曰："言不可以若是其几②也。人之言曰：'为君难，为臣不易。'如知为君之难也，不几乎③一言而兴邦乎?"

曰:"一言而丧邦,有诸?"

孔子对曰:"言不可以若是其几也。人之言曰:'予无乐乎为君,唯其言而莫予违也。'如其善而莫之违也,不亦善乎?如不善而莫之违也,不几乎一言而丧邦乎?"

注 释

① 定公:鲁国国君,名宋。

② 几:希望。

③ 几乎:接近,差不多。

评 析

鲁定公问话"一言可以兴邦,一言可以丧邦",虽然片面和绝对,但是,孔子却机智地回答了鲁定公的问题。孔子从"为君难,为臣不易"这个观点破题,认为,虽然不能简单地说"一言可以兴邦",但是,接近于这句道理的人和事,还是有的。对于臣子来说,如果知道国君的艰难而发奋努力地工作,这就接近于一句话可以使国家兴旺;对于国君来说,假如他认为做君王的唯一乐趣是没有人敢违抗自己命令的话,那么,对于他说错的话也没有人敢于违抗,这就接近于一句话可以使国家败亡了。孔子认为,做大臣也好,做国君也好,都应该有责任感和使命感,战战兢兢,如履薄冰,君臣一心,做到"博施于民,而能济众"(《雍也篇》第三十章)、"临事而惧,好谋而成"(《述而篇》第十一章)、"使民如承大祭"(《颜渊篇》第二章)。臣子不忠心耿耿,敬业使能,再贤明的君王也不可能有所作为;反之,君王专断,闭目塞听,那么,势必君骄臣谄,国家衰败。历览史事,孔子的话,说得十分准确。

十六、国力就是吸引力

叶公问政。子曰:"近者说①,远者来。"

注 释

① 说:通"悦",高兴。

评　析

在孔子的时代，诸侯国林立，有了人口，就有了国力，就可以争霸。因此，孔子认为，在激烈竞争的条件下，能够做到追随者高兴，不愿意离开，更不要说是背叛了；邻国的老百姓闻风而来，决心投效，那么，这个国家就一定成功了。

在现代，孔子的这句话被广泛地用于外交领域，表示一个国家要同近临修睦，友好相处，又要同相距遥远的国家积极交往，发展友谊的意思。还被用于人们的生活中，强调一个人的品德力量，使同事佩服，远者倾慕。

十七、克服短视行为

子夏为莒父①宰，问政。子曰："无欲速，无见小利。欲速，则不达；见小利，则大事不成。"

注　释

① 莒父：鲁国的城邑，在今山东省莒县境内。

评　析

孔子回答子夏的问题，极具谋政为政的辩证法：快与慢的关系，对于纷繁复杂的社会问题，不能急躁冒进；否则，求快反慢，这就是欲速则不达的道理；眼前利益与长远利益、小利益与根本利益的关系，顾及眼前利益，抓住小利益，往往看不到长远利益和根本利益，这是捡了芝麻丢了西瓜、一叶障目的短视行为。孔子说的"欲速则不达""见小利则大事不成"的思想观点，在现实生活中仍然很有活力，被经常使用。

十八、正直也受亲情的影响

叶公语孔子曰："吾党①有直躬者②，其父攘③羊，而子证④之。"孔子曰："吾党之直者异于是：父为子隐⑤，子为父隐。直在其中矣。"

注 释

① 党：家乡。

② 直躬者：正直的人。

③ 攘：盗窃。

④ 证：举证，告发。

⑤ 隐：隐瞒，包庇。

评 析

本章如何理解，历来有分歧。叶公与孔子探讨如何才是正直的问题。叶公着眼于法律层面，即使是父亲偷了别人的东西，如羊，做儿子的也应该不徇私情，予以告发，这就是正直；孔子的观点对于后世立法很有影响。汉代的法律规定，"子为父隐，父为子隐"不受法律追究。从社会正义和法律公正的角度看，这一观点是不能成立的。

十九、老实人到哪里都受欢迎

樊迟问仁。子曰："居处恭，执事敬，与人忠。虽之 ① 夷狄，不可弃也。"

注 释

① 之：到。

评 析

孔子每一次回答樊迟关于"什么是仁"的问题，答案都不同，每一次都有新的角度。这一次，孔子从居家生活、工作处事和交朋结友等三个方面讲述了仁的内涵：居家则态度恭敬，处事则严肃认真，交友则诚恳守义。这三条，是普遍的准则，即使到了蛮荒之地，也要遵循它，不能放弃它。如果说，在一些地方，孔子讲道德修养是"仁"的话，那么，孔子在这里主要是强调运用自己的良好修养，在处事结交上有一番作为。

二十、读书人也有品流

子贡问曰："何如斯可谓之士矣?"子曰："行己有耻，使于四方，不辱君命，可谓士矣。"

曰："敢问其次。"曰："宗族称孝焉，乡党称弟^① 焉。"

曰："敢问其次。"曰："言必信，行必果，硁硁然^② 小人哉! 抑^③ 亦可以为次矣。"

曰："今之从政者何如?"子曰："噫! 斗筲^④ 之人，何足算也?"

注 释

① 弟：读音与意思同"悌"。

② 硁硁然：浅薄固执的样子。硁，读音同"坑"。

③ 抑：可是。

④ 斗筲：器量小。斗，读音同"陡"，古代的计量工具；筲，读音同"烧"，竹器，用来盛东西。

评 析

子贡请教孔子，如何才算得上是合格的读书人，孔子列举了三种层次的人：以廉耻作为立身处世的准则，奉命出使外国，不辜负国君的重托，这是第一种；被宗族称赞孝顺父母，被乡党称赞尊敬兄长，这是第二种；至于说话守信，办事果断的人，虽然可以称得上是士，但是比较勉强。孔子对于当政者是不屑一顾的，认为他们都是一些车载斗量之辈，不值得一谈。子贡善言辞，孔子以出使的"士"鼓励他，将那些"行己有耻，使于四方，不辱君命"的人，列为一等一的士，可谓意味深长，希望深切。

二十一、还是中和好

子曰："不得中行^① 而与^② 之，必也狂狷^③ 乎! 狂者进取，狷者有所不为也。"

注　释

① 中行：行为中规中矩，不偏激，也无不足。

② 与：交往。

③ 狂狷：志向高远而未必能够实行，性情耿直而不随和流俗。狷，读音同"捐"。

评　析

孔子欣赏信守中庸之道的人，虽然狂者和狷者各有优点，讲原则，不像投机取巧者那样不择手段，但终归是太过与不足，还是不如中庸好。孔子讥讽时人，过犹不及者多，中庸平和者少，言外之意是仁人君子少，社会风气不正。孔子是迫不得已地生活在这个时代。

二十二、恒心与恒德相得益彰

子曰："南人 ① 有言曰：'人而无恒，不可以作巫医 ②。'善夫！"

"不恒其德，或承之羞 ③。"子曰："不占 ④ 而已矣。"

注　释

① 南人：南方人。

② 巫医：古代以巫术为人治病的人。

③ 不恒其德，或承之羞：语出《易经·恒卦·九三》中的爻辞。恒，持久。

④ 占：占卜。

评　析

孔子在学习上强调恒心，做人上主张恒德。在这里，孔子分别引述南方人的谚语和经典里的话，印证恒心与恒德的极端重要性。南方有句谚语："一个人如果没有恒心，就是连巫医他也做不了。"《易经》里说："一个人总是三心二意，反复无常，最后得到的一定是羞辱。"孔子认为这两句话说得很好，一个没有恒心恒志的人，已经没有希望了，还有什么占卜的必要呢！

二十三、既要善于合作，又要保持个性

子曰："君子和①而不同②，小人同而不和。"

注　释

① 和：调和。

② 同：相同。

评　析

孔子在这里指出君子与小人的差别在于处事上的不同：君子善于调和，但不是简单地雷同；和，是经过平衡利弊得失的结果，是解决矛盾的结果，如五味调和，是五种味道综合的产物，这就是和；小人相反，回避矛盾性，追求苟和，简单雷同，如以水兑水、以油掺油就是"同"。孔子主张对立双方的又斗争又调和，反对没有矛盾的同一性。

二十四、不要人云亦云

子贡问曰："乡人皆好①之，何如？"子曰："未可②也。"
"乡人皆恶③之，何如？"曰："未可也；不如乡人之善者好之，其不善者恶之。"

注　释

① 好：喜欢，读音同"浩"。

② 可：赞同。

③ 恶：读音同"雾"，讨厌。

评　析

孔子阐明了通过舆情判断一个人的标准：既不能以全乡人都赞同一个人为依据，也不能以全乡人都反对他作为根据，正确的方法和态度是，其中全部的好人都说他好，而坏人都怕他，这个人必定好。孔子对于好人与坏人的区分，很有辩证法，方法是很科学的。

二十五、对待部下既要严格要求，又要关心爱护

子曰："君子易事而难说 ① 也。说之不以道，不说也。及其使人也，器之 ②。小人难事而易说也。说之虽不以道，说也。及其使人也，求备焉。"

注　释

① 说：读音与意思同"悦"。

② 器之：依据人才特点而给予合理的使用。器，器重。

评　析

君子和小人各有评判人的标准，因而在人的使用上，就有截然不同的做法。在观察人的方法、评判人的标准与使用人的不同做法上，体现着君子同小人的本质差异。孔子认为：在君子的手下工作容易，但要讨他欢喜，这就不是一件容易的事了。如果不是通过正道去讨他喜欢，那么，他是不会喜欢上你的；等到他使用人的时候，他可以做到量才录用，公正待人。可是，在小人手下做事就不同了。在小人手下做事很难，但很容易讨他喜欢；即使不用正道，也很好讨他喜欢。但是，等到使用人的时候，他就是另一番景象了，求全责备，没有标准。孔子分析君子与小人在识人、用人上的差异，思想是很深刻的。

二十六、最重要的是心地祥和

子曰："君子泰 ① 而不骄 ②，小人骄而不泰。"

注　释

① 泰：心神安宁。

② 骄：傲慢无礼。

评　析

孔子认为，君子安详而不傲慢，小人则傲慢而不安分。在《述而篇》中，

孔子说过，"君子坦荡荡，小人长戚戚"。君子内心坦荡，心怀仁道，所以谦敬安详；小人心胸狭隘，常有非分之想，所以内心浮躁。理解本章，要同《述而篇》第三十七章联系起来读。

二十七、把握仁德的通道

子曰："刚①、毅②、木③、讷④近仁。"

注　释

① 刚：刚强。

② 毅：果决。

③ 木：朴质。

④ 讷：说话迟钝。

评　析

孔子指出一个人通向仁德的道路有四条：一是意志很刚强，为了正义能够赴汤蹈火，在所不辞，矢志追求，百折不挠；二是原则性强，在大是大非问题上，毫不犹豫，很果断；三是能够保持本色，有自持的功夫，不见异思迁，不随波逐流，孔子赞赏质朴的本色，在开篇第三章中，孔子说过，"巧言令色，鲜矣仁"；四是说话从容谨慎，不夸夸其谈，孔子在《颜渊篇》第三章中说过，"仁者，其言也讱"，可见孔子是很重视"讷"的。

二十八、友好相处胜黄金

子路问曰："何如斯可谓之士矣？"子曰："切切偲偲①，怡怡②如也，可谓士矣。朋友切切偲偲，兄弟怡怡如也。"

注　释

① 切切偲偲：互相进行诚恳而善意的批评。偲，读音同"司"，互相批评，互相帮助。

② 怡怡：和顺的样子。

评 析

在回答子贡问"士"的话题中，孔子将士分为三种类型。在这里，孔子着眼于朋友、兄弟伦理，提出了士的标准：朋友之间，能够互相提醒，甚至于互相批评，共同提高，这样的人，可以算得上是"士"了；兄弟之间，能够友好相处，互相帮助，互相勉励，这样的人，也可以称得上是"士"了。孔子主张"四海之内皆兄弟"，朋友概念，应该算在兄弟范畴之内。

二十九、盲目打仗就是让百姓送死

子曰："善人教民七年，亦可以即戎①矣。"

注 释

① 即戎：参军作战。

评 析

从《述而篇》第三章来看，孔子对于战争是小心谨慎的。所以，在国防上，孔子强调要有善人来筹划，不要盲目地进入战争状态；否则，这就是不负责任的态度，是随意地让老百姓白白地去送死。孔子也是在讥讽他所处时代的一些国君，由于不懂军事，而又穷兵黩武，以至于遍地冤魂。富国强兵的工作，一定要由善人来领导，这是孔子的一项政治主张。虽然善人并没有孔子本人的本事大，但能够做到"三年有成"，也总比昏君治国要强许多倍！

三十、爱民必先教民

子曰："以不教民战，是谓弃之①。"

注 释

① 弃之：使老百姓送死的意思。

评　析

　　时刻准备战斗与择时而动，是一对辩证法，孔子阐述了其中的智慧。养民教民，使老百姓士气高昂，这是极其重要的；但是，还是不要随意发动战争。战争总是要死人的，只有稳操胜算，才能最大限度地避免不必要的牺牲，这就是要使老百姓训练有素。不教民而战，就是轻举妄动，就是使老百姓送死。这与治国的正道是相违背的，因此，孔子坚决予以反对。在孔子的时代，战乱频仍，有多少没有经过正规训练的人被大量地投入到战斗中，白白地送命，真是可惜可悲可叹！孔子站在仁道的立场上，既是在哀叹那些冤魂野鬼，又是在挞伐那些好战而不好谋的昏君。

宪问篇第十四

导 读

《宪问篇》是《论语》中最长的一篇。因而其内容丰富，思想深刻。

孔子十分重视知识分子的社会责任和社会良心。他认为，学习是为了增进修养，影响别人；做官是为了救世济人，为社会尽责。因此，读书人要有羞耻感。一个人毕生疏于求学问道，终生没有追求，不能做出一点值得人们称道的事情，而且老而无德，这是很可耻的；在国家政治腐败、社会黑暗的时候去当官，领取俸禄，就是一件非常耻辱的事情。孔子主张一个有社会责任的人，要有勇气，知其不可而为之，即使不能成功，也要为社会尽一份责任。但是，孔子并不排斥生活与斗争的艺术和策略，在极端不利的情况下，不妨先退而后进，等待时机，积蓄力量，把正义的事业不断推向前进。因此，在品评人物时，孔子礼赞裨谌、世叔、子产、公叔文子、齐桓公、管仲和贤者七人等杰出人物，而讥刺臧武仲、晋文公、陈成子、鲁国三姓、公伯寮、原壤和阙党童子等各色人物。

孔子重视自身素养和技能的提高。因此，他认为，最担忧的不是人家不知道自己，而是自己没有努力；自己有了修养和能力，不仅有益于自身提高，而且有利于"安人"，进而"安百姓"，真正做到"修身，齐家，治国，平天下"，做出万世可称之功来。人们要提高修养，增长才干，最重要的是走正道，而不是依靠旁门左道。晋文公谲而不正、臧武仲要挟国君、陈成子弑君谋逆、鲁国三姓不出正义之师、公伯寮助桀为虐，以及原壤终生无为、老而无德和阙党童子欲求速成，等等，他们做人、求学、为官，都失之正途，教训深刻。

此外，孔子关于如何为君子，如何修德增益，如何成人并努力做一个仁者，都有深刻的论述。在通篇精辟的议论中，有些成语、典故至今仍然朗朗上口，被人常用常新，比如，危言危行、危言行孙（逊）、贫而无怨、富而无骄、见利思义、见危授命、义然后取、正而不谲、言之不怍、言过其行、以直报怨、以德报德、知其不可而为之，以及以杖叩胫、阙党童子等，都有非常深刻的思想内涵。

一、官德是官员的标识

宪① 问耻。子曰："邦有道，谷②；邦无道，谷耻也。"

"克③、伐④、怨、欲不行焉，可以为仁矣？"子曰："可以为难矣，仁则吾不知也。"

注 释

① 宪：孔子的学生，姓原，名宪，字子思。
② 谷：谷子，这里是指得到俸禄，用作动词。
③ 克：好胜。
④ 伐：夸耀。

评 析

孔子有感于时局，联系到知识分子的社会责任，认为有两件事对于正直的读书人来说，是很可耻的：一是在国家政治清明、社会安定祥和的时候，你却贪位恋栈而又尸位素餐，无所作为；一是在社会动乱、政治腐败的时候，你却不能挺身而出，匡乱扶正，救民于水火，扶大厦于将倾，自寻苟安。孔子对于官员的俸禄，别有一种意味：朝廷的俸禄，有德者才能享有，有为者才能身受；否则，它就不是俸禄，而是一种耻辱了。

原宪说的"克、伐、怨、欲不行"是不是可以说达到了仁呢？孔子是持否定意见的。在孔子看来，不争强好胜、不自我吹嘘、不心存私怨、不贪得无厌，只能说是明哲保身，有修养，但不能安世济民，终究没有作为，所以说，不能看成是达到了仁的境界。看来，仁就是德才兼备，能修己，能安人，后世有人据此认为，孔子的仁，就是主张内圣外王，这是有道理的。

二、不要记挂一己之私

子曰："士而怀居①，不足以为士矣。"

注　释

① 怀居：留恋舒适的生活。居，安居。

评　析

在上一篇中，孔子认为"使于四方，不辱君命"的人才称得上是"士"，在孔子的心目中，"士"一定是有理想、有抱负、有使命感和责任心的读书人，他们目光远大，心胸宽广，不满足于家室的安逸，心系百姓忧乐，时刻充满着忧患意识。后来范仲淹的名句"居庙堂之高，则忧其君；处江湖之远，则忧其民"；"先天下之忧而忧，后天下之乐而乐"，就是对孔子这个思想的正确发挥。

三、根据社会条件来给自己的作为定位

子曰："邦有道，危①言危行；邦无道，危行言孙②。"

注　释

① 危：正直。
② 孙：读音与意思同"逊"，顺的意思。

评　析

孔子的学说注重安身立命、处世为人的道理。在太平盛世如何做人？在乱世如何做人？孔子有自己的看法：在正常社会的状况下，做人要正言正行；在黑暗社会的状况下，做人要端正，说话要谨慎，随和处世。但是，不能简单地、孤立地理解"危行言孙"；否则，孔子认为就是十足的折中主义和调和主义了。其实，孔子只是讲在与原则不发生冲突的时候，做人要做到随和与谨慎，当随和与谨慎同原则撞击的时候，要维护原则，勇于杀身成仁、舍生取义。在原则面前，做人要大义凛然，如孔子在《颜渊篇》第十八章中所说的：

"苟子之不欲，虽赏之不窃。"可见孔子是强调做人原则的。

四、有勇还须有仁

子曰："有德者必有言，有言者不必有德。仁者必有勇，勇者不必有仁。"

评　析

孔子认为，立德与立言、仁与勇是有联系的，但又有区别。立德者一定能够立言，道德修养高的人，既能身教，又善于言传；反过来，立言者不一定有德，古往今来，道德修养差的人，凭借一点歪才沽名钓誉，立言千万，才德相违，如孔子在《颜渊篇》里指责的有些人"色仁而行违，居之不疑"，多不胜数。仁一定包含着勇，但勇不一定体现了仁。人有了仁德，就会勇往直前，"无忧无惧"；但是，人只有勇力，可能会乱来，以勇伤仁，那些犯上作乱者难道无勇吗？他们缺少的却是仁德。孔子的这段论述，告诉人们识人别察的道理和方法，使人们能够在生活中辨别真伪，透过现象看本质，不要被表象所迷惑。

五、道德的力量最伟大，也最长久

南宫适①问于孔子曰："羿②善射，奡③荡舟④，俱不得其死然。禹、稷⑤躬稼而有天下。"夫子不答。

南宫适出，子曰："君子哉若人⑥！尚德哉若人！"

注　释

① 南宫适：孔子的学生，复姓南宫，名适，读音同"括"，字子容。

② 羿：读音同"亦"，夏代时有穷国的国君，擅长射箭，曾经夺得夏代太康的君位，后来被臣子寒浞杀死。

③ 奡：读音同"傲"，传说是上古夏代寒浞（读音同"捉"）的儿子，有勇力，能够在陆地行舟，后来被夏后少康杀掉。

④ 荡舟：在水上用战船作战，摇动、冲击的意思。

⑤ 稷：读音同"计"，传说是周代祖先，教人种植庄稼，被后人尊为谷神。

⑥ 若人：这个人。

评 析

南宫适向孔子请教，说："夏代时羿擅长射箭，奡善于在陆地行舟，他们都是有勇力的人，可是又都没有得到好死。大禹和后稷言传身教，号召人们种植庄稼，最后拥有天下。这是什么道理呢？"南宫适请问个中道理，其实，道理已经被他的提问所包含，答案显而易见，所以孔子没有回答。孔子觉得南宫适已经明白了其中的奥秘，再说已是重复和多余。但是，南宫适离开后，孔子对于他的思想和品德赞叹不已："这个人真是个君子啊！这个人如此崇尚道德的力量啊！"可见，孔子心中的答案与南宫适的见解是完全一致的。看来，以武力征服天下，还是以道德征服人心，其结果迥然不同。然而，信奉武力的人，总是寄希望于武力的力量；尊奉道德的人，总是发挥道德的作用，自古如此，古今皆然。

六、是什么样的人就具备什么样的品德

子曰："君子而不仁者有矣夫，未有小人而仁者也。"

评 析

如有的专家所指出的，本章孔子所说的君子，很难理解。因为它与全书所使用的君子概念的意思不同。大概可以用"好人"与"坏人"来对应本章的君子与小人。孔子从来不轻易将"仁德"许人，认为即使像令尹子文那样忠诚、像陈文子那样清廉，都只称得上是"善人""好人"，还谈不上是"仁德"。因此，孔子说，好人之中固然有称不上仁德的，但是，坏人是决不会具备仁德的。

七、溺爱是害，严教成材

子曰："爱之，能勿劳①乎？忠焉，能勿诲乎？"

注　释

① 劳：用作动词，使……辛劳。

评　析

孔子反对溺爱和伪忠，所以有这段论述。孔子说，疼爱你的儿子，难道不应该教育他勤劳吗？忠于你的国君，难道不应该时时进谏良言吗？在现实生活中，往往有因爱生害的例子，俗语说得好：溺爱是害，严训成才。在政治生活中，常常有大奸似忠的例子，有的臣子对于国君百依百顺，似乎非常忠于国君，一旦骗得国君信任后，就暗中倒行逆施，谋求个人私利，全然没有国君和国家的概念。显然，孔子的话在他所处的时代，有很强的现实针对性。

八、军国大计一定要委托贤臣

子曰："为命①，裨谌②草创③之，世叔④讨论⑤之，行人子羽⑥修饰⑦之，东里子产⑧润色⑨之。"

注　释

① 为命：起草国家的政令法规。命，国家的文件。

② 裨谌：读音同"闭臣"，郑国的大夫。

③ 草创：这里是起草的意思。

④ 世叔：郑国的大夫子太叔，名游吉。

⑤ 讨论：自己独立研究后，提出己见。

⑥ 行人子羽：外交官公孙挥。行人，古代的外交官官名；子羽，郑国大夫公孙挥的字。

⑦ 修饰：修改完善。

⑧ 东里子产：东里这个地方的人子产。东里，古代郑国的地名，在今郑州市，是郑国大夫子产的居所。

⑨ 润色：增加文章的气势和色彩。

评　析

　　孔子很重视国家政策法规文件的起草。郑国是春秋时代的小国，处于强国晋国和楚国之间。郑国的几位贤臣在起草文诰时尚且如此慎重，严谨，对于一般人来说，就更值得深思了。孔子是借郑国的事例来教育启发学生，在从政中起草文件时，下笔要留神，要当心，文件事关国家兴衰，不可草率行事。

九、当官就要为老百姓谋利益

　　或问子产。子曰："惠人也。"

　　问子西①。曰："彼哉！彼哉②！"

　　问管仲。曰："人也。夺伯氏③骈邑④三百，饭疏食，没齿⑤无怨言。"

注　释

　　① 子西：楚国令尹公子申，字子西。

　　② 彼哉，彼哉：他呀，他呀。当时的常用语，表示鄙视。

　　③ 伯氏：齐国的大夫，名偃。

　　④ 骈邑：齐国的地名。

　　⑤ 没齿：死。

评　析

　　曾经有人请孔子评价当时郑国的子产，楚国的子西和齐国的管仲，孔子便褒贬四溢，毫不隐晦。孔子认为，子产是一位给老百姓谋利益的人，能够使老百姓得到实惠，所以肯定他；子西辅政，政绩平平，况且不善于知人识人，以致贻误国家，连身家性命也不能自保，孔子对他不屑于顾；管仲是一位仁者，建立了震古烁今的尊王攘夷事业，孔子认为管仲执法行政值得称道。孔子通过对于当时政治风云人物的评价，体现了他自己的是非观、价值观和好恶观。

十、富而后民安

　　子曰："贫而无怨，难；富而无骄，易。"

评　析

本文的贫与富相对而言，它们都不仅仅只是限定于物质方面，还应该涵盖精神层面。孔子认为，人们在贫穷时没有牢骚，甚至做到不铤而走险，那是不可能的；反过来，人们富足以后，还可能安逸地生活。孔子主张富民政策，在孔子看来，只有富民，老百姓的生活才能安定，国家才能安泰；反之，社会动荡难免，国家就会陷于动乱之中。在精神领域，富民而后教之，使老百姓知礼守法，有利于国家的长治久安。

十一、知人善任，不要感情用事

子曰："孟公绰① 为赵、魏老② 则优③，不可以为滕、薛④ 大夫。"

注　释

① 孟公绰：鲁国大夫。

② 老：大夫的家臣。

③ 优：胜任。

④ 滕、薛：鲁国附近的小国。滕，在今山东省滕州；薛，在今山东省滕州西南。

评　析

孔子以知人论世著称于世。孔子评论孟公绰适合在哪个岗位作为，是基于对孟公绰的了解。据史载，孟公绰为人清廉寡欲，安贫乐道，知足常乐，素有德名，但才不足。赵国和魏国是当时的大国，所以，养了大量的家臣。如果孟公绰在赵魏为家臣，人多事少，日子好打发。所以，孔子说孟公绰在赵魏为家臣可以胜任。滕、薛是小国，大夫位高权重，而国小政繁，因此，家臣的担子很重，孟公绰就难以胜任了。

十二、完人难寻，见利思义、临危授命、一诺千金的人也宝贵

子路问成人①。子曰："若臧武仲② 之知，公绰之不欲，卞庄子③ 之勇，

冉求之艺，文④之以礼乐，亦可以为成人矣。"曰："今之成人者何必然？见利思义，见危授命，久要⑤不忘平生之言，亦可以为成人矣。"

注 释

① 成人：完美无缺的人。

② 臧武仲：鲁国大夫臧孙纥（读音同"河"）。他在齐国时，齐庄公为他封地，被拒绝，因为他预料齐庄公政权不稳。后来，齐庄公被杀，臧孙纥没有受到牵连。人们称臧孙纥多智。

③ 卞庄子：鲁国大夫，封地在卞邑，以勇力著称。

④ 文：文饰，修饰。

⑤ 要：读音与意思同"约"，约定，诺言。

评 析

文中的"成人"，就是全知全能的人，完人，具备全才。子路向孔子请教完人应该具备哪些条件？孔子讲述了理想中的完人与现实中的完人。孔子理想中的完人，是像臧武仲那样多智，像孟公绰那样清廉，像卞庄子那样勇决，像冉求那样多艺的人，同时，他还知礼善乐，以礼乐来不断净化自己。但是，孔子觉得理想中的完人是很难有的；大概人们可以朝着现实中的完人目标努力：在利益面前不丧失原则，在危难面前勇挑重担，遵守自己许下的诺言，这样的人，也就可以称得上是完人了。简单地说，孔子理想中的完人，是集中智慧、人品、胆识、才艺和礼乐于一身的人，但要做到实在是太难了，在现实生活中也实在难得一见！因此，孔子又说现实生活中的完人是集见利思义、见危授命、一诺千金于一身的人。其实，成为现实生活中的完人也是很难的，也是了不得的人，着实堪称伟大！

十三、不要急于下结论

子问公叔文子①于公明贾②曰："信乎，夫子③不言，不笑，不取乎？"

公明贾对曰："以④告者过也。夫子时然后言，人不厌其言；乐然后笑人不厌其笑；义然后取，人不厌其取。"

子曰："其然，岂其然乎?"

注　释

① 公叔文子：卫国大夫，名拔，卫献公孙。

② 公明贾：复姓公明，名贾，读音同"假"，卫国人。

③ 夫子：指公叔文子。

④ 以：这的意思。

评　析

卫国大夫公叔文子有贤德，人们很敬爱他，所以，当时就传言他"不言，不笑，不取"，很有名望。孔子尊贤敬贤，于是，就向了解公叔文子的公明贾打听情况。孔子问道："果真是这样吗? 公叔文子不言，不笑，不取吗?"公明贾并没有提供具体的例证，只是解释道："说这话的人弄错了。他老人家只是恰到好处而已，该说话时才说话，别人不讨厌他；高兴的时候才笑，别人不讨厌他；该收的礼物才要，别人不嫌他贪。"孔子依然存疑，说道："是这样吗? 难道只是这样吗?"孔子不信道听途说，一定要具体了解，即使暂时没有弄清楚，他也不急于下结论，而是再存疑，留待日后解决。孔子听到的是"三不"，已经很抽象了，他找公明贾了解，公明贾也只是泛泛解释，没有具体地讲述公叔文子的德行。因此，孔子到底还是将信将疑。孔子存疑的态度和精神是可取的。

十四、要挟不可取

子曰："臧武仲以防 ① 求为后于鲁，虽曰不要 ② 君，吾不信也。"

注　释

① 防：地名，在今山东省费县东北，臧武仲的封邑。

② 要：读音同"腰"，要挟。

评　析

据史载，鲁襄公二十三年，臧武仲被鲁国孟孙氏挑拨，受到季孙氏的攻伐，出逃邾国。后来回到自己的封邑防，要求鲁国国君在防邑为臧氏立后。他的要求得到满足，出走齐国，避免了战争进一步扩大，受到人们的同情。但是，孔子认为，臧武仲的行为是借势向鲁君要挟，违背了正名与尊君的道德要求，应予谴责，不值得同情。孔子坚守原则，爱憎分明。

十五、人的经历决定他的做派

子曰："晋文公①谲②而不正，齐桓公③正而不谲。"

注 释

① 晋文公：姓姬，名重耳，晋国国君，春秋五霸之一，继齐桓公之后称霸。晋文公曾召周天子使诸侯朝拜他，挟天子以令诸侯，所以孔子说晋文公"谲"。

② 谲：读音同"决"，玩弄权术。

③ 齐桓公：姓姜，名小白，齐国国君，春秋首霸。齐桓公以周天子的名义讨伐楚国，指责楚昭王不贡周室，不尊周天子，所以孔子说齐桓公"正"。

评 析

齐桓公与晋文公都是春秋时期叱咤风云的历史人物，也都是建立霸业的豪杰。但是，即便是如此，孔子认为，他们的道德品质还是有所分别的：晋文公使用的称霸手段诡诈而不正派，齐桓公使用的称霸手段正派而不诡诈。其实，不能够脱离具体的历史环境来谈论人的道德品质，人们所处的成长条件、环境不同，个人的经历不同，都会影响各自的品性与作为。比如，晋文公的成长经历要艰难复杂一些，在国外流亡十九年，遍尝艰辛；齐桓公的成长则要相对顺利一些。

十六、大仁大德才是真道德

子路曰："桓公杀公子纠①，召忽②死之，管仲不死。"曰："未仁乎？"子曰："桓公九合诸侯③，不以兵车④，管仲之力也。如⑤其仁，如其仁。"

注 释

① 纠：齐国公子，齐桓公小白是他的弟弟，在争夺王位中被杀。

② 召忽：齐国公子纠的家臣，曾同管仲一道辅助公子纠与公子小白争夺君位继承权。纠被射杀后，召忽自杀尽忠。管仲不死，归顺了小白，后来担任宰相，辅佐齐桓公成就霸业。

③ 九合诸侯：齐桓公称霸天下，十一次召集诸侯会盟。这里的"九"，是概数，多的意思。

④ 兵车：战车。车，读音同"居"。

⑤ 如：这的意思。

评 析

子路从当忠臣的道德出发评价管仲不殉君难，但是，孔子却不这么看。召忽为公子纠殉节，是尽忠了，但这只是为个人尽忠，这是小忠；管仲不死，违背了小忠，但是，他辅佐齐桓公九合诸侯，一匡天下，建立了不朽功勋，是为齐国、周朝和全天下人尽了大忠，这是大仁大德。孔子不是教条主义者，而是一位历史主义者，他将道德与事业、道德与社会进步联系起来考评人物，使他的仁学说更有内容的宽度、历史的深度和思想的厚度。

十七、评价人物要看本质和主流

子贡曰："管仲非仁者与？桓公杀公子纠，不能死，又相①之。"子曰："管仲相桓公，霸诸侯，一匡天下，民到于今受其赐。微②管仲，吾其被发左衽③矣。岂若匹夫匹妇之为谅④也，自经⑤于沟渎⑥而莫之知也？"

注 释

① 相：辅佐。

② 微：除非，要不是。

③ 被发左衽：像周边蛮族那样穿作打扮。被，读音与意思同"披"；左衽，衣襟向左边开，衽，读音同"任"。

④ 谅：诚信。

⑤ 自经：自缢。

⑥ 沟渎：田间灌溉渠。渎，读音同"读"，小沟渠。

评 析

子贡与子路是一样的意见，用小忠小节来衡量管仲，认为管仲算不上仁人。但是，孔子则认为，不能够用普通人的小信小节来看管仲。管仲确实没有像召忽那样为公子纠殉难，反而辅佐原来主子的仇敌，初看起来似乎不仁。但是，管仲不死，后来辅佐齐桓公称霸天下，特别是造福当时百姓，泽及后世，这是大仁大德。孔子反对尽愚忠，主张行道天下，泽惠后人。这是有道理的。

十八、举贤荐能是美德

公叔文子之臣大夫僎①与文子同升诸公②。子闻之，曰："可以为'文'矣。"

注 释

① 家大夫僎：家大夫，家臣；僎，读音同"寻"，人名，由于公叔文子的推荐，由家臣升为卫国的大夫。

② 升诸公：晋升到大夫的行列。诸，于。

评 析

孔子注重选能，不重出身，在前面关于冉雍的论述中，他有精辟的见解。公叔文子能够大力举贤，孔子非常敬重他，并由衷地赞美他，认为他的谥号准确得很，能够充分地体现他的道德风范。孔子重才、爱才的思想表现得很强烈，而且是一以贯之，因此，公叔文子的荐贤举动很能引起孔子思想的共鸣。

十九、没有人才别想立国

子曰："卫灵公①之无道也。"康子②曰："夫如是，奚而③不丧?"孔子曰："仲叔圉④治宾客，祝鮀治宗庙，王孙贾治军旅。夫如是，奚其丧?"

注　释

① 卫灵公：卫国的国君。

② 康子：季康子，鲁国大夫。

③ 奚而：为何，为什么。后文的"奚其"也是这个意思。

④ 仲叔圉：即孔文子，他与祝鮀（读音同"驼"）、王孙贾一样，都是卫国大夫。圉，读音同"雨"。

评　析

孔子在卫国生活了很长一段时间，对于卫国的情况了如指掌。孔子谈到了卫灵公种种荒唐的事情，季康子对于卫国能够存在感到诧异。孔子认为，卫国的国君固然荒淫无道，但是，他却善于任用人才，内政、外交和军事都是使用的一流人才，所以卫国不会败亡。孔子论述了人才的极端重要性，他关切到国家的兴衰存亡。

二十、别指望吹牛不脸红的人兑现诺言

子曰："其言之不怍①，则其为之难也。"

注　释

① 怍：读音同"坐"，惭愧。

评　析

孔子讲羞耻感对于做人来说，是十分重要的，如果没有耻心，就会大言不惭了。孔子说，一个吹牛不脸红的人，就别指望他兑现诺言了。孔子观察人，重行不重言。对于仁者来说，处世是小心谨慎的，不会夸夸其谈。

二十一、职责重于泰山

陈成子①弑简公②。孔子沐浴③而朝，告于哀公曰："陈恒弑其君，请讨之。"公曰："告夫二三子④。"

孔子曰："以吾从大夫之后，不敢不告也。君曰'告夫二三子'者！"之⑤二三子告，不可。孔子曰："以吾从大夫之后，不敢不告。"

注　释

① 陈成子：齐国的大夫，名恒。

② 简公：齐简公，姓姜，名壬，齐国的国君。

③ 沐浴：本意是洗头洗澡，这里是斋戒的意思。

④ 三子：鲁国权贵孟孙氏、叔孙氏和季孙氏。

⑤ 之：往，到。

评　析

看了这段对白，可能会觉得孔子很迂腐：他已经是一个不在其位的布衣，却要那么执着地"管闲事"，讨了个没趣后，还自我解嘲地说："我可是给你们说过了啊！"其实，孔子的举动正反映了他正名与尊君的政治思想，体现了儒家文化的精神——满腔的社会责任感、使命感和正义感，虽然不能改变大局，但他还是参与。

事情的原委是这样的：齐国发生动乱，大夫陈恒弑君犯上。身在鲁国的孔子感到很不安，于是盛装上朝，请求鲁哀公发兵讨伐齐国的叛乱。鲁哀公是一位没有实权的国君，说了一句模棱两可的话，"你去请当权的三家拿主意吧！"孔子又把说给鲁哀公的请求向三家说了一遍。得到的答复却是："不出兵。"孔子没有办法，只能说，看在我曾经为官大夫的分上，我请求你们发兵，至于你们不肯讨伐叛逆，那是另一回事了；我可是尽责了！孔子虽然没有权力，但是，他还是义正词严，按照自己的想法尽心尽力地作为，这实属难能可贵。

二十二、做一个正派人是做忠臣的前提

子路问事君。子曰："勿欺也，而犯之。"

评　析

子路请教孔子如何侍奉国君的道理。孔子没有长篇大论，只是扼要地说

了一句："要忠于国君，不要欺骗他；但是，还要敢于直言犯谏，以诚感人。"做到了孔子讲的这句话，就能够做一个正派的人，做一个忠臣，就能够青史流芳。

二十三、做人要做高尚的人

子曰："君子上达，小人下达。"

评　析

孔子这里说的"达"，是追求的意思。君子所追求的是崇高的目标、远大的理想和做人的境界，他超越了物质利益的束缚；而小人所追求的则是现实的物质利益，如，名利、财货、官禄等，思想境界和做人的品位都比较低下。孔子提倡的则是上达。优秀的传统文化内容有巨大的活力。毛泽东在《纪念白求恩》中说："一个人能力有大小，但只要有这点精神，就是一个高尚的人，一个纯粹的人，一个有道德的人，一个脱离了低级趣味的人，一个有益于人民的人。"就是从"君子上达"这句话里衍生出来的。

二十四、不把学问当作敲门砖

子曰："古之学者为己，今之学者为人。"

评　析

孔子重视治学的行为目的，他借用古今两分法，将学者分为两类：一类人为了增强知识，提高素养，增进道德而孜孜不倦地学习；另一类人则为了博取功名而勤学苦学。前者是将学习作为促进成人和健全人格的内在手段；后者则以功利为动力，以学问做敲门砖，异化了学问的功能。孔子当然是主张走通过学习而不断地进行自我完善的道路。孔子的这句话，对于后世儒家认识学问的功能有很大影响。比如，荀子在《劝学篇》中，就对孔子的话作了进一步发挥："古之学者为己，今之学者为人；君子之学也，以美其身；小人之学也，以为禽犊。"

二十五、做传播美德的使者

蘧伯玉①使人于孔子。孔子与之坐而问焉，曰："夫子何为？"对曰："夫子②欲寡其过而未能也。"

使者出。子曰："使乎③！使乎！"

注　释

①蘧伯玉：卫国大夫，名瑗。当时有很高的名声，孔子到卫国时，曾住在他家。

②夫子：指蘧伯玉。

③使乎：足以称得上大使的意思。

评　析

蘧伯玉是卫国的贤臣，他的"年五十而知四十九年之非"，是流传千古的名言警句。蘧伯玉严于律己，像孔子所说的那样，"吾日三省吾身"，自我修养很强。孔子很敬佩他。在卫国的日子里，孔子有很长一段时间就住在蘧伯玉的府上，孔子引他为知己。

但是，孔子与卫国使者的对白，却不是评论蘧伯玉的，而是评论蘧伯玉派遣的使者的。蘧伯玉派出的使者到鲁国，请使者代为问候孔子；孔子也十分关切地询问蘧伯玉的近况。使者的回答便体现出较高的道德层次和思想水平。孔子与蘧伯玉的私交很好，一种可能是在孔子面前吹捧孔子的好朋友、自己的上司；另一种可能是借用孔子与蘧伯玉交好的关系，请托便利，或者是在上司好朋友的面前发牢骚。然而，使者的修养很好，说话也很精明，他言简意赅地向孔子回复了蘧伯玉的近况，又画龙点睛地突出了蘧伯玉的优点，深得孔子的欢心。所以，在使者离开后，孔子敬佩地对学生们说，这个人是一位称职的使者啊！并且反复感叹。孔子这也是对他自己的好朋友蘧伯玉表达敬意。

二十六、想问题要与自己的职责相称

子曰："不在其位，不谋其政。"曾子曰："君子思不出其位。"

评 析

孔子的话与《泰伯篇》第十四章重复。倒是曾子的话值得深思。"思不出其位",是指一个正派的人想问题,尤其是政治问题,要与自己的职位、角色和身份相符;否则,他就会有非分之想,导致犯上作乱的恶果。反过来说,人在位就要谋政,就要称职,就要有业绩;否则,他就是尸位素餐。

二十七、少说多干

子曰:"君子耻其言而① 过其行。"

注 释

① 而:相当于古汉语的"之",虚词。

评 析

孔子是一位欣赏实干的思想家,他一向主张少说多做,甚至是只做不说。在本篇第四章中他就说过:"有德者必有言,有言者不必有德";在第二十章中他说道:"其言之不怍,则为之也难。"在《颜渊篇》《里仁篇》中,孔子还论述了言行关系。

二十八、做人的三条准则:不忧、不惑、不惧

子曰:"君子道者三,我无能焉:仁者不忧,知者不惑,勇者不惧。"子贡曰:"夫子自道也。"

评 析

《子罕篇》第二十九章有:"仁者不忧,知者不惑,勇者不惧。"孔子在这里重复,有强调的意味。孔子又进一步指出,不忧、不惑、不惧是君子人格的集中表现。孔子谦虚地说,我自己都还没有做到呢。可见,在孔子眼里,君子是何等崇高!但是,孔子的学生们是很尊敬老师的,子贡就说道,不是老师没有做到,只不过是他老人家谦虚罢了。孔子严格要求自己,又用自己谦逊的品

德潜移默化地影响自己的学生。

二十九、做好自己的事，不要随便议论人

子贡方人①。子曰："赐也贤乎我夫？我则不暇②。"

注　释

① 方人：喜欢议论人的直爽人。方，议论别人的意思。

② 暇：空闲。

评　析

孔子批评子贡喜欢随便议论人的缺点。从本篇来看，子贡确有这个不足：他批评过管仲，认为管仲达不到仁者的标准，而孔子则认为管仲是大仁大德、大义大勇者；子贡还评论子张与子夏谁更胜一筹；等等。这些显然同孔子要求的加强自我修养的思想有距离。所以，孔子说道："你就做得那么好吗？我就没有空闲随便议论人。"在孔子看来，随便议论人，不仅不利于自律和提高，而且会养成宽以待己，苛求别人的恶德；不仅不利于真正了解别人，做到知人识人，而且还会因言招祸。总之，随便议论人，有百害而无一利。

三十、不怕别人不知道，就怕自己做不到

子曰："不患人之不己知①，患其不能也。"

注　释

① 己知：知己的道装句，了解自己的意思。

评　析

孔子十分重视做人苦练内功，不断地学习，不断地增长才干，不断地提升道德层次，做到德才兼备，能够在任何时候都担负重任，做出显著成绩来。在

《学而篇》中，孔子说，"不患人之不己知"；在《里仁篇》中，孔子说，"不患无位，患所以立；不患莫己知，求为可知也"；与在本章中所说的是一个道理：不愁别人不知道自己，只愁自己没有本事。

三十一、贤能也有标准

子曰："不逆①诈，不亿②，不信，抑③亦先觉者，是贤乎！"

注 释

① 逆：事先预想。

② 亿：通"臆"，主观判断。

③ 抑：还，也。

评 析

孔子认为，做人既要老实正直，又要机智敏捷。做老实人，做正派人，就要以一颗明亮的心待人，不要随意把人往坏处想，不要主观臆断，随便七猜八想；更不要无端地不信任人。但是，做人又要机敏善察，在真正面临骗局、陷阱的时候，能够及时察觉，并加以避免。孔子说，这样的人有先觉之明，是值得称道的贤者。

三十二、做人的社会意义是担负责任和使命

微生亩①谓孔子曰："丘何为是②栖栖者③与？无乃④为佞乎？"孔子对曰："非敢为佞也，疾固⑤也。"

注 释

① 微生亩：复姓微生，名亩，是当时的一位隐士。

② 是：这、这样。

③ 栖栖者：惶恐不安的人。

④ 无乃：为什么不。

⑤ 疾固：对于固陋不化的世风觉得厌恶。疾，同"嫉"。

评　析

微生亩是一位隐士，他有自己的心态和作为；孔子是一位有社会责任感和使命感的读书人，自然有自己的见解和热情。对于社会生活中有着不同情感和理想的人，交流思想一定会产生心灵的碰撞。

微生亩对孔子说："孔丘啊，你总是这样忙忙碌碌，什么时候是个头啊？难道你想成为一位有名的辩手吗？"孔子说："老先生，您误会了！我怎么敢奢望成为一位辩手啊？社会风气如此之坏，仁道不兴，于心何忍哪！"孔子很会说话，他的心声是：反正你是不会出来管事的，那么，就请允许我来为国家做一点事吧！我们可以各行其道，两不相害呢。孔子不苛求微生亩退隐独善其身，也请求他宽容孔子鼓吹仁道而奔忙不息、为复兴周礼而不知疲倦。

根据这段对白，后人抽象出"达则兼济天下，穷则独善其身"的道理。这个思想，对于后世读书人产生了很大影响。

三十三、有德就有名

子曰："骥① 不称② 其力，称其德也。"

注　释

① 骥：好马，千里马。
② 称：称赞。

评　析

孔子的人才思想，集中体现在德才兼备上。千里马以脚力著称，受到人们的赞扬；但是，更重要的是，千里马具有吃苦耐劳、乐于奉献和脚踏实地的品德，值得人们称赞。如果是将才能当作谋取私利的工具，而不是为了服务社会，报效祖国，那么，这种才干就没有什么社会意义了。孔子的这段话，与《泰伯篇》第十一章里说的"如有周公之才之美，使骄且吝，其余不足观也已"的意思是一致的。

三十四、以直报怨、以德报德是与人相处的基本原则

或曰:"以德报怨①,何如?"子曰:"何以报德?以直报怨,以德报德。"

注　释

① 报:回报,报答。

评　析

"以德报怨",是孔子时代的一句常用语,来自老子的道家思想。有人想请孔子评论此话是否正确,孔子大体上是赞成"以德报怨"思想的。不过,他又进一步补充道,用公平正直来对待怨恨你的人,并不是依靠无原则的恩德来化解怨恨;用恩德来回报恩德。孔子主张正直地做人,尤其是不主张拳来脚去,冤冤相报。孔子主张和为贵,但是,达到和,一定是以公平正直为途径和方法的。

三十五、成就大事的人总要经历一些磨难

子曰:"莫我知①也夫!"子贡曰:"何为其莫知子也?"子曰:"不怨天,不尤②人,下学而上达。知我者其③天乎!"

注　释

① 我知:"知我"的倒装句。

② 尤:怨恨。

③ 其:大概。

评　析

孔子周游列国后回到鲁国,可是,他的生活经历了一系列的变故:先是夫人去世,接着是独子病故,再接下来是爱徒颜渊和子路相继亡故。孔子主张的仁道不能被当权者接受,对于一位有社会责任感和使命感的思想家和教育家来说,这已经是很不得意了;频繁经历生活的变故和精神上的打击,孔子的情

绪陷入低谷，这是可想而知的。孔子在人生的这个阶段，大概经常感叹："没有人了解我啊!"子贡安慰他的老师："怎么说没有人能够了解您呢?"孔子说道："不了解也罢。不论如何，我都不会怨天，也不会怨人，将自己的思想和修养升华到一定的高度和境界。我不被人们了解也罢，大概老天爷还是了解我的吧!"孔子对于仁道主张十分坚定，并不被生活的困扰束缚，虽然情绪低落，但他心地豁达，依然自强不息，在著述和教育方面都作出了不朽的业绩。

三十六、历史潮流不可抗拒

公伯寮① 愬② 子路于季孙。子服景伯③ 以告，曰："夫子④ 固有惑志于公伯寮也，吾力犹能肆⑤ 诸市朝⑥。"

子曰："道之将行也与，命也；道之将废也与，命也。公伯寮其如命何!"

注 释

① 公伯寮：孔子的学生，复姓公伯，名寮，字子周。寮，读音同"辽"。

② 愬：读音同"诉"，非议。

③ 子服景伯：鲁国的大夫，名何。

④ 夫子：指季孙氏。

⑤ 肆：陈列死尸。

⑥ 市朝：集市。

评 析

据载，在孔子担任鲁国司寇的时候，孔子尊王权，别名分，向鲁国国君建议毁掉孟孙氏、季孙氏和叔孙氏三家大夫的都城，获得批准。孔子将这项工作交由子路去执行。在进行的过程中，公伯寮向季孙氏说了子路的坏话，这也是对抗老师孔子的逆行。子服景伯是孟孙氏的同族，也是很有权势的官僚，他很同情孔子的观点，因此，就即时地向孔子通报公伯寮的逆行，并表示要替孔子收拾公伯寮。孔子并不主张对于公伯寮诉诸武力，更不主张对他进行肉体消灭。在孔子看来，他推行的改革是行正道，做利国利民的好事，成败并不是公伯寮捣蛋所阻挡得了的。如果他的改革措施受到朝廷和老百姓的欢迎，就可行；否则，就行不通。孔子将尊王权，别名分和毁大夫都城的改革，归纳为"道"，将国家和老百姓的意志归纳为"命"。孔子对于自己推行的改革事业充满自信，也显得很坚定，义无反顾。从孔子对于反对派的大度来看，孔子的人品道德的确令人尊敬。

三十七、斗争，首先要学会保全自己

子曰："贤者辟①世，其次辟地，其次辟色，其次辟言。"
子曰："作者七人②矣。"

注 释

① 辟：读音与意思同"避"，逃避。

② 七人：据《微子篇》第八章，能够避世、避地、避色和避言的七位异人是：伯夷、叔齐、虞仲、夷逸、朱张、柳下惠、少连。另一说是指长沮、桀溺、丈人、石门、荷蒉、仪封人和楚狂接舆七人。

评 析

入世与出世，其实只是相对的，并不是绝对的。儒家主张肩负"治国平天下"的重任，以责任感和使命感自勉自励。但是，出世在一定的条件下未尝不是一种生存与斗争的策略。身处乱世，既不能力挽狂澜，又不愿同流合污、推波助澜，那么，暂时避世自保，积蓄力量，等待时机，也是明智之举。避地，择地而居；避色，不看脸色；避言，不听恶言；都是一种生活的艺术和策略。孔子认为，历览史书，真正能够避世、避地、避色与避言的贤者，只有七个人。

三十八、做人要有逆难而上、勇于拼搏的精神风貌

子路宿于石门①。石门晨门②曰："奚自?"子路曰："自孔氏。"曰："是知其不可而为之者与?"

注　释

① 石门：鲁国都城的外门。

② 晨门：早晚看守城门的人。

评　析

从文中的对话来看，那个看守城门的人，是一位有学识的高人，是一位隐士。他对于孔子的评论"知其不可而为之"，很值得玩味。他半是讥讽孔子做无谓的奔波，就孔子个人的力量而言，不可能拨乱反正；又半是敬佩孔子矢志不渝、孜孜以求的顽强精神。

三十九、时时处处都要做一个有心人

子击磬 ① 于卫，有荷蒉 ② 而过孔氏之门者，曰："有心哉，击磬乎！"既而曰："鄙哉，硁硁乎！莫己知也，斯己 ③ 而已矣。深则厉，浅则揭 ④ 。"

子曰："果哉！末 ⑤ 之难矣。"

注　释

① 磬：读音同"庆"，用玉石制作的打击乐器。

② 荷蒉：担负着盛土的草包。蒉，读音同"愧"，盛土的草包。

③ 斯己：这就是自己。

④ 深则厉，浅则揭：水深就脱衣渡水，水浅就挽起衣服渡水。这两句话引用了《诗经·邶风·匏有苦叶》中的诗句："匏有苦叶，济有深涉。深则厉，浅则揭。"这里的意思是处世应有进退，能够审时度势。厉，脱下衣裳渡水；揭，提起衣服渡水。

⑤ 末：无。

评　析

孔子在卫国的时候，有一天，孔子在家里敲击磬乐，恰好有一个担草的农夫从门前经过。听到悠扬清脆的磬乐，农夫禁不住驻足欣赏。农夫感叹地说："不容易啊！击磬人是一个有心人啊！"这是一语双关。从乐声中听出击磬人是一位有心人。击磬人既是击磬的有心人，更是关心国家、关心社会的有心人！听了一会儿，担草人又说道："击磬人固执啊！这磬乐发出抑而不扬、铿锵有力的音乐。没有人了解你自己，也就罢了，你就独善其身吧！难道不懂深厉浅揭的道理吗？"担草人从音乐声中听懂了击磬人的心声。孔子知其不可而为之，逆难而上，志在扶危救难，却不肯退而独善，他坚信自己的理想，坚定自己的信念，很执着，很自信。深厉浅揭的道理，孔子何尝不懂？但是，孔子有着深厚的社会责任感和历史使命感，不肯轻言放弃，即使不成功，但他自己也努力地做过了。孔子的学生把听到担草人说的话告诉老师，孔子不禁感慨系之，说道："唉！果真像他所说的那样，未免太容易了！姑且听之吧！"

四十、百行孝为先

子张曰："《书》云：'高宗谅阴①，三年不言。'何谓也？"子曰："何必高宗？古人皆然。君薨②，百官总己以听于冢宰③三年。"

注　释

①高宗谅阴：殷商高宗武丁守孝的房舍。谅阴，居丧守孝的房子，古时又称凶庐。文中所引，见《尚书·说命篇》。

②薨：读音同"烘"，诸侯、大臣死为"薨"，这种说法是等级制的产物。

③冢宰：官名，相当于后世的宰相。冢，读音同"肿"。

评　析

孔子认为，孝是忠的基石。他坚决维护孝道。在古代，守孝三年，称为守制。做官的要去职，不理政务，以示心诚。高宗守制，百官总摄职责，听命于宰辅，不误国事。孔子说"古人皆然"，是讥刺之辞。他的言下之意，是批评今人不尊孝道，置守制于不顾，变得人心不古。从生活的态度来看，尽管孝道必须遵循，但是，用三年时间守孝，什么也不做，未免显得形式主义，也脱离生活实际了。

四十一、当权者要做道德修养的表率

子曰："上好礼，则民易使也。"

评　析

孔子对于统治者要求很严，强调他们在道德、修养与礼仪上，应当做出表率，通过榜样的力量，感化老百姓。"己之不正，焉能正人？"这是反过来讲的；"上好礼，则民易使也。"这是从正面讲的。孔子在前面的多个地方论述过这个道理。

四十二、做官从做人开始

子路问君子。子曰："修己以敬人。"

曰："如斯而已乎？"曰："修己以安人。"

曰："如斯而已乎？"曰："修己以安百姓。修己以安百姓，尧舜其犹病诸？"

评　析

孔子从由小推演到大的逻辑方法，论述了"修己以安百姓"的道理。孔子认为，要做一个君子，首先必须以恭敬审慎的态度加强自我修养；然后，在修养自己的同时，影响自己的亲友，使亲友心情舒畅，生活安乐；最后，他才谈得上以自己的修养来感化老百姓的问题。孔子认为，修己以安百姓，这并不是一件容易做到的事，就是像尧舜那样的圣君，自己的修养很好，老百姓在他们的统治下，生活得称心如意，但也不能说尧舜就完全做到了"修己以安百姓"。孔子意在说，做君子不易，治理好国家也不易的道理。孔子在《雍也篇》第三十章中说，推行仁道要从"博施于人而能济众"开始，这里又说"修己"，可见，做官从做人开始，管事是从管好自己开始，这是十分重要的事情。

四十三、长者要做道德楷模

原壤 ① 夷俟 ②。子曰："幼而不孙弟 ③，长而无述 ④ 焉，老而不死，是为贼⑤。"以杖叩其胫⑥。

注 释

① 原壤：鲁国人，孔子的老朋友。据载，他的母亲死了，孔子帮他料理丧事，他却在棺材上唱起歌来。

② 夷俟：坐着等待，叉开两腿。古时人们认为这是失礼行为，夷，坐着时，叉开两腿，古人称为箕踞；俟，读音同"死"。等待。

③ 孙弟：同"逊悌"。

④ 无述：没有什么值得称道的。

⑤ 贼：害人者，对人有害的人。

⑥ 胫：读音同"敬"，小腿。

评 析

孔子以他自己的拐杖敲打老朋友原壤的小腿，十分传神，妙得很，这是一个弥久常新的典故。孔子与原壤是老朋友，又是为了做提醒的表示，当然不会使劲地敲打他的小腿。但是，敲他的小腿，的确很微妙微肖！原壤的毛病是在小腿上暴露的，孔子当然要点击他的小腿，准确地指出其毛病所在；紧接着又是一语双关，原壤幼不更事，对于兄弟姐妹缺少爱心，没有付出友爱；成年后，没有什么作为，也没有留下什么值得称道的东西；老了依然糊里糊涂，不能够用礼义仁德影响后辈，反而做出失礼的行为来，就是由一个老废物变成一个老害物了。总之，原壤是糊涂一生，虚度一生，毛病就出在没有脚踏实地上。所以，孔子，既严厉地批评原壤，又不无痛惜地轻轻地敲打他的小腿指出问题所在。

孔子一生，对人宽厚，没有如此激烈地批评过什么人。这却是一次例外。一是孔子与原壤是老朋友，孔子爱护他的情谊很重，所以对于原壤的缺点决不姑息，批评得也重；二是从孔子所主张的人生历程来看，原壤的所作所为与孔子奉行的做人原则大相径庭。孔子主张做人要年少立志，长有所成，老有德名，所谓"立功、立德和立言三不朽"。孔子对于虚度一生，浪费青春年华的人，是不宽恕的，当然，他对于自己的老朋友，首先就是这样一种坚决地态度。

四十四、欲速则不达

阙党童子 ① 将命矣。或问之曰："益 ② 者与?"子曰："吾见其居于位也 ③,见其与先生并行也 ④。非求益者也,欲速成者也。"

注 释

① 阙党:孔子在鲁国的故乡,今在山东省曲阜市内,名阙里。

② 益:增长。

③ 见其居于位也:根据古代礼仪,少年不能够坐在成年人的位子上,而应该面对着成年人的座位站立着,以示尊长。

④ 见其与先生并行也:少年与先生并行,也是不合礼仪的行为,遵照古代的礼仪,少年应该跟在先生的后面走。

评 析

这是由生活中的一件小事引出的一番议论和道理。孔子从卫国回到鲁国后,声名已非从前可比,人们将孔子看作圣人,凡与孔子打交道的人,也因此增色不少。就连年轻后生也不例外。阙党童子就是明证。有一天,孔子的家乡人让一个后生给孔子送信。后来有人问孔子:"这个后生追求进步吧?"孔子自己并不把自己当作圣人,并不认为凡是同自己交往的人,就是追求进步的人。因此,他说道:"不见得吧。我看他坐在成年人的位子上,和成年人并肩而行,他可并不是一个虚心追求的人,只不过是想赶快成为大人罢了!"阙党童子接近孔子,并不是为了有所增益,而是欲求速成,急功近利。孔子对此是很不欣赏的。在孔子看来,追求进步与急功速成是两回事。追求进步则脚踏实地,一步一个脚印地往前走,积累越多,进步越快;急功速成,则把功利当人生的目标,只重视结果而忽视过程和经历。总之,经历加上磨炼,有利于增长见识和才干,人生就充实,这正如俗话所说,"少年经历老始成";急功速成,越到年长就越觉得人生不踏实,就越会产生虚度此生的悔意,这正如俗话所说,"少壮不努力,老大徒伤悲"。可见,积累与体验,对于人生来说,是何等重要啊!

卫灵公篇第十五

导　读

孔子极端重视仁德对于个人修养，乃至安定天下的重要作用。孔子感叹当时道德滑坡，大力宣导仁道的价值高于生命的价值，主张"杀身成仁"，反对求生以害仁。孔子认为，君王推行仁道，足以赢得天下；大臣推行仁道，足以治理百姓。忠信笃敬是仁德的重要内容，是放之四海而皆准的道理。体现忠信笃敬就能立身、立人、立天下。子张将这四个字奉为座右铭，道理就在这里。

孔子在本篇大谈君子的修己之道，既精辟，又深刻。孔子认为，君子经受得住穷困的考验，君子善于察人，君子能够结交贤能，君子高瞻远瞩，君子力举贤才，君子严于律己，宽以待人，君子自立，君子走在正道上，君子追求美名，君子庄重乐群，君子不强加于人，君子不轻易毁誉，君子善于处理眼前利益与长远利益的关系，君子重视学与思的结合，君子不拘小节，君子忠于职守，君子当仁不让等等，这些都是道德修养与完善自我的重要内容。

在论述中，孔子为我们留下了很多成语名句。如，小人穷斯滥矣、无为而治、杀身成仁、工欲善其事，必先利其器、人无远虑，必有近忧、因言废人、小不忍则乱大谋、君子谋道不谋食、君子忧道不忧贫、当仁不让、有教无类、道不同，不相为谋，等等。这些成语都很有文化活力，仍然活跃在我们的生活当中。

一、珍爱人类仁爱、和平的本性

卫灵公问陈 ① 于孔子。孔子对曰："俎豆 ② 之事，则尝闻之矣；军旅 ③ 之事，未之学也。"明日遂行。

注 释

① 陈：读音与意思同"阵"，战阵。

② 俎豆：古代盛食物的器皿。这里指祭祀方面的事情。俎，读音同"组"。

③ 军旅：指战争和国防方面的事情。

评 析

卫灵公同孔子讨论排兵布阵的方法。孔子对此很不感兴趣，但是，出于君臣礼节，孔子又不好明确拒绝，于是，以他没有学过军事来搪塞。孔子重礼法，对于祭祀方面的事情是很精通的，这没有问题。孔子是否不懂军事？或者说对于战争问题不感兴趣？答案是否定的。在孔子的政治思想中，国防问题占有重要地位。比如，在《子路篇》第二十九章中，孔子就说过："善人治理国家七年，就可以指挥老百姓去打仗了。"在孔子看来，圣君用兵，是以仁爱为内容的，军事是为和平服务的，并不是随便可以使用的。卫灵公心血来潮，在应该考虑以礼治国的时候，却关心起军事来，这是老迈昏聩的表现。因此，孔子不仅决定不同他讨论，而且决定立即离开卫国。

二、穷困只考验君子而不考验小人

在陈 ① 绝粮，从者病，莫能兴。子路愠见曰："君子亦穷乎？"子曰："君子固 ② 穷，小人穷斯滥 ③ 矣。"

注 释

① 陈：陈国。

② 固：坚守、安守。

③ 滥：本义是泛滥，这里是指因穷困而不能约束自己的言行，胡作非为。

评 析

孔子周游列国，宣扬他的仁道主张，历尽艰辛。其中，在陈国受困七天，断粮挨饿，是一次比较大的磨难。据载，孔子由陈国到蔡国，在蔡国住了一段时间。其间吴国兴兵攻陈。楚国则出兵相救，部队驻扎在城父。楚国国君暗中派人礼聘孔子，被陈国、蔡国知道，引起猜忌。陈国、蔡国先后派兵围困孔子，长达七日之久。由于长时间断粮，孔子及其学生都快要饿垮了。即使在这样艰险的境地，孔子还是不中断自己的讲诵，并以弦歌取乐。可是，有的学生受不住了，难免有牢骚，正如孔子在《宪问篇》中说的，"贫而无怨难"。子路就是其中的一个。子路的火气大，发的牢骚也不算小：老师您天天教育我们要做君子，可是，君子也有穷困的时候吗？孔子并不生气，也没有责备他，而是进一步以君子之道开导他：子路你想错了。君子追求仁道，要历尽千辛万苦，才能成就事业，当然有穷困的时候。但是，君子却能坚守穷困，而不丧失道德和原则；这同小人相比，是有着根本不同的。小人在穷困的时候，就丧失了做人的理性，烦躁不安，为非作歹。孔子讲的意思是，一个有仁德和理想的人，在任何时候，在任何条件下，都经受得起严峻的考验，而不丧失自己最本质的东西，如，人格、道德、善良、节操、理想、信念、意志，等等。

三、以一当十

子曰："赐也，女①以予为多学而识②之者与？"对曰："然，非与？"曰："非也，予一以贯之。"

注　释

① 女：读音与意思同"汝"，你。
② 识：读音与意思同"志"，牢记。

评　析

孔子越是到晚年，学问、道德、思想的感染力越大。孔子何以有如此辉煌的成就？有各种不同的看法。其中一种看法是，孔子是少有的天才，他善于博闻强记。孔子的学生如子贡等人就是这种意见。不管别人怎么看自己，孔子对自己有清醒的认识，他不同意"天才论"。孔子对子贡说："你们的看法错了。我之所以成为我，就在于能够坚持一条最根本的东西，始终以它作为人生的准则和航标。"这就是孔子说的"一以贯之"。这里是强调他在《里仁篇》第十五章里讲的话："吾道一以贯之。"曾子破解孔子所说的"道"，就是：为人忠诚可靠，推己及人，凡事能够设身处地，同情共感。孔子的学问和智慧，也因此而越积越多，越发光彩照人。

四、道德是擎天大柱

子曰："由！知①德者鲜矣。"

注 释

① 知：懂得，了解。

评 析

此段文字，大约承袭第二章，孔子有感而发。经历困陈断粮的厄运，孔子和学生的思想受到很大震撼，子贡的不平之鸣已经表达出来，还有其他人的心声可能只是溢于面色，于是，引发了孔子关于道德问题的感触："仲由啊！现如今懂得道德的人实在是太少了呀！"

五、无为之中有乾坤

子曰："无为而治①者，其舜也与？夫②何为哉？恭己正南面而已矣。"

注 释

① 无为而治：任用贤能，以德化民，而不劳民伤财。
② 夫：他。

评 析

老子道家讲"无为"，无为，实际上是无不为。孔子讲无为定格在政治领域，欣赏舜帝"无为而治"的思想和做法。在孔子看来，舜帝之所以不费周章地实现天下大治，原因在于：一是"恭己"，端端正正地做人，堂堂正正地做事；二是"正"，正派端庄地为君，行事光明正大而不诡谲，孔子在"宪问篇"第十五章说"正而不谲"，也是这个意思；三是"南面"，端坐在朝堂上接待朝拜的大臣，认真地处理国家大事，毫不马虎。可见，孔子说的"无为"，并不是超脱地当甩手掌柜，而是抓大事，管重点，正所谓"纲举目张"的意思。

六、忠信笃敬乃立身之本

子张问行①。子曰："言忠信，行笃敬，虽蛮貊之邦②，行矣。言不忠信，行不笃敬，虽州里③，行乎哉？立则见其参④于前也，在舆则见其倚于衡也，夫然后行也。"子张书诸绅⑤。

注 释

① 行：通达圆熟。

② 蛮貊之邦：少数民族在华夏周边地区建立的国家。貊，读音同"磨"。

③ 州里：本乡本土。

④ 参：显示。

⑤ 绅：古代官员在腰间束一条大带子。这种装束，就成为当官的一种服饰标志。

评 析

子张曾向孔子请教"干禄"，他对于做人为官，是十分在意的，以至于孔子的这段教诲，子张将其写在官袍上，以便随时看见，及时提醒自己的言行。那么，孔子说了一段怎样的经典妙论呢？孔子说，要做到为人为官都通达圆熟，其实并不难，只要能够做到"言忠信，行笃敬"就可以了。所谓言忠信，就是做人说话忠诚可靠，而不是圆滑巧诈；所谓行笃敬，就是做人做事认认真真，厚道实诚，而不是马虎漂浮。不管在何时何地，做人都要以此为准绳，坐着好像这两句话在眼前，在车上好像这两句话写在横木上，就不论是在哪里做事，都通达无虞了。否则，人的作派在本乡本土都行不通，更何况是出使蛮邦呢？孔子将忠信笃敬作为做人的立身之本，在前面的篇章有多处论述，这里是顺着子张的问题发挥到"行"上。

七、能屈能伸是从政的艺术

子曰："直哉，史鱼①！邦有道，如矢②；邦无道，如矢。君子哉，蘧伯玉！邦有道，则仕；邦无道，则可卷而怀之③。"

注 释

① 史鱼：卫国的大夫，有名的直臣。名鰌，读音同"秋"，鳅的异体字，字子鱼。他死后，嘱咐儿子进行尸谏，促使国君任用蘧伯玉。后来，卫国国君来吊丧，实现了他的遗愿。

② 矢：弓箭。

③ 卷而怀之：将自己的志向像卷起图书那样藏在怀里。

评 析

孔子表彰过齐国的管仲。管仲的使用，得力于好友鲍叔牙的举荐。但是，鲍叔牙举荐管仲，并没有遇到什么麻烦，是比较顺利的。但在卫国就不同了，史鱼举荐蘧伯玉就经历了一波三折，直到史鱼死后才得如愿。史鱼是一位难得的直臣。怎么个直法？孔子形象地比喻他就像弓箭发出的箭那样直。无论是在光明的环境中，还是在黑暗的条件下，他都以直面对，决不改变自己的本色。蘧伯玉也是一位贤能的人，他善于进退，周旋自如。在政治清明的时候，他愿意出来为官理政；在政治黑暗的时候，他就将自己的志向牢牢地藏在怀里，决不显露出来。蘧伯玉是孔子所说的"避世的贤者"。对于这两种类型的贤人，孔子都很敬佩，很肯定。看来，在社会政治生活中，像史鱼的"直"和蘧伯玉的"曲"都是需要的。

八、有眼无珠是盲人

子曰："可与言而不与言，失人；不可与言而与之言，失言。知者不失人，亦不失言。"

评 析

孔子在这里讲的是为人处世的道理。与人交往，首先要识人，看准人，认准人；否则，就是错交，这是会误事的。说话要看人看对象；否则，就会说错话。所以，孔子说，可以同他谈话的人，却不同他谈，这是与可交的人错过了；不可以同他谈话的人，却同他谈，这是说话不看对象，瞎说话，说错了话。孔子的这段话，可谓是至理名言，值得记取。

九、追求比生命更可贵的东西

子曰："志士仁人，无求生以害仁，有杀身以成仁。"

评 析

孔子在本章论述了生命价值与理想价值的取舍关系。当生命价值与理想价值发生冲突时，人们就要毫不犹豫地舍弃生命价值，而选择和保全理想价值。孔子的理想价值就是利国利民的仁道。孔子说的"爱人"，"修己以安百姓"，是仁道中的重要内容，也是治国治民的理念。为了维护和保全理想价值，孔子认为，志士仁人不怕付出生命的代价。

孔子的这一思想，在后世有极大影响，特别是经过孟子的宣扬后，在古代读书人和士大夫群体中，成为一种稳定而牢固的价值观念。《孟子·告子上》说："生，我所欲也；义，亦我所欲也；二者不可兼得，舍生而取义者也。"此后，杀身成仁、舍生取义的成语以及它所蕴含的文化意义，就广为流传，影响深远。

十、磨刀不误砍柴工

子贡问为仁。子曰："工欲善其事，必先利其器。居是邦也，事其大夫之贤者，友其士之仁者。"

评 析

孔子认为，交友，是成就仁德的重要渠道和必不可少的条件。孔子以工匠为例，打了一个比方："工欲善其事，必先利其器。"一个工匠要做好他的工作，首先要准备好工具。与贤大夫、志士仁人交往，就是接近仁德的有利条件。为什么一定要与贤大夫、志士仁人交往？因为同他们交往，可以直接获益。孔子强调与比自己强的人交朋友，就是为了便于学习，利于提高自己。

十一、时刻不忘执政之要

颜渊问为邦。子曰："行夏之时①，乘殷之辂②，服周之冕③，乐则《韶》、《舞》④，放郑声⑤，远佞人⑥。郑声淫，佞人殆。"

注　释

① 时：指夏代的历法。也就是我们现在所用的阴历。

② 辂：读音同"路"，马车。

③ 冕：礼帽。这里是指诸侯、卿、大夫所戴的礼帽。周代的礼帽比前代的礼帽要华贵一些。

④《舞》：周武王时代的乐曲。

⑤ 放郑声：排斥郑国的流行音乐。放，排斥，放弃。

⑥ 佞人：用花言巧语去谄媚人的小人。

评　析

孔子主张克己复礼，念念不忘周代的礼仪，但是，孔子的思想是与时俱进的，在不同的历史时代有所损益。这一点，孔子在同颜渊讨论治国之道时，就说得非常明白："要把国家管理好，就要用夏代的历法，因为夏历利于农时；乘坐商代的马车，因为商代的马车朴实；戴上周代的礼帽，因为周代的礼帽要华贵一些，更能显示出人的气质和品位；演奏舜帝时代的《韶》乐和周武王时代的《舞》乐，排斥在郑国流行的音乐，疏远惯于用花言巧语哄人的小人。特别要注意，郑国的靡靡之音和以花言巧语哄人的小人是很危险的啊。"孔子重视健康向上的音乐的巨大社会功能，坚决反对郑国的淫靡音乐；痛恨政治领域的小人，强调"亲贤能，远佞人"。这两条，受到后世明君的重视和采用。

十二、麻烦不找远谋人

子曰："人无远虑，必有近忧。"

评析

孔子具有历史与现实、现在与将来的辩证眼光和发展眼光，具有处理眼前利益与长远利益的深邃智慧。在这个问题上，可以说孔子说绝了："一个人如果没有长远打算，那么，眼前马上就要遇到麻烦了。"事物的发展，总是展现为一个过程，人们如果不是立足于过程，不善于把握过程，就会产生"脚踩西瓜皮，滑到哪里算哪里"的思想，一招失算，步步皆输，那他就不能赢得将来，就会失去长远利益。反过来说，如果人们从长远利益角度考虑问题，就能步步谨慎，积极主动地做好每个环节的工作，将长远利益与眼前利益结合起来，能够做到行稳致远。人们在处理长远利益的同时，也适时地化解了眼前矛盾，使发展的每一个问题节点都得到妥善解决，在每一个环节上都为下一步发展打好扎实基础。"远虑"，就是站得高，看得远，通过发展的手段解决阻碍眼前进步的障碍，加快发展的步伐。

十三、好德立身，好色失身

子曰："已矣乎！吾未见好德如好色者也。"

评析

这一段话重复和强调了《子罕篇》第十八章中的话，只不过多了一句"已矣乎"的短语，意在加重语气，引起人们的重视和思考。在孔子的时代，当权者宁愿好色也不好德，孔子为此感慨不已，为此伤透了脑筋，他看不到希望，感到很痛苦，所以，他就脱口而出，"算了罢"，由此表达了愤世嫉俗的情绪。

十四、当官的重要职责是举荐贤才

子曰："臧文仲①其窃位②者与！知柳下惠③之贤而不与④立⑤也。"

注 释

① 臧文仲：鲁国的大夫臧孙辰，长时间为官。

② 窃位：做官不称职，就像偷来的职位一样。

③ 柳下惠：鲁国的贤人。姓展，名获，又名季，字禽，"柳下"是其封地名，"惠"是谥号。

④ 与：给予。

⑤ 立：同"位"，官位。

评 析

孔子重视国家使用、重用人才，他表彰官居上位的人能够发现人才、举荐人才，所以，孔子欣赏鲍叔牙举荐管仲、子皮举荐子产、公叔文子举荐家仆、直臣史鱼举荐蘧伯玉的贤德，对他们给予高度评价。对于臧文仲来说，长时间身居显要，却不能发现和推荐人才，明明知道柳下惠是贤人，却不愿意推荐他为官理政，这就是一种失职、失德的行为。因此，孔子使用严厉的语言批评他是"窃位者"。

十五、严于律己的人朋友多

子曰："躬自厚而薄责于人，则远怨矣。"

评 析

仁，是孔子学说的核心，它注重处理和协调人与人之间的社会关系。如何协调？孔子的观点是立足于自身。对自己严格要求，宽容和原谅别人的过失，不要苛责别人的缺点，这样，怨恨就与你不沾边了。一方面，你不会对别人产生怨恨；另一方面，别人也不会怨恨你。孔子说的"自厚"是内因，"薄责于人"是外因，内因起主导和决定的作用，外因通过内因而起作用；"远怨"是结果，是理想的结果。

十六、求人不如求己

子曰："不曰'如之何①，如之何'者，吾未如之何也已矣。"

注　释

① 如之何：怎么办，表示动脑筋思考问题的意思。孔子在这里的意思是前瞻性思考。

评　析

孔子强调一个人在生活中不能浑浑噩噩，饱食终日，无所用心，要经常地思考"怎么办"的问题。人们如果常常想"怎么办"，那么，到了危难时刻，办法可能就有了；否则，临时抱佛脚，于事无补。什么是"怎么办"？怎样思考问题？孔子在前面的论述中已经有了答案。《述而篇》第十章中说："必也临事而惧，好谋而成者也。"要审处慎思，认真谋划；在本篇第十二章中说："人无远虑，必有近忧。"要高瞻远瞩，深谋远虑。正因为思考"怎么办"问题的自觉性，对于人生历程有重大的意义，所以，孔子说，我对于不知道思考"怎么办"的人，拿他一点办法也没有。

十七、坚决克服精神病态

子曰："群居终日，言不及义，好行小慧①，难矣哉！"

注　释

① 小慧：小聪明。

评　析

有人说，孔子的感叹，是对于自己教学体会的抒发；南怀瑾先生则认为，"群居终日，言不及义，好行小慧"的评论，是感时而发，是揭露"精神失落的病态"，这是很有道理的。纵观历史，每当社会动乱的时候，知识界的读书人和官僚群体中的士大夫最容易得上这个毛病。他们相处在一起，不是着眼于根本问题，不是从大学问、大道理上看社会现状，不是从自身的社会责任角度谈问题，而是逢场作戏，扯淡闲聊，流离于正题和主题之外，这能解决什么问题呢？在孔子的时代，正是一个社会急剧变革的年代，是一个大分化、大动荡的时代，孔子对于官场和学场的病态感受自然十分真切。所以，他感叹道：

"要结束这动乱的年代，要弘扬社会正气，真是难啊！"官场无正气，学界无良心，这样的社会是没有希望的。

十八、做人要走正道

子曰："君子义以为质，礼以行之，孙以出之①，信以成之。君子哉！"

注　释

① 孙以出之：谨慎地说话。孙，同"逊"；出，放言。

评　析

孔子在这里议论君子的道德要求，已经散见于前面的各篇议论，这里只是做一个集中地概括。孔子认为，这样的人才是真君子啊：他以道义为根本，以礼为准绳，以逊为要求，以信为途径。一个人有了好的本质，行动、说话、谋事就有所依循，就有了可靠的保证，立身成人就会走在正道上。这就是真正的君子啊！我对他一点也不表示怀疑啊！

十九、酒好不怕巷子深

子曰："君子病①无能焉，不病人之不己知也。"

注　释

① 病：深深地担忧，痛恨。

评　析

孔子的这段话与《宪问篇》第三十章的"不患人之不己知，患其不能也"，是一个意思。但在语气上有深浅的差异。前文的关键词用"患"，本章的关键词用"病"，词义上略有区别：虽然都是担忧的意思，但后文的程度要重得多。可见，孔子是多么地看重自强！人们常说，凡事不在别人，在于自己。如果你自己本事过硬，那还担心别人不知道吗？

二十、人留身后名

子曰:"君子疾没世而名不称焉。"

评　析

俗话说,雁过留声,人过留名。留什么名?是美名,还是恶名,甚至是千古骂名?孔子当然是主张流传美名,流芳百世,泽被后人的。孔子认为,追求事业,成就事业,做到"立功、立德、立言"三不朽,正是君子所追求的人生道路。孔子所倡导的人生观,是进取有为的人生观,是对自己对社会负责任的人生观,是美名传扬、万古流芳的人生观。君子想有所作为,给人世间留下一些值得纪念、值得称道的东西;如果不能这样,他就会担心枉在人间走一遭,就会深深地自责自己虚度人生。孔子在《宪问篇》第四十三章中批评原壤,其中一条就是"长而无述",这里的"述"与本章"称"是一个意思,可以连用为"称述"。

二十一、多反省自己,少责怪别人

子曰:"君子求①诸己,小人求诸人。"

注　释

① 求:要求,责备。

评　析

有道德的人同没有道德的人相比,在处理人际关系时,他是截然不同的。君子对自己严格要求,小人则严格要求别人,不审视自己。这段话可以与第十五章的"躬自厚而薄责于人"联系起来理解。君子求诸己,就会躬自厚而薄责于人。君子一切都依靠自己努力,在加强自身修养方面下功夫,而不奢望别人的帮助,不苛求别人对自己如何。

二十二、君子有庄重、乐群之风

子曰："君子矜①而不争，群而不党②。"

注 释

① 矜：庄重。
② 党：结党营私。

评 析

孔子的思想重心在于自立、自强。一个人如果做到了自强不息、立于不败，有什么必要同别人做一些无谓的竞争，计较一些无意义的个人名利呢？有道德和修养的人，他能够明辨是非，能够坚持原则，守义不动，那么，在处理人际关系时，就能够做到团结群众，而不结党营私。孔子在这里说的"群而不党"，同前面在《为政篇》第十四章里说的"君子周而不比"，在《子路篇》第二十三章里说的"君子和而不同"，是一个意思。

二十三、不能以话的正反面判断人的善恶面

子曰："君子不以言举①人，不以人废言。"

注 释

① 举：举荐、提拔。

评 析

孔子重视人才，强调身居高位的人要能够提携后进，善于发现人才、举荐人才。但是，举荐的前提是这个人德才兼备，而不是夸夸其谈，天花乱坠，也不是花言巧语，巧言令色，总之，他的德才值得君子推荐，而他的好听的话、吹嘘的话则不是依据。这就是不以言举人，而是以德才举人，这是正确的进贤用人路线。另一方面，智者千虑必有一失，愚者千虑必有一得，君子不要因人取言，也不要因人废言。贤哲之言，它也不可能句句是真理，不可能一句

顶一万句；反过来，有缺点的人所说的话，它也不可能句句是错话，句句是废话，只要善于分析，总可以发现一些有价值、可取的话。以言举人，以言废人，这是在识人识言上搞一刀切，是形而上学、主观主义的错误观点和做法。

二十四、凡事换位思考，设身处地

子贡问曰："有一言而可以终身行① 者乎？"子曰："其恕乎！己所不欲，勿施于人也。"

注　释

① 行：奉行，遵循。

评　析

子贡是个急性子，是个有个性的人。孔子的思想博大精深，很难一时掌握它。终于有一天，子贡问道：老师，您可不可以将您的思想归纳成一句话，以便我们终身遵循呢？孔子满足了子贡的要求。孔子用一个字进行了概括，那就是"恕"。从字面上理解"恕"并不难，"如心"即是"恕"。想问题，做事情，人同此心，心同此念，"己欲立而立人"，"己欲达而达人"。你想要的，换成对方，也是他想要的；反之，你不要的，对方也不想要。这就是"己所不欲，勿施于人"的道理。孔子认为，己所不欲，勿施于人，就是"恕"的本义。孔子要求他自己的学生牢记这句话，一辈子都遵循不变。"恕"就是接近仁德，通向仁道的道路。

二十五、毁誉之间要慎重

子曰："吾之于人也，谁毁谁誉？如有可誉者，其有所试① 矣。斯民也，三代② 之所以直道③ 而行也。"

注　释

① 试：检验。

② 三代：孔子以前的夏、商、西周三个朝代。

③ 直道：正道。

评　析

孔子反对随便批评人，他曾经严厉地指出过子贡"方人"的缺点。所以，孔子说他自己对于人既不随意褒扬，也不随意贬斥，"我指责过谁吗？我褒奖过谁？"如果说我赞扬过谁，那他一定是经过我考评过的。他认为，由于夏、商、周三代评价人很严谨很认真，所以社会风气好，人们都能够走正道。由此可见，确立了正确的是非观，以事实为依据，认真地褒贬人事，这不仅有利于正确地评价人和事，及时地辨别是非，还有利于树立社会正气，形成好的社会风气。

二十六、古道热肠具有永恒的价值

子曰："吾犹及史之阙文 ① 也。有马者借人乘之，今则亡 ② 矣夫！"

注　释

① 阙：同"缺"。阙文，就是没有字的空白处。

② 亡：同"无"。

评　析

孔子论修养，将团结互助、助人为乐作为重要的一条。孔子感叹世风日下，助人的风气不浓厚了，互助的精神不强了。他拿骑马出门作比，过去没有马的人家可以向人借到，现在恐怕是不可能了。孔子由此联想到中国文化的延续性问题。他很担忧：古代好的史官，将他存疑的东西用空缺的方法标出来，提醒人们重视。可是，现在学习风气不浓厚，探讨精神不饱满，又缺乏互助意识，以后人们钻研历史材料，学习中国文化，就不方便了。孔子展现出很强的文化使命感，他要将中国文化世世代代地传扬下去。可见，孔子穷毕生精力办私学、整理文化材料就是源于这种强烈的责任感，并不是一时心血来潮做得到的。

二十七、吃小亏，占大便宜

子曰："巧言乱德。小不忍，则乱大谋。"

评 析

孔子很反感"巧言"，他在《学而篇》第三章中说："巧言令色，鲜矣仁。"在这里，他还认为，花言巧语足以败坏道德。为什么这样认为呢？因为在孔子看来，这种人说得多，做得少；靠漂亮话哄人，而没有真才实学，不能够解决具体问题，这些都违背了做人的道理。

孔子认为，一个人要办大事，追求大目标，就要能够容忍小事小情。俗语说，将军赶路，不捉小偷。也是这个道理。所谓"小忍"，依据专家的意见，有三种情况：一是不能忍一时之气，打乱了自己的工作计划，导致因小失大；二是不能舍弃小恩小惠小利，为妇人之仁所累，导致因小失大；三是吝啬财物，做一个守财奴，导致因小失大。

二十八、众口一词要当心

子曰："众恶之，必察焉；众好之①，必察焉。"

注 释

① 好：读音同"郝"，用作动词，肯定他。

评 析

孔子说他评价人决不信口开河，总要"有所试"；在《子路篇》第二十四章中，孔子与子贡讨论"乡人皆好之"与"乡人皆恶之"如何对待的问题，孔子的意见是"善其好者"，"恶其不善者"，这就叫做审慎裁择，区别对待，不人云亦云，有自己的是非判断。孔子在本章所说的是辨证方法，在实际生活中，人们一定要仔细查考大家都认为好的，大家都认为不好的，这就是独立鉴别、认真判断的方法论。在历史上，在现实生活中，的确有许多例子，大家说好的，并不就是那么好；大家厌恶的，其实并不就是那么坏。一边倒的舆论，往往有人云亦云的成分。

二十九、重视人的能动作用

子曰："人能弘①道，非道弘人。"

注 释

① 弘：本义是大，引申为光大、扩大、放大的意思。

评 析

本章历来被研究者费解。人是社会实践的主体，当然也是社会认识的主体。孔子主张的仁道要靠志士仁人来实践、光大。孔子的仁道主张如果不能被人接受，不被推广，就失去了社会意义。正是在这个意义上，孔子重视和强调人的能动作用。但是，孔子又把人实践仁道、推广仁道的主体作用绝对化了。因此，反过来说的时候，孔子认为，并不是仁道能够扩大人。这就否定了仁道影响人、改造人的社会功能和巨大作用。如果是这样，孔子为之奔走呼号、奋斗不息的仁道，就毫无社会意义可言。可见，智者千虑，必有一失，这还是存在的。

三十、知错能改，就是聪明人

子曰："过而不改，是为过矣。"

评 析

人非圣贤，孰能无过？任何人都不可避免地要犯错误。但是，对待错误，不同的人有不同的看法：有人知错即改，吸取教训，马上提高，所以说，知错能改，善莫大焉；有的人固执己见，既不能认识到自己的错误，别人指出其错误也不能改正，所以，他经常重蹈覆辙，反复摔跤。对于初犯，孔子是持宽容态度的；但是，他重复出错，这就是他自己的问题了。因此，孔子说，人犯了错误而不能自觉改正，那就真是错了。孔子是说的认识论和方法论，人们如果对待错误的态度和方法错了，那就很危险了。

三十一、将学习与思考结合起来

子曰："吾尝终日不食，终夜不寝，以思，无益，不如学也。"

评　析

孔子在教学中十分重视学与思的关系，在治学中，孔子也注意把握学与思的关系。在《为政篇》第十五章中，孔子说"学而不思则罔，思而不学则殆"，强调学与思的有机结合。孔子在本章强调了学对于思的重要性。学习是前提，是为了给思考提供养料，如果没有学习和摄取，思考也就没有内在动力，它就是空洞无物的思考。因此，孔子又说，我曾经废寝忘食地思考问题，但是，没有什么收益，因此，还不如去学习的好。可见，一个人如果离开了学习的思考，那就是漫无目的、毫无实效的玄想。孔子的重学倾向，影响了一代又一代人，荀子说，"吾尝终日而思也，不如须臾之所学也"；子思说，"吾尝幽处而深思，不若学之速"。但是，受孔子这一思想的影响，后世儒家又走向另一个极端，重学轻思，成为书虫，缺少创造力和思维活力这是值得借鉴的。

三十二、君子的需求在精神，而不在物质

子曰："君子谋道不谋食。耕也，馁^①在其中矣；学也，禄在其中矣。君子忧道不忧贫也。"

注　释

① 馁：饥饿。

评　析

孔子重脑力劳动，轻体力劳动；樊迟问耕稼，孔子就批评过他没有志向。在孔子看来，耕稼力田，是农夫的事情，耕稼只能解决温饱问题。但是，由

于读书人有知识，能够掌握仁道，所以他能够解决治国平天下的重大问题。因此，耕稼力田是农夫的事，治国平天下则是读书人的事。人们干的事情不同，肩负的职责不同，所以，思考问题和努力的方向也不同。读书人的中心在学与思，在做官，所谓"学而优则仕"；如果他做官了，就要谋道，管理好国家。所以，孔子说，"谋食""忧贫"不是读书人的事情，读书人只关心"道"，"谋道"和"忧贫"。此后，"谋道不谋食"，"忧道不忧贫"，就成为历代读书人的座右铭。

三十三、治国守成不易

子曰："知及之^①，仁不能守之；虽得之，必失之。知及之，仁能守之。不庄以莅之，则民不敬。知及之，仁能守之，庄以莅^②之，动之不以礼，未善也。"

注　释

① 知及之：靠聪明获得官职。知，同"智"。

② 莅：读音同"例"，到。

评　析

孔子心中理想的治国方案是什么呢？本章为我们揭示出来了。孔子认为，治理好国家，首先，国君的脑子要管用，要能够掌握局势，有治国才干；其次，要推行德政，依靠仁德赢得民心，守住基业；第三，要有做国君的威仪，确立威信，孔子在《学而篇》第八章中说过，"君子不重则不威"，孔子对于威仪、领导风度是很重视的；第四，要合理地驱使老百姓，孔子认为，即使具备了治国才能，推行仁政，有国君威仪，但是，如果他不能合理地、适度地驱使老百姓，那么，他还是不能实现国家的长治久安，因此，不能说他取得了成功。孔子在役使老百姓的问题上，态度是很严肃的，在《学而篇》第五章中，孔子说过，"节用而爱人，使民以时"。老百姓才是立国之本，只有百姓安，国家才能安。

三十四、十个指头有短长，不可强求一律

子曰："君子不可小知 ① 而可大受 ② 也，小人不可大受也而可小知也。"

注 释

① 知：了解。
② 受：同"授"，授予重任。

评 析

在孔子看来，不同的人，有不同的才德，承担着不同的事业，因此，对于他们的作为，人们就不能用相同的标准评价，也不能使用同一把尺子裁量。德才兼备的人，是干大事业的，让他做小事，可能他做不圆满，这就是平常人们所讲的，"大才不可小用"，也说，"大才不可贱用"；但是，把他放在重要的岗位上，使他的雄才伟略充分地发挥出来，他就能够做出感天动地的不朽事业。当人们注意到他时，一定会被他的伟大品格、远见卓识、深厚修养、超凡魄力所感动，再也不会计较他的一些细枝末节。人们所称道的，一定是他的事业，而不是一些琐碎。对于一般人来说，就只能赋予他一般性的任务，不能够赋予重大使命。人们常说，"小才大用，乃兵家大忌"。一般的人，他们的才、德、学、识都不堪重负，即使勉强负重，也是要误事的。因此，人们评论一般人，只是从小事或者是细微处着眼。十个指头有短长，不可能长短一样，粗细一样，这是客观存在的事实，做人做事也是如此。

三十五、仁道的价值远远大于生命的价值

子曰："民之于仁也，甚于水火。水火，吾见蹈而死者矣，未见蹈 ① 仁而死者也。"

注 释

① 蹈：踩，引申为实践的意思。

评　析

孔子打消人们对于仁道主张的误解。在孔子看来，人们迫切需要仁道来拯救。可是，人们由于不懂仁道而远离仁道。孔子说道，仁道是个好东西，有什么可怕呢？我看见有人死于水火，却没有看见谁被仁道害死呢！本章可以同第九章联系起来读。孔子认为仁道是个好东西，因此，仁道的价值远远超越生命价值，主张"杀身成仁"。孔子认为，只要理解仁道的主张，就会对于仁道产生亲切感，人们就会打心眼里喜欢仁，从内心里需要仁，那时，仁就同人们的距离越来越短，如孔子在《述而篇》第三十章里说的，"我欲仁，斯仁至矣"，最后，"仁"就终于成为人们自身内在必不可少的东西。

三十六、当仁不让

子曰："当仁，不让于师。"

评　析

老师对于学生而言，是极其重要和珍贵的。但是，即使是在老师面前，还有更高的价值标杆，这就是"仁德"。在推行仁德的时候，在推行仁德的地方，即使是在老师面前，也没有什么好谦让的；更何况老师不在场的时候，更要见义勇为，不甘人后。孔子将仁道和仁德当成一种至高无上的、普遍的、无时不在的价值。亚里士多德曾说："吾爱吾师，吾更爱真理。"孔子则说："当仁不让。"意思相通，东西方智慧相通。

三十七、君子不拘小节

子曰："君子贞 ① 而不谅 ②。"

注　释

① 贞：正道。用作动词，固守正道的意思。

② 谅：信用。用作动词，是指不分是非地守信。

评 析

孔子心中的君子，不是头脑固执的人，而是充满智慧的聪明人。孔子在这里说，君子固守正道，而不是拘泥于小节小信。孔子关于管仲的评价，就是撇开了管仲不为公子纠殉节的小信小节，而是从九合诸侯，一匡天下，尊王攘夷的大节大信方面，即"贞"上进行评价的。在前面的君子"小知大受"的议论中，孔子也是着眼于"贞"来展开的。

三十八、要紧的是做好本职工作

子曰："事君，敬其事而后其食①。"

注 释

① 食：俸禄，报酬。

评 析

在孔子设计的伦理关系中，君臣是重要的一对关系。臣子对于国君的态度很重要。在孔子看来，做臣子的，首先要把国君托付的责任履行好，尽心尽责，然后才可拿到俸禄，如升官晋级，俸禄封号，等等。如果他把待遇和报酬放在首位，那就是失去了"尽忠"这个根本。臣子的责任就是认真地承担责任，至于报酬，那是国君思考的事情。孔子说的这一条，是设计了一条为人臣、做忠臣的道路。孔子的这个主张，对后世历代君王和臣子的心路历程影响很大，它被封建皇帝视为替大臣设计的人间正道，被忠臣视为做臣子的规范。

三十九、给学生以国民待遇

子曰："有教无类①。"

注 释

① 类：类别，区别。

评 析

孔子在《述而篇》第七章中说，"自行束脩以上，吾未尝无诲焉"。可见，孔子对于求学上进的学子，一概持欢迎的态度，无论地域、贫贱、出身、智愚，孔子都诲人不倦。这既是孔子的办学思想，也是他的教育思想。孔子从培养人才的目的出发，对于学生一概满腔热忱，严格要求，使用一个标准，学习相同的内容，但是在教育方法上，他能够做到因材施教。

四十、强扭的瓜不甜

子曰："道不同，不相为谋。"

评 析

孔子认为，只有志趣相投，认识、主张、意见相近的人，才可以在一起共同谋划事情；否则，就不必勉强他了。你和他既然走不到一起来，你勉强他也是白搭。古人说，强扭的瓜不甜。这可以看作是对孔子这段话的准确注解。但是，孔子并没有说要挞伐走不同道路、持不同观点的人，他是反对党同伐异的。

四十一、文章朴实本身就是一种美

子曰："辞达①而已矣。"

注 释

① 达：表达。

评 析

孔子论述过文章"文"与"质"的关系，他反对文辞虚浮，追求形式和辞藻；否则，反而使语意不准，文意不畅。在《雍也篇》第十八章中，孔子明确主张"文质彬彬"，反对"文胜质"的文风。本章仍然坚持了这一主张：只要言辞能够把思想表达出来，那就行了；人们不要刻意追求华丽的辞藻和铺张不实的表现手法。可以说，孔子对于文章和文风的欣赏，主要体现在自然美、朴实美上。

四十二、助人为乐也是待人的礼仪

师冕①见，及阶，子曰："阶②也。"及席，子曰："席也。"皆坐。子告之曰："某在斯，某在斯。"

师冕出。子张问曰："与师言之道与？"子曰："然；固相③师之道也。"

注　释

① 师冕：名叫冕的乐师，是一个盲人。

② 阶：台阶。

③ 相：帮助。

评　析

鲁国的盲人乐师冕有一天来看孔子，快到台阶时，孔子提醒道："就要到台阶了，要注意哩。"到了座席处，孔子告诉他："这是座席，请坐吧。"于是，大家都坐下了。孔子又一一给他介绍道："这是某人，这是某人。"乐师离开后，子张问孔子："您刚才是用接待盲人乐师的礼仪来接待冕吗？"孔子说："是啊，这就是引导盲人乐师的礼节啊！"孔子重礼貌，富于同情心，《乡党篇》里有很多生动的介绍。本章是孔子待人接物的又一个侧面。孔子重礼，凡是他要求别人做到的，他自己就首先认真地做到。其实，本没有什么接待盲人乐师的礼仪，孔子只不过是因对象而异地以礼待人罢了，表现出对人的尊重。对于弱势群体，孔子的"礼"，更加周到，更加细致，在细微处体现了孔子的深厚修养和伟大品格。

季氏篇第十六

导 读

品读本篇各章，俨然孔子就在我们身边忠告。孔子对于治国，对于学习，对于交友，对于日常生活，都有严肃诚恳的训诫：既来这，则安之；不患寡而患不均，不患贫而患不安；天下有道，则庶人不议；益者三友，损者三友；益者三乐，损者三乐；君子有三愆；君子有三戒；君子有三畏；君子有九思；隐居以求其志，行义以达其道；等等。这些忠告并不因为年代久远而失去生命力，相反，它总是能够跨越历史的时空，给人以智慧的启迪。在后世文献中，孔子的这些教诲，被体现在社会各种角色的言行举止当中，体现出极强的思想魅力。尤其在历代"家训"中，孔子的这些名言，被反复传诵，深深地印刻在世世代代国人的心田，支配着中国人的价值规范和人生态度。

一、贪欲是最大的忧患

季氏将伐颛臾①。冉有、季路见于孔子曰："季氏将有事②于颛臾。"

孔子曰："求！无乃尔是过③与？夫颛臾，昔者先王以为东蒙主④，且在邦域之中矣，是社稷之臣也。何以为伐也？"

冉有曰："夫子欲之，吾二臣者皆不欲也。"

孔子曰："求！周任⑤有言曰：'陈⑥力就⑦列⑧，不能者止。'危而不持，颠而不扶，则将焉用彼相⑨矣？且尔言过矣，虎兕⑩出于柙⑪，龟⑫玉毁于椟中，是谁之过与？"

冉有曰："今夫颛臾，固而近于费。今不取，后世必为子孙忧。"

孔子曰："求！君子疾⑬夫舍曰⑭欲之而必更为之辞⑮。丘也闻有国有家者，不患寡而患不均，不患贫而患不安。盖均无贫，和无寡，安无倾。夫如是，故远人不服，则修文德以来之。既来之，则安之。今由与求也，相夫子，远人不服，而不能来也；邦分崩离析，而不能守也；而谋动干戈于邦内。吾恐季孙之忧，不在于颛臾，而在萧墙⑯之内也。"

注　释

① 颛臾：鲁国的附属国。颛臾，读音同"专鱼"。

② 事：指战争。

③ 过：责备。

④ 东蒙主：在东蒙主持祭祀的人。东蒙，地名，在今山东省蒙阴县南；主，主持祭祀。

⑤ 周任：古代的史官。

⑥ 陈：摆出来。

⑦ 就：担任官职。

⑧ 列：职位。

⑨ 相：帮助。

⑩ 兕：读音同"似"，雌性犀牛。

⑪ 柙：读音同"峡"，关禽兽的笼子。

⑫ 龟：龟甲，用于占卜。

⑬ 疾：憎恨。

⑭ 舍曰：不说话，不高兴。

⑮ 辞：托词，借口。

⑯ 萧墙：鲁国国君在官门内设置的屏风，以使臣子晋见时对于君王更加肃敬。萧，肃的意思；墙，屏风。

评　析

颛臾虽然是鲁国的附庸国，但是，它历史文化悠久，底蕴深厚，而且五百年前就是周武王分封的国家，与鲁国是同缘的兄弟。鲁国的权臣季氏打颛臾的主意，想将它消灭掉。孔子的学生冉有、季路是季氏的家臣，当然可以揣测到孔子对于讨伐颛臾的反对态度。但是，他们还是事先以很委婉的方式向老师做了通报，以免事后挨老师的臭骂。虽然他们在见孔子的时候，对于通报的口气和用词斟酌再三，但是，孔子毕竟是高人，马上听明白了事由和学生的来意。孔子开门见山，反对讨伐颛臾。孔子认为，虽然颛臾在鲁国之内，但都是周王的封国啊！你们忍心攻伐它吗？

冉有不能和老师争辩，只能如实相告，"这并不是我们两人的主意，而是季氏执意所为，我们也不愿意啊"。

孔子明明知道这是侵略者的遁词，暂时并不立马揭破。孔子说道，就算你们不愿意，不赞成，但是，你们尽到家臣的责任了吗？如果你们不反对、不制止，你们就是纵容和支持。这个罪恶就有你们的一份。这就是孔子引用古代史官周任的话的道理所在，分量所在。周任说："尽力地行使自己的职责吧，如果不能，那你就辞职不干了。"一个人见义不勇为，与助纣为虐没有什么不同。

冉有见老师的情绪不对，动真格地指责上了，于是找了讨伐颛臾的"理由"：目前颛臾的城防牢固，而且又接近费城，将来终究是祸患啊！

在这个时候，孔子不能不揭穿侵略者的托词和借口了！孔子说道，我很讨厌那种明明是他自己贪得无厌，却要拼命掩饰自己贪欲的人。这不是君子所为！接着，孔子从理论上抒发了一段影响深远的议论："虽然我现在不做官了，但是，我知道，治理国家的人，必须牢记：贫穷对于国家和老百姓来说，它并不是最可怕的，财富不均才是覆国之患；人口稀少也不是最严重的问题，社会不安定才是亡国之忧。请你们想一想，财富平均，人们才不会觉得贫穷；大家和睦相处，就不会觉得人口稀疏；社会安定，就不会有覆国的危险了。假如做到了均贫、修睦和安定，如果境外的人还不纷纷归附，那就再使用修文重德这副杀手锏；他们归附以后，就一定要使他们安定地生活下去，一定不要穷折腾啊。"

孔子将自己的政治见解说完后，就严厉地批评了自己的两个学生："仲由、冉求啊！你们是季氏的家臣，责任重大，你们做了一些什么呢？境外的人不来投奔，你们不能招徕他们；国家正在陷入动乱，你们不能加以制止；现在，你们还在策划战争。你们这是在辅佐季氏吗？"

孔子凭着自己丰富的学识和政治经验判断，季氏的忧患不在颛臾，而在自己陷于贪欲之中不能自拔；而在于没有辅臣为他倾诉忠言，供他善择。

孔子是一位和平主义者，他主张相安无事，和平共处，反对没有是非的战争。孔子重视政治家的治国责任，他强调责任重于泰山，敢于在关键时候挑担子。孔子的治国理念很明确：不患寡而患不均，不患贫而患不安；既来之，则安之。孔子有很强的亲和意识，他反对窝里斗，穷折腾，折腾穷。

二、天下变易在"有道"与"无道"之间

孔子曰："天下有道，则礼乐征伐自天子出；天下无道，则礼乐征伐自诸侯出。自诸侯出，盖十世① 希② 不失矣；自大夫出，五世希不失矣；陪臣执国命③，三世希不失矣。天下有道，则政不在大夫；天下有道，则庶人④ 不议。"

注 释

① 世：三十年为一世。
② 希：同"稀"，很少。
③ 陪臣执国命：陪臣，卿、大夫的家臣；执，掌握；国命，国家的大政方针。
④ 庶人：老百姓。庶，读音同"树"。

评 析

孔子的政治思想强调正统和名正言顺。天子执掌国政，决定礼乐和征伐，是符合正统要求的；如果他能够做到名正言顺，那么，也就容易做到政治清明。反过来，如果政治腐败，社会黑暗，那就不一样了：诸侯僭越天子，制礼作乐，决定征伐；还有权臣犯上篡权的丑行；更有家臣造反欺主的恶行。总之，情况会越来越糟，而不会越来越好：诸侯僭越，很少有延续十代而不垮台的；权臣把政，很少能够持续五代而不被推翻的；家臣把持，很少有在三代以后不覆灭的。民心太重要了！国有正统，天子掌权，就能政令畅通；社会安定，老百姓就安居乐业，他们也不会蠢蠢欲动了。

孔子关于社会政治治乱变易道理的阐述，是对于周代以前中国社会历史进程的深刻总结，既符合历史实情，又有深刻的辩证法，还有很强的现实针对性。所谓针对现实，就是针对诸侯、卿大夫、家臣僭越礼制，造成社会动乱而言。在孔子看来，违背正统的事情，虽然依靠强权可以得逞于一时一世，但是，由于它不能赢得人心民心，因此，它终究是要败亡的。

三、抢来的东西不长久

孔子曰："禄①之去②公室③五世④矣，政逮⑤于大夫四世⑥矣，故夫三桓⑦之子孙微⑧矣。"

注　释

① 禄：爵禄，这里指国家政权。

② 去：丧失的意思。

③ 公室：诸侯的家族。

④ 五世：鲁国宣公死后，季孙氏操纵政权，经历了成公、襄公、昭公和孔子说话时的定公五代诸侯。

⑤ 逮：等到，延及。

⑥ 四世：从季孙氏开始掌权到孔子说话的这个时候，经历了文子、武子、平子和桓子四代人。

⑦ 三桓：鲁国掌权的季孙氏、孟孙氏和叔孙氏三家大夫，都是鲁桓公的后代。

⑧ 微：不起眼，衰微。

评　析

这是孔子对于鲁国政权更迭、人事交替的感慨，也是为上一章议论提供证据。鲁国国君有五代不能掌握政权了，政权被季孙氏垄断也经历了四代，所以，到现在鲁桓公的三房子孙也已经衰微了。历史是无情的。以下犯上的火红日子注定是短暂的。

四、交益友，不交损友

子曰："益者三友，损者三友。友直，友谅①，友多闻，益矣。友便辟②，友善柔③，友便佞④，损矣。"

注　释

① 谅：诚实可靠。

②便辟：迎逢谄媚。便，读音同"骈"。

③善柔：当面奉承。

④便佞：巧言令色。

评 析

孔子阐述了他的交友观：要同三种有助于自己进步的人交朋友，而不要同有害于自己进步的人交朋友。和正直的人交朋友，和诚实的人交朋友，和见识广博的人交朋友，就会增益；同阿谀奉承的人交朋友，同奸猾的人交朋友，同花言巧语的人交朋友，便是有害的。人生在世，交友是一关。与善人交，增益无穷；与恶人交，后患无穷。所以，须先识人然后相交。

五、快乐是把双刃剑

孔子曰："益者三乐，损者三乐。乐①节礼乐②，乐道人之善，乐多贤友，益矣。乐骄乐③，乐佚游④，乐宴乐⑤，损矣。"

注 释

①乐：读音同"勒"，用作动词，以……为快乐。下文用于句首的"乐"，都是如此。

②乐：读音同"月"，音乐。

③骄乐：以恣意骄放，不知节制为快乐。

④佚游：放纵地游玩。佚，读音同"亦"，过分。

⑤宴乐：饮宴取乐。

评 析

孔子认为，快乐是把双刃剑，合理的适度的快乐是有益于人的身心健康的，是应该提倡和鼓励的；享乐主义则是有害的。孔子根据人们的快乐行为，区别健康的快乐与有害的快乐，指出：以受到礼乐的调节为快乐、以宣扬别人的长处为快乐、以广交贤友为快乐，就是健康的快乐观；以盛气凌人为快乐、以游玩无度为乐、以吃吃喝喝为乐，就是有害的快乐观。孔子倡导健康的快乐观，反对有害的快乐观，这是有教育意义的。

六、说话也有学问

孔子曰："侍于君子有三愆^①：言未及之而言谓之躁，言及之而不言谓之隐，未见颜色而言谓之瞽。"

注　释

① 愆：读音同"千"，过失。

评　析

孔子讲的交友，是指两个人在人格上是平等之间的友好交往；但是，对于君子就不能够以交友概观了。譬如说话，就大有讲究，不能信口开河，胡言乱语，要掌握时机，把握主动，说出内容和水平来。为此，孔子指出，还没有轮到你说话时，就抢着说话，是急躁；别人说到了你却不能吐出实情，就是隐瞒；不察言观色而乱说一通，就是睁眼瞎。自古以来，人们就感慨"开口难，难开口"，孔子特别提示在大人物面前说话容易犯毛病，可见，说话的学问大着呢！

七、在人生的每一阶段都必须牢记一个"戒"字

孔子曰："君子有三戒^①：少之时，血气未定，戒之在色；及其壮也，血气方刚，戒之在斗；及其老也，血气既衰，戒之在得^②。"

注　释

① 戒：警戒，警惕。

② 得：这里是指广义的"得"，如，获得名誉、地位、金钱、财产，等等，都可以算得上"得"。

评 析

孔子根据人生历程，指出人在不同的年龄、生理、心理阶段上应该慎戒的事项：少年戒色。年轻时过分地贪色，就会损害身体，甚至短命。壮年戒斗。人到成熟阶段，血气方刚，有很强的竞争意识，处处事事想出头，反而容易招致打击。老年戒得。人生暮年，日益觉得人生短促，人们如果还对于名誉、地位和财物，追求得很急迫，劳累伤身，甚至会失足酿恨，晚节不保。古往今来，不仅平常人失于色、斗和得，就是千古英雄人物，在色、斗、得上栽跟斗，也不少见。孔子的"三戒"，真正道出了人生的底蕴：人生的修养课，必须立足于"戒贪"。少年贪色，壮年好勇，老年喜得，都是"贪欲"在作祟。

八、社会必须有权威

孔子曰："君子有三畏：畏天命，畏大人①，畏圣人之言。小人不知天命而不畏也，狎大人，侮圣人之言。"

注 释

① 大人：这里是指地位高尚的人，如诸侯、卿、大夫等。

评 析

孔子认为，一个人活在世上，应该中规中矩，尊重合理的必要的约束；否则，就会突破规矩方圆，肆无忌惮，危害社会。孔子认为，在世界上，有三种东西对于君子有威慑力和约束力：一种是自然规律，君子懂得自然规律不可逾越；一种是身居高位者的言行风范，君子知道上流社会的喜好足以引导社会的价值观和风气；一种是圣人的教诲，君子明白圣人的思想对于维系社会价值体系和社会信念具有关键性作用，因此，必须遵循圣人的教诲，并用它来开化民风民俗。孔子的论述，可谓感时而发。当时，社会失衡，人心不稳，"小人"蠢蠢欲动，无法无天，孔子认为，正是"小人们"不尊崇自然规律、上流社会的风范和圣人的教诲这三大权威的恶果。孔子主张尊重权威，重视"三畏"，人有敬畏感才能有效约束自己的言行，体现君子的品行。

九、天生人材各不同

孔子曰："生而知之者上也，学而知之者次也；困而学之，又其次也；困而不学，民斯为下矣。"

评 析

人的材料各不相同，天资有智愚之分：生而知之，是天才；学然后知，是人才；需要知识时才感到学习的重要，是庸才；需要知识了也不觉得学习的可贵，是蠢材。"民斯为下矣"，这种人不可避免地沦落为下等人，这是没有办法的事情，也是不值得同情的。天才毕竟是少数，可遇而不可求；人才遍地都是，一般人只要注重学习，随时都可能提高；庸才具有可塑性，他临时抱佛脚，虽然不能一时大彻大悟，但这也是一种提高的捷径；蠢材只是极少数，他们是无可救药的。

十、思考，决定做人的态度和风度

孔子曰："君子有九思：视思明，听思聪，色思温，貌思恭，言思忠，事思敬①，疑思问，忿思难②，见得思义。"

注 释

① 敬：态度认真。
② 难：患难，后患。

评 析

在《公冶长篇》第二十章中，季文子"三思而后行"，孔子认为，"再思"即可。这是着眼于思与行的关系。在本章，孔子论述"九思"，并不是指行一事所必须同时具备的思考，而是说在日常生活中人们必须具有这九种思维，以利处事：看的时候要考虑到是否看明白了，听的时候要考虑到是否听真切了，脸上的表情要考虑到是否和悦，待人接物的态度要考虑到是否温和耐心，说话的时候要考虑到是否诚恳，做事的时候要考虑到是否严肃认真，遇到疑难时要考虑到是否应该诘问，发怒的时候要考虑到是否有后患，在获得的时候要考虑到是否合情合理。孔子在这里说的见得思义与在前面强调的见利思义是一个意思。仔细品味孔子的"九思"，可以发现，孔子对于做人的态度是极其关注的。在日常生活的各个环节，孔子十分强调严肃认真、一丝不苟的生活态度和精神面貌，他主张人生的修养从生活的细微处着眼，时时处处都要有君子的仪容风度。

十一、善于出世和入世都很难

孔子曰："见善如不及，见不善如探汤①。吾见其人矣，吾闻其语矣。隐居以求其志，行义以达其道。吾闻其语矣，未见其人也。"

注　释
① 汤：煮沸的水。

评　析

孔子在《泰伯篇》第十三章中有句名言："无道则隐。"孔子具有隐士思想，只不过与隐士文化不同的是，孔子在主张退隐的时候，表面上看起来显得消极，其实是一种积极的战略，是一种保存实力，迂回曲折的斗争方法，即以退为进，隐忍自保。孔子在本章里说的"隐居以求其志"，依然是这个意思。隐居，本来是指人脱离世俗，远离尘世纷争，独善其身，已经没有什么社会志向。可是，孔子却说隐居只是一种保存实力、保全志向的形式和途径，可见，隐居并不是目的。

但是，要真正做到像孔子说的那样隐居，却是很难做到的。在孔子以前的历史上，只有辅佐成汤讨伐夏桀的伊尹，辅佐周武王讨伐殷纣王的姜太公做到过。唯其不易，所以孔子有极大的感叹：见贤思齐，不停地追求；见恶即避，如向沸水伸手之际。孔子看到过很多这样的人，如受到孔子夸奖的"如闻其语，如见其人"的学生颜回、闵子骞和冉雍等等。在孔子的时代，孔子还没有见到通过隐居避世来保全自己的志向，入世后就努力地践行自己政治主张的人。孔子说的这种人，实际上是德才兼备、千古一世的大政治家，如后来的诸葛亮、刘基等人，都是如此。

十二、生前威风如云烟，死后美德世代传

齐景公①有马千驷②，死之日，民无德而称焉。伯夷、叔齐饿于首阳③之下，民到于今称之。其斯之谓与?

注 释

① 齐景公：其国国君，名杵臼。

② 千驷：概称，指马匹和车辆多，这是古代国力强盛的显著标志。驷，读音同"四"，古代一般用四匹马拉一辆车，称为"驷"。

③ 首阳：山名，有人认为在今河南省。首阳山是伯夷、叔齐隐居采薇，终于饿死的地方。

评 析

儒家主张人生的境界和理想是：立功，立德，立言。孔子在《卫灵公篇》第二十章中说，"君子疾没世而名不称焉"。名声是人的标识，是一张名片，它在人世间显得很重要。但是，衬托这份标识和名片的，并不是别的什么东西，正是做人的德行。一个人如果没有良好的德行，留下的好名声，那他只能是背负恶名、骂名、丑名。

这段文字，历来被研究者认为有缺文。缺掉的正是体现本文中心思想的内容，如在《颜渊篇》第十章引用的《诗经·小雅·我行其野》中的诗句："诚不以富，亦祗以异。"富而且贵，但无品德，人们不会称赞他，如齐景公富贵得骄奢淫逸，死后人们对他骂声一片；贫而且贱，但有道德，人们会称赞他，喜爱他，如宁肯饿死在首阳山也不食周粟的伯夷、叔齐。贫穷和富贵不是划分德行的标志，对人评判的依据，还是德行本身。

十三、学《诗》学《礼》，足以立于不败之地

陈亢①问于伯鱼②曰："子亦有异闻乎?"

对曰："未也。尝独立，鲤趋③而过庭④。曰：'学《诗》⑤乎?'对曰：'未也。'曰：'不学《诗》，无以言也。'鲤退而学《诗》。他日，又独立，鲤趋而过庭。曰：'学《礼》⑥乎?'对曰：'未也。''不学《礼》，无以立⑦也。'鲤退而学《礼》。闻斯二者。"

陈亢退而喜曰："问一得三，闻《诗》，闻《礼》，又闻君子之远其子⑧也。"

注　释

① 陈亢：字子禽，孔子的学生。

② 伯鱼：名鲤，孔子的儿子。伯鱼出生时，恰逢鲁昭公派人送来一条鲤鱼，故以鲤命名。伯，排行为长者。

③ 趋：小跑，或者快步走。对待长者、尊者，一般趋步上前，表示敬重。

④ 庭：院子。

⑤ 《诗》：《诗经》。

⑥ 《礼》：儒家经典之一，由孔子删订。本书讲述了古代社会的礼仪规范。今不存全本，有清代学者整理的《大戴礼》《小戴礼》。

⑦ 立：孔子很重视"立"这个概念，他说，"三十而立"，也是这个"立"。有所作为，并能立于不败。

⑧ 远其子：古代，盛行"易子而教"的习惯。孔子的儿子和孔子的学生们一起学习，孔子并没有私厚自己的儿子，而是教同样的内容。这里是在表彰孔子公平待人的师德。

评　析

本章是由陈亢引出的话题。陈亢与伯鱼为同学，但是，伯鱼的父亲就是孔子。陈亢心里嘀咕，难道老师私下教自己的儿子也是课堂上的这些内容吗?于是就委婉地问伯鱼："您在老师那儿还听到了什么特别的教诲吗?"伯鱼并没有简单地否定，而是讲述了生活中的两件小事。只是有两次孔子独自在庭院里的时候，伯鱼迎上去，孔子问他学过《诗》和《礼》了没有，得知伯鱼还没有学过时，孔子说道："不学《诗》，就不善于说话论事;不学《礼》，就不善于立身为人。"陈亢听罢，十分高兴，相信老师确实没有私厚自己的儿子，因此，更加敬重老师的师德风范。从师德上讲，老师要将学生等同于自己的儿子，不能有半点私厚，体现良好的师德；另一方面，孔子十分重视读经典，学名著，通过经典来加强育人立人的工作。后世历代统治者强调读经，其依据就在这里。

十四、称呼要符合人的地位身份

邦君①之妻，君称之曰夫人，夫人自称曰小童；邦人称之曰君夫人，称诸异邦曰寡小君；异邦人称之亦曰君夫人也。

注 释

① 邦君：诸侯国的国君。

评 析

这一章没有"子曰"作为起句，历代都有研究者怀疑它是否是孔子的意思。但是，主流的意见认为，这段文字的确是孔子的话，很难篡伪。

孔子主张并重视正名，对于称呼是十分讲究的。称呼要合情、合理、合法，不能随意乱来。称呼虽然只是一种符号，但是它却是一种身份、地位和礼仪的标识。就拿诸侯国的妻子来说，国君在家里称她为夫人，夫人则自称为小童；老百姓尊称她为君夫人，但对外国人则自称寡小君；外国人也亲切地称她为夫人。

阳货篇第十七

导　读

本篇有很多的成语和名句，至今仍然流传我们的生活中，如：时不我待（岁不我与），杀鸡焉用牛刀，色厉内荏，道听途说，患得患失，饱食终日，无所用心，唯女子与小人为难养也，等等。

本篇描述孔子待人接物，映现了孔子的智慧与儒者风采。阳货与孔子邂逅相遇，在孔子与阳货的对答中，孔子被动变主动，完好地兼顾了原则性与灵活性，堪称智慧典范。孺悲见孔子，孔子以乐教化他，足见孔子为人机敏。孔子为人处世，具有丰富的方法论内涵，对于后世影响深远。

孔子进一步地论述了仁道与仁德的内涵。孔子认为，仁德包括恭、宽、信、敏、惠五种美好的德行，这五种美德对于君子用世有着积极的意义。孔子主张做人要有六种良好的品德，仁、智、信、直、勇、刚，并以此来克服六种恶德，愚、荡、贼、绞、乱、狂。孔子认为，一个人积累美德的途径是多方面的，但是最重要的则是学诗、习礼、爱乐。一个人立足于社会，一定要注重道德修养，注重品德培养，如果在中老年时仍然被人憎恶，就枉此一生，无可救药了。

孔子认为，君子有很强的原则性和是非观，这种最本质的东西总是体现在实际行动当中。他反对当好好先生，痛斥"乡愿"；反对道听途说，人云亦云；君子敢爱敢恨，从不随波逐流，同流合污，因此，君子有"四憎恶"，"三反感"，具有道德底线和原则要求。

一、应付也是化解矛盾的方法

阳货① 欲见孔子，孔子不见，归② 孔子豚③。

孔子时 ④ 其亡 ⑤ 也，而往拜之。

遇诸涂 ⑥ 。

谓孔子曰："来！予与尔言。"曰 ⑦ ："怀其宝而迷其邦，可谓仁乎？"曰："不可。""好 ⑧ 从事而亟 ⑨ 失时，可谓知乎？"曰："不可。""日月逝矣，岁不我与 ⑩ 。"孔子曰："诺 ⑪ 。吾将仕矣。"

注　释

① 阳货：名虎，季氏家臣。季氏掌握了鲁国的政权，阳货则把持了季氏的权柄。这就是孔子说的"陪臣执国命"。

② 归：同"馈"，赠送。

③ 豚：小猪。这里是指烤熟了的小猪。

④ 时：同"伺"，伺机。

⑤ 亡：外出。

⑥ 涂：同"途"，道路。

⑦ 曰：这里的几个"曰"，都是阳货自问自答。

⑧ 好：读音同"浩"，喜欢。

⑨ 亟：读音同"汽"，屡屡。

⑩ 与：等待。

⑪ 诺：好吧，表示赞同的应答。

评　析

孔子处世外圆内方，灵活性内蕴原则性，有很高的应对复杂局面的驾驭能力和处世艺术。孔子有很高的修养，有很深的学问，但他决不迂腐，由此可见一斑。阳货因囚禁季桓子而掌权，成为孔子所说的"陪臣执国命"式显赫人物。阳货不是草莽英雄，他慧眼识珠，认识到孔子的政治价值和社会影响力，很想延揽孔子入朝为官。但是，孔子有自己的原则，就是不肯同流合污。孔子同阳货的斗智就是不可避免的了。

阳货很希望孔子来拜见自己，但是，孔子就是不理这个茬。阳货没有办法，只能自己主动。于是就派人给孔子送上烤乳猪，以便让孔子来回拜自己。孔子受了阳货的礼，自然不能无动于衷，他得还礼，但是，孔子还是不愿见到阳货。怎么办呢？孔子派学生去打听阳货的动静。等到阳货不在家的时候，孔子才去拜谢阳货。可是，事情就有那么巧，他们两人居然在路中不期而遇。阳货要见孔子，而孔子不愿意见阳货。自然是阳货主动，而孔子被动。正是在这种窘境中，才显出孔子应付局面的本事。阳货很有点火气地对孔子说："来！我同你说话。"天下哪有这样开口的！孔子并不计较他，而是径直走过去听他说话。这正是孔子的胸怀和雅量所在，而一般人却做不到，很可能干上嘴仗了。阳货质问孔子，先生您不是成天强调仁道吗？可是，将自己的本领隐藏起来而不为国效力，这算得上仁道吗！孔子不吱声。阳货摇着头说，绝对不可以这样的。阳货继续质问道，先生您不是大谈智愚吗？您热衷于政治，可是又屡屡错失出仕良机，这就是您所说的智慧吗！孔子依然不吱声。阳货一副得意相。说道，绝对是不可以这样的！阳货见孔子不作声，于是缓了缓语调，不无劝慰地说，先生，机不可失，时不再来，您可得要抓紧啊！孔子应付道，"那好吧。我打算出来做官了！"这是十足的应付之言，据载，孔子此后并没有做官，而是一如既往地专心致志地授业解惑，严格地实践师道。孔子应付阳货，是为了避免与他面对面地纠缠，使自己尽早从尴尬之中解脱出来。孔子从头到尾没有半句辩解。难道是孔子不想辩解吗？不是。答案只有一个：道不同，不相为谋；话不投机，半句多。在阳货眼里，孔子可以被自己居高临下地教训；但在孔子眼里，阳货不过是一个造反夺权的家臣，猖狂的得势小人，孔子不屑于同他理论。只一句既不低调又不高调的应付话，就打发了看似处于主动的阳货，从而化解了阳货的攻势。好一句"吾将仕矣"，真正精妙，令人回味无穷！

二、社会是锤炼人的舞台

子曰："性相近也，习①相远也。"

注　释

① 习：本义是练习，这里是受影响的意思。

评　析

人的性情究竟是与生俱来的，还是后天形成的？千百年来，哲学家、心理学家、社会学家众说纷纭，没有定见。孔子主张后天论，认为人的性情生下来时是相近的，只是由于环境的改造，人的性情才变成各色各样。孔子的环境决定人的性情的思想，在后世极有影响，如宋代人编写的《三字经》，承继了这一思想，开篇即说："人之初，性本善。性相近，习相远。苟不教，性乃迁。"人们如果承认人可以被教育改变，也就肯定了教育的社会功能。孔子在人与环境、人与教育的认识上，别具慧眼。

三、原则性与劣根性都是不可改变的

子曰："惟上知 ① 与下愚不移。"

注 释

① 知：同"智"。

评 析

本章的思想与上两章是有联系的。阳货对于孔子可谓不遗余力地威胁利诱，可是，孔子不软不硬地巧与周旋，就是不曾就范。孔子是"上智"者，有原则，有主心骨，不被外在条件所改变。本章的"不移"说，就在理论上说明了应付阳货的话——"吾将仕矣"的机巧与智慧的意蕴。应付是灵活性；"不移"，就是坚守不怠的原则性。虽然环境可以改造人，甚至是改变人，但是，愚笨的人，自有其顽劣的根性，他不是一个短时间内就可以奏效的。因此，最愚笨的人也有他不可改变的习惯、行为和思维方式。"不移"说，是特殊性，是对于"习相远"这个普遍性的补充。

四、礼乐是安定社会的妙方

子之武城 ①，闻弦歌之声。夫子莞尔 ② 而笑，曰："割鸡焉用牛刀？"

子游 ③ 对曰："昔者偃也闻诸夫子曰：'君子学道则爱人，小人学道则易使也。'"

子曰："二三子！偃之言是也。前言戏之耳。"

注　释

① 武城：地名，鲁国的一座小城。

② 莞尔：微笑的样子。莞，读音同"晚"，微笑。

③ 子游：姓言，名偃，字子游，孔子的学生，时任武城宰。

评　析

孔子到武城莞尔而笑，同学生开玩笑，是心情舒畅形于色的表征，也是对于学生子游能够实践老师的教诲和政治主张的肯定和褒奖。孔子到武城去巡游，学生子游等人陪同。孔子到处都听到弹琴唱歌的声音，很开心，就笑着说："杀鸡何必使用宰牛刀啊？"武城宰子游回答道："以前我曾听您说过：'做官的人懂得了礼乐的道理，就知道如何爱护老百姓；老百姓懂得了礼乐的道理，他们就好被当官的使唤。'"孔子对于子游的回答很满意，特地向随行的其他学生点化。孔子的"割鸡焉用牛刀"，是一句十足的玩笑话、得意话。从孔子听闻武城遍地弦歌时起，孔子就心中有数，知道子游行使的是仁道政策，实践着自己主张、鼓吹多年的政治思想。"偃之言是也"，这是孔子对于子游为武城宰的肯定性评价。

五、理想的舞台，不受时空限制

公山弗扰① 以费畔②，召，子欲往。

子路不说③，曰："末之④ 也，已⑤，何必公山氏之之也⑥？"

子曰："夫召我者，而岂徒⑦ 哉？如有用我者，吾其为东周⑧ 乎？"

注　释

① 公山弗扰：复姓公山，名弗扰。又有人说是公山不狃，鲁国大夫季氏的家臣。

② 畔：同"叛"，谋反。

③ 说：同"悦"。

④ 末之：没有地方去。末，没有；之，到，往。

⑤ 已：罢了。

⑥何必公山氏之之也：是"何必之之公山氏也"的倒装句。前一个"之"是结构助词，后一个"之"是到……去的意思。

⑦徒：徒然，白白地。

⑧为东周：在东方建立一个像东周那样的国家。是按照周代的礼乐改造鲁国的意思。

评　析

对于本章，研究者有不同的理解。有人认为，孔子说应召赴费，是为了试探子路，看看子路的道行如何；又有人说，孔子真的动了心，真心想到费城去干一番事业，实现自己的政治抱负。这两种理解都有依据。

子路又同他的老师产生了分歧。季氏家臣公山弗扰夺了季氏的权，又准备在费城发动叛乱。这时，公山弗扰派人去请孔子加盟。孔子打算去。子路着急了。他规劝道，老师您哪儿不好去呀？为什么一定要到费城去呢？要知道，公山弗扰可是一个犯上作乱的坏蛋。孔子有自己的处世方法，那就是原则性与灵活性结合起来。孔子或许真的想借用这个机会，一展自己的抱负，成就一番事业。子路是一个直人，有啥说啥，决不论时间地点条件的要求，直言快语。孔子当然反对并痛恨以下犯上的行为，但又不肯坐失立功成事的大好时机。孔子基于推行他的道，需要一个社会舞台。从子路的反对可知，孔子在《子罕篇》第三十章里说的"可与共学，未可与适道；可与适道，未可与立；可与立，未可与权"的深刻含义。子路有原则性，可是太缺乏灵活性了。从教育子路的角度看，孔子试探子路的道行，也不可知。

六、行仁德者，赢得天下

子张问仁于孔子。孔子对曰："能行五者于天下为仁矣。"

"请问之。"曰："恭，宽，信，敏，惠。恭则不侮，宽则得众，信则人任焉，敏则有功，惠则足以使人。"

评　析

子张向孔子请教仁道，孔子说，能够做到恭、宽、信、敏、惠，就达到仁道了。恭，就是自律，严格地自我要求，而不是放纵自己；宽，就是宽厚待人，不苛责于人；信，就是讲信用，重然诺，有人格魅力；敏，就是反应快，聪明过人；惠，就是惠泽别人，不要自私自利。一个人对己待人能够如此，就有君子之风了。因此，孔子说，这五条，足以自保，赢得群众，博得信赖，从而支派别人。可见，孔子主张依靠威信、修养和人格魅力赢得人的真心，而不是依靠强权去支配人，统治人。在强权政治的统治下，往往是一朝权在手，便把令来行，依靠强力驾驭人的意志和行动，但这是不能长久的。

七、思想并不是供人欣赏的，而是用来影响人的

佛肸①召，子欲往。

子路曰："昔者由也闻诸夫子曰：'亲于其身为不善者，君子不入也。'佛肸以中牟②畔，子之往也，如之何？"

子曰："然，有是言也。不曰坚乎，磨而不磷③；不曰白乎，涅④而不缁⑤。吾岂匏瓜⑥也哉？焉能系而不食？"

注　释

① 佛肸：读音同"必稀"，晋国大夫范中行的家臣。

② 中牟：晋国的地名。在今河北省邢台市与邯郸市之间。当时是晋国大夫范中行的私邑。

③ 磷：薄。

④ 涅：用作动词，染黑的意思。

⑤ 缁：读音同"姿"，黑色。

⑥ 匏瓜：俗称匏子，有甜、苦两种。甜的可食用，苦的可系在腰间，用于浮水。

评　析

本章记叙的事件性质，与第五章类似。赵简子以晋国国君的名义攻打大夫范中行。范氏家臣佛肸以中牟为据点予以对抗。在这个时候，佛肸急召孔子前来帮忙。孔子有自己的打算，倘若赵简子灭掉范氏，就会形成三分晋国的格

局。孔子不愿看到晋国被分裂的后果，因此想出手支援范氏。但是，孔子的想法遭到了子路的反对。子路用孔子教导学生的话劝阻孔子。子路提醒老师说，您不要忘了曾经教导学生的话，君子是不会同坏人同流合污的。中牟现在是叛乱之地，您犯得着掺和吗？再说，这样也不站道理呀！孔子打了两个比方，说明了"君子不移"的道理：最坚硬的东西，无论如何，你是不能磨灭它的；最洁白的东西，无论如何你也休想污染它。我自持仁道，怎么会同流合污啊！孔子想去中牟，只是说说而已，并没有真的成行。不过，孔子表达了用世的强烈愿望。孔子满腹智慧，有着一套成熟的政治主张，他很想有机会付诸实践，不愿意像挂在腰间的匏子那样，只能供人欣赏，而不能及时发挥作用。孔子自持不移的思想，对于后世儒家产生了很大影响。孟子说，"富贵不能淫，贫贱不能移，威武不能屈"，就是对于孔子思想的发扬。能够被改变的东西，它是缺乏自我本质的东西，是没有生命力的腐物。

八、学习是道德的灵魂

子曰："由也！女闻六言①六蔽②矣乎？"对曰："未也。"

"居③！吾语女。好仁不好学，其蔽也愚；好知不好学，其蔽也荡④；好信不好学，其蔽也贼⑤；好直不好学，其蔽也绞⑥；好勇不好学，其蔽也乱；好刚不好学，其蔽也狂。"

注 释

① 六言：六种道德，仁、智、信、直、勇、刚。
② 六蔽：六种弊端，愚、荡、贼、绞、乱、狂。
③ 居：坐下。
④ 荡：思想不稳定，三心二意。
⑤ 贼：危害。
⑥ 绞：为人尖刻，出语伤人。

评 析

孔子给子路上了一堂生动而深刻的辩证法课。孔子认为，"六德"之中，本身就包含着"六蔽"，因此，要趋利避害，妥善把握事物发展的度。孔子认为，学习能够保持"六德"，它是矛盾转化的关键；离开了学习，就会使"六德"变成"六蔽"。喜好仁德而不喜欢学习，就容易被人愚弄；喜好聪明而不喜欢学习，就容易见异思迁；喜好诚实而不喜欢学习，就容易被人利用；喜好直率而不喜欢学习，就会出语伤人；喜好勇敢而不喜欢学习，就容易闹出乱子；喜好刚强而不喜欢学习，就会狂妄自大。孔子的这六句话，针对着六种性格，可以作为人们处世的座右铭。

九、君子有诗情

子曰："小子 ① 何莫学夫 ②《诗》？诗，可以兴，可以观，可以群，可以怨。迩之事父，远之事君；多识于鸟兽草木之名。"

注　释

① 小子：指学生。

② 夫：那，那个。

评　析

孔子注重诗教，在前边的篇章中，多次阐述了诗对于形成人们修养的极端重要性。在本章，孔子进一步论述了诗的人性化意义。孔子说，学生们啊，你们为什么不注重诗的学习呢！诗对于人生来说，可是太重要了！可以借助诗，抒发真情实感；可以借助诗，明白很多道理；可以借助诗，团结很多朋友；可以借助诗，宣泄哀怨。即使是侍奉父母、君王，诗也是有所帮助的。但是，要将诗做好，就得下功夫了解鸟兽草木的名称和特点，从中获得各种自然知识。

十、不学礼义，难以进步

子谓伯鱼曰："女为《周南》、《召南》 ① 矣乎？人而不为《周南》、《召南》，其犹正墙面而立 ② 也与？"

注　释

①《周南》、《召南》:《诗经》的前两篇,属于"国风篇"。儒家认为周南、召南两地的诗歌合乎礼义,是正始之道,王道之基。

② 正墙面而立:正面对着墙站立,不能继续向前。

评　析

孔子在《季氏篇》第十三章中教育儿子伯鱼要好好学习《诗》《礼》,使自己能言能立。在这里,孔子进一步指出学习《诗经》的重要性。一方面,学习《诗经·周南》《诗经·召南》,是学习诗的重要内容,孔子已经在上一章中论述了诗对于人生的意义,这里是举例说明;另一方面,《诗经》里开篇的两首诗,历来被人们所重视,被捧得很高,认为它们宣导王道,颂扬礼义,是正义之声,仁德之声,是高尚的雅音。因此,孔子又特别提醒伯鱼学习《周南》《召南》这两首诗篇。

十一、礼乐钟鼓,从来不是奢侈品

子曰:"礼云礼云,玉帛 ① 云乎哉? 乐云乐云,钟鼓云乎哉?"

注　释

① 帛:读音同"博",丝织品。

评　析

孔子的感叹,是针对当时社会奢靡之风而言,意在针砭时弊。孔子从不注重礼乐的外在形式,而是注重礼乐所包含的内在文化、内在精神。礼乐不是用于摆排场、比阔气的奢侈品,而是一种文化品格、文化象征,它们是协调社会、化解矛盾、淳厚风化的学问,是对人有所作为的活的东西,而不是一般的、死的、物化的东西。正是在这个意义上,孔子说,礼呀礼,难道只是对玉帛而言的吗? 乐呀乐,难道只是对钟鼓等乐器而言的吗? 这段感叹的话,发人深思。

十二、不可一世的人，其实很心虚

子曰："色厉而内荏①，譬诸小人，其犹穿②窬③之盗也与!"

注 释

① 色厉而内荏：外表威严，内心很虚。荏：读音同"韧"，软弱，怯懦。
② 穿：穿洞。
③ 窬：读音同"余"，爬墙。

评 析

孔子感时而发，针对现实而言。当时一些失德的大佬，身居上位，摆出一副不可一世的架子，其实，他们的内心虚弱得很，就像被捉住的穿洞爬墙的小偷一样怯弱。孔子尊重君子，极端鄙视失德的小人。同时，他也是在导扬一种社会价值，鼓励人们做有德的君子，不当失德的小人。现实就是一面镜子，生活本身就是人们的老师。孔子揭示社会的阴暗面，意在促进人们警醒。

十三、老好好是伪君子

子曰："乡原①，德之贼也。"

注 释

① 乡原：没有是非的好好先生。

评 析

孔子重德。德虽然包罗万象，内涵丰富，但是，原则性又摆在道德的首位。一个人连原则都不顾及了，能够说他"有德"吗？原则性派生出廉耻、节俭、谦虚、厚道、奉献等一系列的美好道德。乡愿，恰恰违背了原则性，遇事老好好，圆滑世故，表面上是一个忠厚老实的道德君子，但他实际上是一个没有是非感，缺乏原则性的伪君子。正因为如此重视原则性，所以孔子说：没有是非，见人说人话，见鬼说鬼话的伪君子，是败坏道德的小人啊！

十四、世道乖违，人心不古

子曰："古者民有三疾，今也或是之亡^①也。古之狂也肆，今之狂也荡；古之矜^②也廉^③，近之矜也忿戾^④；古之愚也直，今之愚也诈而已矣。"

注 释

① 亡：同"无"。

② 矜：自尊自大。

③ 廉：本意是指器物的棱角，这里是指人的威严。

④ 忿戾：多怒好争，蛮不讲理。戾，读音同"例"，凶暴。

评 析

孔子似乎是在评论古代先民的道德、为人，实际上是在说他所处时代的道德面貌，因此，他是在评议现实。由此看来，孔子是在抒发时论，是在说俏皮的反话："古时候的人有三种毛病，如今的人大多没有这些毛病了。古代的人志大才高，不拘小节，如今的人狂妄自大，放荡不羁；古代的人自尊自大，威严可敬，如今的人妄自尊大，凶恶蛮横；古代的人率真质朴，如今的人善于欺诈。"从这种比较来看，古代人的毛病，恰恰是孔子所处时代人所缺乏的，因而是一些优点：古代人狂放，但不胡来，这种狂很潇洒，有活力；古代人善于认识自身价值，比较自负，但很自重，人格高洁，这种矜很有品位，令人敬佩；古代人很老实，很朴实，但不是假装出来的，这是他们的本色，这种愚很可爱，很亲切。孔子感悟时代，他应该有这样的感叹，古代人的优点在他所处的时代已经荡然无存了，虚伪代替了诚实，狂躁代替了朴实，放肆代替了狂放。礼崩乐坏，社会乱糟糟的，人心也变坏了。这才是孔子要说的真心话。

十五、巧言令色可耻

子曰："巧言令色，鲜矣仁！"

评　析

这里重复了《学而篇》第三章。孔子多次重复这个意思，可见他对于"巧言令色"的反感和气愤。在第一篇中说"巧言令色"与"仁德"背道而驰；在《公冶长篇》第二十五章中，认为"巧言令色"是"可耻"的。

十六、紫色、淫乐、辩士乃国之怪

子曰："恶①紫之夺朱也，恶郑声之乱雅乐也，恶利口之乱邦家者。"

注　释

① 恶：读音同"雾"，憎恶。

评　析

孔子有三件十分憎恶的事：一是周代的正色，——大红色被诸侯国的紫色取代了。主流色的变化，表示正统的变迁。孔子尊周天子，复周礼，当然钟爱周代的主流色。二是郑国的靡靡之音取代了周代的雅乐。孔子推崇上古时代的《韶》乐，认为周代的雅乐发扬了上古音乐和谐纯正的风格，达到了音乐"尽善尽美"的境界。而郑国的民间流行音乐轻柔低靡，冲击了周代的雅乐，孔子表示憎恶。孔子对于郑声的轻蔑和憎恶，决不只是站在音乐欣赏的立场上的，而是站在郑声压制了周代雅乐这个政治立场上讲的。三是憎恶尖嘴利舌导致国家倾覆的人。孔子一向轻视，能言善辩那些但不切实用的"辩士"（见《公冶长篇》第五章），更是憎恶巧言利嘴之徒。这一点已在讨论"巧言令色"时指出，就不再重复了。

十七、身教之中有仁道

子曰："予欲无言①。"子贡曰："子如不言，则小子何述焉？"子曰："天何言哉？四时行焉，百物生焉，天何言哉？"

注　释

①无言：不说话。孔子意在身教，启发学生从老师的一举一动中得到知识和收获。

评　析

教育的方法有两条：一是言传，孔子做得很够了，本书就是孔子言传的典范；二是身教，通过榜样的力量潜移默化地感染学生，教育学生。这两种方法相辅相成，在不同的条件下各自显示出超过对方的优势。孔子在本章着重阐述"身教"的极端重要性。孔子说，我不再想多说什么了。子贡很担心，说道："老师要是不教诲我们，那我们凭什么发挥您的思想呢？"孔子说了一段意味深长的话："老天爷不说话吧？可是春夏秋冬四季分明，交替有序，万物生长，充满生机。这些都不是上天说话的结果吧？"孔子的意思是：上天依照天道而行，从来都不会出错；那么，只要人们依照仁道而行，也一定充满希望和活力。如此，还需要我孔老夫子说些什么呢？

十八、何必看重言传

孺悲①欲见孔子，孔子辞之以疾②。将命者③出户，取瑟而歌，使之闻之。

注　释

①孺悲：鲁国人，鲁哀公曾派他向孔子学习丧礼。
②辞以疾："以疾辞"的倒装句，假托生病以推辞。
③将命者：传话人。

评　析

这段话历来费解，学术界有不同认识。孺悲很想拜见孔子，得到教诲。而孔子却不愿见他。但孔子又不便明确地拒绝。于是，就让学生以身体不适为由谢绝。孔子不愿意言传，又不忍心孺悲白跑一趟，于是就采取"身教"：取下瑟来，弹奏一曲，并让孺悲听见。孔子的身教，传达了一种什么意思呢？乐文化。孔子弹奏的，就是孔子所要表达的礼乐文化。一个是礼，一个是乐，它们为孔子毕生所重视。这样，孔子在本章弹瑟以教孺悲就好理解了。

十九、世道变迁，陈法必败

宰我问："三年之丧，期①已久矣。君子三年不为礼，礼必坏；三年不为乐，乐必崩。旧谷既没，新谷既升②，钻燧改火③，期④可已矣。"

子曰："食夫⑤稻，农夫锦，于女安乎？"

曰："安。"

"女⑥安，则为之！夫君子之居丧，食旨⑦不甘，闻乐不乐，居处⑧不安，故不为也。今女安，则为之！"

宰我出。子曰："予之不仁也！子生三年，然后免于父母之怀。夫三年之丧，天下之通丧也，予⑨也有三年之爱于其父母乎！"

注 释

① 期：一定的时间界限。

② 升：登场。

③ 钻燧改火：古代用燧石钻木取火，所用的木料因季节变换而更换。春季用榆柳，夏季用枣杏和桑柘，秋季用柞楢，冬季用槐檀。一年轮换一次。

④ 期：读音同"基"，一周年。

⑤ 夫：那个。

⑥ 女：同"汝"。

⑦ 旨：甘美的滋味。

⑧ 居处：古代孝子服丧，居住在临时搭建的简易房子中；这里的"居处"是指住在平常居住的房舍中。

⑨ 予：即宰我。

评 析

宰我并不是孔子所欣赏的学生，在《公冶长篇》中，宰予因为在课堂上睡大觉，被老师臭骂了一通，"朽木不可雕也"，至今流传。在本章，宰予因为"守孝三年"的问题，同老师有激烈的思想交锋。

宰予认为，"服丧三年"费时日久，影响正常的生活，不如改制一年。他对老师说："孝子服丧三年，时间也太久了吧？君子三年不执行礼仪，礼仪一定会败坏；君子三年不演奏音乐，音乐一定会荒废。在一年的时间里，旧谷已经被吃完，新谷已经登场了，取火用的木料也已经更换了一遍，服丧一周年就可以了吧。"孔子不同意，从感情的角度说道："父母死后不满三年，你便吃那香喷喷的稻米饭，穿那华贵舒适的锦衣，你安心吗？"宰予脱口应道："安心。"孔子很生气，就说："你安心，那你就这样做吧！君子是绝对不会这样做的：他在服丧期间，吃美味不觉得香甜，听音乐不感到快乐，住在家里不觉得舒适，他只有悲痛和思念。如今你安心了，那么，你就按照你的想法去做吧！"

宰予走后，孔子依然气郁难平，对学生们说道："宰予真是不仁啊！儿子被生下来三年，才能离开父母的怀抱。为父母服丧三年，是自古以来天下通行的丧礼呀。宰予难道就没有从他的父母怀抱中得到三年的爱抚吗！"孔子主张守孝三年，这是他一贯的思想。在《宪问篇》第四十章中，孔子就说，守孝三年，不仅是帝王的事情，普天之下，自古皆然。但是，这一次，真理在宰予一边。千百年来的历史变迁，已经为宰予同孔子的辩论做了结论。孔子的意见温情脉脉，但显得保守迂阔。在师道尊严的古代社会，宰予敢于坚持己见，也的确了不起。

二十、人生的乐趣在多思

子曰："饱食终日，无所用心，难以哉！不有博弈①者乎？为之，犹贤乎已②。"

注　释

① 博弈：下棋。

② 贤乎已：比静止不动要强。贤，胜过；已，静止。

评　析

在学习中，孔子主张勤学多思，这是他一贯的态度。在《为政篇》第十五章中，孔子有句名言："学而不思则罔。"思考是学习长进的关键。后来孟子强调说，思考才会有收获，不思考就没有收获。"饱食终日，无所用心"，这既是一种颓废的精神面貌，又是一种消极的人生态度。所以，孔子反对整天吃饱了饭，一点脑筋也不动，成天混日子。他认为，这样的人，要想成才，是很难的！孔子很反感"饱食终日，无所用心"，以至于他认为即使是搞一些动脑筋的体育活动如下下棋，也要比不动脑子强。

二十一、勇与乱、盗，其实只有一线之隔

子路曰："君子尚勇乎？"子曰："君子义以为上。君子有勇而无义为乱，小人有勇而无义为盗。"

评　析

孔子在《为政篇》第二十四章中说过："见义不为，无勇也。"孔子是主张和强调见义勇为的。孔子认为，义是勇的价值准则，是勇的驱动力。离开了"义"，"勇"就是胡来的。对于君子来说，也是如此。君子虽然崇尚勇为，但是，他时时刻刻都牢记着"义"，将它放置在自己心中最重要的位置，并在时时处处都以它来约束自己的思想和行为；否则，他就会好勇斗狠，甚至犯上作乱，做出"窃国"的这种大逆不道的事情来。对于那些本不受道义约束的小人来说，勇为只会表现为盗贼的行为，绝对不会做出有益于社会的事情来。孔子经常以见义勇为的道理来教育子路，如《公冶长篇》第七章，孔子同子路讨论"乘桴出海"的想法时，也是论勇及义，很有针对性，语重心长。

二十二、君子敢爱敢恨

子贡曰："君子亦有恶 ① 乎？"子曰："有恶：恶称人之恶者，恶居下（流）② 而讪 ③ 上者，恶勇而无礼者，恶果敢而窒 ④ 者。"

曰："赐也亦有恶乎？""恶徼 ⑤ 以为知者，恶不孙 ⑥ 以为勇者，恶讦 ⑦ 以为直者。"

注 释

① 恶：读音同"雾"。

② 流：据版本学家的研究，这是一个衍字。

③ 讪：读音同"扇"，诽谤。

④ 窒：本意使阻塞不通，这里是顽固不化的意思。

⑤ 徼：同"邀"，本意是求取的意思，这里是抄袭、沿袭的意思。

⑥ 孙：同"逊"。

⑦ 讦：读音同"结"，攻击或揭发别人的短处。

评 析

子贡请教孔子说，老师也有很反感的人和事吗？孔子以他所一贯主张和宣扬的仁德为标准，指出道，有四种人令人憎恶：待人缺乏宽厚，喜欢宣扬别人缺点的人；缺少忠敬尊卑观念，喜欢诽谤自己上级的人；逾越礼数，任意胡来，甚至犯上作乱的人；不能"临事而惧"，胆大妄为、一意孤行的人。

孔子对待学生很平等。他亲切地问子贡说，你也有很反感的人和事吗？子贡也不隐瞒自己的是非观，说道，我反感袭取别人的东西当作自己的得意之作那种卖弄聪明的人；我反感那种误把蛮干当作勇为的人；我反感那种以揭发别人的短处为正直的人。孔子的"四憎恶"，是在仁德层面上讲的，原则性更强。而子贡的"三反感"则是在做人做事的作风层面上讲的，现实针对性更强。孔子对于子贡的看法是赞成的，所以没有反对。

二十三、小人与女人，永远是人间悲喜剧的主角

子曰："唯女子与小人为难养也。近 ① 之则不孙 ②，远之则怨 ③。"

注 释

① 近：亲近。

② 孙：同"逊"。

③ 怨：怨恨。

评　析

孔子在本章说的话，是评论天下的女人和男子的讥刺之辞。他对于女人的评价，近世以来，多有异议。有人认为孔子有性别偏见，男尊女卑，如孔子在《泰伯篇》第二十章说过，贤臣十人，"有妇人焉，九人而已"，他不同意把女能人邑姜包括在十贤之内。因为孔子有性别偏见论，所以他将全天下的女人说得很难缠，很糟糕。而在男人中间，孔子则区分出君子与小人，只有小人是要提防的，因为胡搅蛮缠、坏人坏事是小人的专长。这里的"养"，应该是相处、打交道的意思，而不是"养育"这个本意。女子和小人，过于亲近则恃宠骄悍，生出是非；过分疏远则怨恨中来。总之是不好办。最好的办法就是敬而远之。孔子对于小人的评价当然是准确的，自不必说；对于女人的评价，有正确的一面，也有不合适的一面。但是，如果将孔子的话放置在古代宫廷生活中，则又是很准确的。有多少宫廷事变，就在君王与女子的"近""远"之中生发和演绎，其间蕴含着多少人间悲喜剧！

二十四、生命虽在，精神已死

子曰："年四十而见①恶②焉，其终③也已④。"

注　释

① 见：被。

② 恶：读音同"雾"。

③ 终：结局。

④ 已：止，完结。

评　析

孔子在《为政篇》第四章中说过"三十而立，四十而不惑"的话，这里的话应该是对它的进一步阐发。人在三十岁上事业有成，人在四十岁上能够把握住人生航标；可是，如果他不是这样，在四十岁上还被人讨厌憎恶，那么，他这一辈子就已经画句号了。这正如人们所说的，"有的人活着，但他已经死了"。在古代的人生年轮上，人在四十岁以后，就进入了老年阶段，这时如果他没有建树，还不被人所"称述"，就已经很可怕了，更何况是被人反感，这人就一定是失德无用之人。孔子说"老而无德谓之贼"，何况是被人反感，他简直就是一个害物了。虽然他的生命还在延续，但是，这样的人生还有意义吗？从人生意义和生命价值的角度说，这样的人生不是早就已经终结了吗？可见修德、养才对于人生一辈子而言，是多么重要！

微子篇第十八

导 读

本篇每章都与人、事相关，孔子的思想就是在评人论事中体现出来的。

首先，孔子认为，得人才者得天下，失人才者失天下。这就是著名学者南怀瑾先生所说的孔子的历史哲学理论吧？孔子开篇即说"殷有三仁"，而殷纣王失去了"三仁"，最后招致周武王革命，结论已在其中了。在篇末感叹"周有八士"，更是表现出对于人才身逢盛世的倾慕。周代八百年，关键在于得人。周文化有源远流长的播射力，与人才的兴盛有直接关系。所以，本篇集中讨论人才与天下兴亡的关系问题。

其次，孔子生前遇到过对于他的努力、他的思想不理解甚至误解的言行，如本篇反映的孔子对隐士应接，无不表现出一种大度和宽容。孔子走着积极入世的路，尽管是知其不可而为之，勉为其难，但是，孔子的精神风貌很好，无怨无悔；隐士走着消极退隐的路，无力挽回，退而独善，孔子对他们表示理解，并不以自己对于社会的理解、对于人生的设计而强加于人，是非对错，留待后人评说。这种宽容，正是中国文化的张力。

一、仁者不死，精神永存

微子 ① 去之，箕子 ② 为之奴，比干 ③ 谏而死。孔子曰："殷有三仁焉。"

注 释

① 微子：名启，商纣王同父异母兄。纣王无道，于是辞职归隐。

② 箕子：名胥馀，商纣王的叔叔。他劝谏纣王不听，便披头散发，装疯卖

傻，被贬为奴。

③比干：商纣王的叔叔。他劝谏纣王犯颜，被剖心而死。

评　析

在《述而篇》中，孔子称赞"求仁而得仁"的行为，在《宪问篇》中，孔子主张"蹈仁而死"。仁道，在孔子的心中占据着至高无上的地位，它是孔子的理想人生。孔子将仁道作为一种价值尺度评价历史人物，以成仁取义为判断的正向标准。在回溯殷商历史时，孔子认为这一朝代有三个仁者：一个是微子，他气愤纣王无道，屡次犯颜直谏，最后被罢官。微子于是离开宗室，做一个隐士，将自己的理想保存起来。他的后代后来被周朝分封于宋，微子的香火和文化得以承继。一个是箕子，他同微子一样，反对纣王的暴政，被降为奴隶。箕子含垢忍辱，活了下来，带着殷商文化渡海到朝鲜半岛，华夏文化得以在朝鲜半岛传播、发展。一个是比干，宁愿屈死，也不愿改变他的一颗拳拳忠心。他们三个人的人生际遇是悲惨不幸的，但又是壮烈光彩的。他们选择了仁道，为了实现仁道的价值，走的走，贬的贬，死的死，但他们都在自己的人生路上无怨无悔，他们的精神与世长存，他们的榜样光耀后世。他们体现了仁道的价值，他们也就有了文化和历史的价值。

二、天下一般黑，到哪都倒霉

柳下惠为士师①，三黜②。人曰："子未可以去乎？"曰："直道而事人，焉往而不三黜？枉③道而事人，何必去④父母之邦⑤？"

注　释

①士师：主管刑罚的官员。

②三黜：多次遭到罢免。三，表示多次。

③枉：与前文的"直"相对，弯曲。

④去：离开。

⑤父母之邦：祖国。

评　析

这里并没有孔子的只言片语，为什么辑录柳下惠的话？我看是因为柳下惠的话符合孔子的主张和思想。柳下惠主张正直地做人、做官、做事，符合孔子一贯倡导的仁德论。孔子在《为政篇》第十九章中主张"举直错诸枉"，选举正直的人做官。看来，柳下惠是孔子思想的忠实实践者。在《八佾篇》第十九章中，孔子主张"臣事君以忠"，"忠"是以"直"为基础和内核的，离开了"直"，也就没有"忠"了。柳下惠的议论，正是体现了孔子的这些思想。柳下惠在鲁国任主管司法的官，但是多次被罢免。于是，就有人劝他，何必不离开鲁国，到其他国家去当官呢？柳下惠说道："我走在正道上，怎么避免得了被罢官的命运呢？难道离开了鲁国，就能够改变我的命运，变好起来吗？"柳下惠坚贞求仁的态度和立场，这是很符合孔子思想的。这一点同上一章的思想有紧密联系。

三、此处不生根，飘然远引更何妨

齐景公待孔子曰："若季氏，则吾不能；以孟季之间①待之。"曰："吾老矣，不能用也。"孔子行。

注　释

①孟季之间：介于季孙氏和孟孙氏之间的官职和待遇。季孙氏当时位居上卿，孟孙氏当时位居下卿。

评　析

孔子遭遇鲁国三桓之乱，于是离开祖国，到齐国游学。孔子到了齐国，齐景公对他很重视，先后两次向孔子请教治国问题。其中一次记录在《颜渊篇》第十二章中，孔子关于君君，臣臣，父父，子子的议论，很受齐景公青睐。但是，由于齐国有一股反孔势力，孔子始终得不到重用。这一次，齐景公通过一定的渠道流露信息，算是对于孔子在齐国不能得到使用给予了一个体面的答复。齐景公推脱说，我老了，已经没有什么雄心壮志了。虽然孔老先生您很有才德，但是我已经没有作为了。齐景公宁愿自己背负言辞反复的罪名，也不肯透漏不能使用孔子的真正原因。齐景公将不能重用孔子的原因兜在自己身上，使孔子不难堪，很有面子。据载，孔子离开齐国很狼狈，"接淅而行"。孔子一听到齐景公不能任用自己的消息，觉得事态严重并且紧急，连饭也不再做下去了，装起正在淘水的米，立马走人，刻不容缓。一路小跑，一路米袋子滴着水。这情景，好不紧张啊！

孔子不能委曲求全，宁愿胸怀仁道的理想，再寻用武之地！这与前文谈到的微子在思想上是关联的。微子宁愿出走归隐，也决不改变反对纣王无道的立场，孔子称他为仁者。孔子主张仁，实践仁，同微子一样是一个能够保全仁道的人。条件、环境、机遇不容许自己施展抱负，那就远走高飞吧！此处不生根，飘然远引更何妨？

四、智者有追求，不可吊死在一棵树上

齐人归①女乐②，季桓子③受之，三日不朝，孔子行。

注　释

① 归：同"馈"，赠送。
② 女乐：舞女。
③ 季桓子：鲁国上卿，当权者。

评　析

本章文字很短，但很有意思，思想准确鲜明。一方是鲁定公和季桓子不爱江山爱美人，中了美人计；一方是孔子心存君国，志在天下，不在一棵树上吊死。鲁定公时，孔子任司空、大司寇，主持国政，表现出杰出的治国才干，鲁国出现蓬勃向上的喜人景象。这引起了邻国齐国的不安。齐国恐怕鲁国强大对自己不利，于是，巧施美人计。齐国送给鲁定公一个歌舞团，都是清一色能歌善舞的美女。季桓子得了齐国的好处，于是，就怂恿鲁定公收下了齐国的"好意"。为美女所乐，鲁国朝廷停止办公，大夫们也得不到国君的祭肉了，政坛陷入一片混乱。孔子无力扭转这种由盛到衰的变化，但又心存君国，志在天下，不肯吊死在一棵树上虚度年华，于是采取"道不同，不相为谋"，像微子那样出走的策略。

孔子是一个有原则、有理想的人，所以，他善于保全自己的理想，决不同流合污，平庸终老。

五、乱世不可救，奔走呼号也徒然

楚狂接舆^①歌而过孔子之门曰："凤^②兮凤兮！何德之衰也？往者不可谏也^③，来者犹可追也^④。已而^⑤，已而！今之从政者殆^⑥而！"

孔子下，欲与之言。趋而辟^⑦之，不得与之言。

注　释

① 接舆：楚国狂人，隐士。

② 凤：凤鸟，传说中的吉祥鸟，据说出现于太平盛世。

③ 谏：劝阻。

④ 犹可追：还能够追上，还来得及。

⑤ 已而：罢了。

⑥ 殆：危险。

⑦ 辟：同"避"，躲避。

评　析

孔子鼓吹的仁道、仁德，在当时的乱世，是不可能被当政者采纳的，也是不可能奏效的。这一点，孔子或许不自知，但是，当时的高士如隐者，是看得很清楚的。他们承认孔子的救世辛劳，钦佩孔子的才智，但是，他们又认为孔子的奔走呼号在是做无用功，于世无补。如楚国狂人接舆，他就是其中一例。

楚国狂人接舆唱着歌儿，经过孔子坐的马车。唱词是什么意思呢？接舆以古代的吉祥鸟凤鸟比喻孔子，内中有无限感叹的意蕴：凤鸟啊凤鸟！你本是太平盛世的象征，可是，你怎么在乱世出现了呢？你不要辛苦劳顿了，这一切都于事无补。过去已经错了，就让它过去吧。在将来的日子里还来得及改正呢！算了吧，算了吧！如今从政简直太危险了！接舆明明冲着孔子而来，又只是点到而止，一副高士的派头。孔子并非等闲之人，一听自然心知肚明。孔子连忙停车，想同接舆探讨。但是，不等孔子下车，接舆已经匆匆避开了。本章映照出孔子的学说在当时的不堪命运。

六、只有入世者才有一颗救世的心

长沮①、桀溺②耦而耕③。孔子过之，使子路问津④焉。

长沮曰："夫⑤执舆⑥者为谁?"

子路曰："为孔丘。"

曰："是鲁孔丘与?"

对曰："是也。"曰："是知津矣⑦。"

问于桀溺。桀溺曰："子为谁?"

曰："为仲由。"

曰："是鲁孔丘之徒与?"

对曰："然。"

曰："滔滔⑧者天下皆是也，而谁以易之? 且而与⑨其从辟人之士也，岂若从辟世之士⑩哉? 耰⑪而不辍⑫。"

子路行以告。

夫子怃然⑬曰："鸟兽不可与同群也，吾非斯人⑭之徒与而谁与? 天下有道，丘不与易也。"

注 释

① 长沮：站立在泥地中的大个子。长，个子高；沮，读音同"居"，肥沃的泥沼。

② 桀溺：隐士。浸在水中的大个子。桀，同"杰"，身材魁梧；溺，浸在水中。

③ 耦而耕：二人并耕。耦，同"偶"。

④ 津：渡口。

⑤ 夫：那个。

⑥ 执舆：拉住马的缰绳。

⑦ 是知津矣：这是一句双关语。好像是说孔子周游列国，应该识途，实际上是讥刺孔子不识时务。

⑧ 滔滔：流水翻滚向前。

⑨ 与：以。

⑩ 辟世之士：隐士。辟，同"避"。

⑪ 耰：读音同"优"，种子播下后用土覆盖住。

⑫ 辍：停下来。

⑬ 怃然：怅然若失的样子。怃，读音同"午"，失落。

⑭ 斯人：指世人。

评　析

这是一场入世者同出世者的精妙对白。两位隐士的确都是高士，他们对着孔子说的双关语，玩味起来，觉得很有艺术性。

孔子派学生子路问渡口在哪里，长沮却说，不用问了，孔子当然知道渡口在哪里。显然，子路说的渡口同长沮说的渡口各有所指，并不一致。长沮意在讥刺孔子不识时务，以至到处碰壁，不知道前进的方向在哪里。子路再问桀溺。桀溺依然讥笑孔子不知疲倦地为世事所累，看不出世道的浑浊与黑暗，不知道避世自保。站在隐士的立场上讲，这些话不无道理。

但是，孔子就是孔子。他有一颗救世的心，他有无穷无尽改变世界的热情，他主张的仁道激发出巨大的力量。尽管现实社会到处是关隘，改变现实随时都要遭遇阻力，但是，孔子具有越是艰险越向前的毅力和顽强，令人钦佩。

孔子的感叹，准确地道出了他的入世情怀："我们不能像隐士那样同鸟兽林木生活在一起，我们只能同老百姓生活在一起。除此之外，我们还能怎样呢？倘若天下太平，就用不着我站出来努力改变这个社会了！"出世者隐士的心是凉的，而入世者勇士的心永远都是热的，因此，他们对社会的感知体会当然是不一样的，甚至是有很大差异的。

七、但将身心献祖国，头破血流也不亏

子路从而后，遇丈人①，以杖荷②蓧③。

子路问曰："子见夫子乎？"

丈人曰："四体不勤④，五谷⑤不分。孰为夫子？"植⑥其杖而芸⑦。

子路拱而立。

止子路宿，杀鸡为黍⑧而食之，见其二子焉。

明日，子路行以告。

子曰："隐者也。"使子路反⑨见之。至，则行矣。

子路曰："不仕无义。长幼之节，不可废也；君臣之义，如之何其可废也？欲洁其身，而乱大伦⑩。君子之仕也，行其义也。道之不行，已知之矣。"

注 释

① 丈人：老人的通称。

② 荷：用肩膀担负。

③ 莜：读音同"掉"，古代在田间除草的工具。

④ 四体不勤：双手和双脚不劳动。

⑤ 五谷：指黍、稷、菽、麦、稻五种主要的粮食。

⑥ 植：竖着。

⑦ 芸：同"耘"，耕耘。

⑧ 黍：五谷之一，黄米。

⑨ 反：同"返"，返回。

⑩ 大伦：最根本的伦理。如孔子说的君臣、父子、夫妇、兄弟、朋友。

评 析

孔子出游，子路掉队。子路追赶老师，所遇的"丈人"，实际上是一位隐士。隐士自有隐者看问题的立场、方法和待人接物的方式。他们对于孔子为改变社会现实的努力很不理解，他们可以不遵循社会上普遍的伦理道德行事。譬如，"丈人"向子路介绍他的两个儿子时，就没有按照长幼伦理来处理。所以，子路对"隐士"的儿子们说道：读书人应该为社会尽责，怎么可以不出来做官，却消极逃避现实呢？就像在家里一样，长幼伦理应该得到遵循，这样才能家庭和睦；为什么在朝廷不遵循君臣大节呢！退隐避世，固然可以洁身自好，但是，将君臣大节置于什么地位了呢？君子出来做官，只是为着推行仁道罢了。至于主张不能得到实行，心中已经有数了。在孔子看来，涉及大是大非问题，就应该挺身而出，哪怕是明知不可而为之，这也是仁德的体现。君子行其义，是为了将自己的理想、智慧和知识全部贡献给国家，并不是为了谋求自己得到什么东西。洁身自好做起来多么容易啊。但是，为了大节大义，甚至是明明知道实现不了奋斗目标，也依然奋不顾身，不懈进取，这是多么难得，多么可贵啊！

八、何必按照设定的模式生活

逸民①：伯夷、叔齐、虞仲、夷逸、朱张、柳下惠、少连②。子曰："不降其志，不辱其身，伯夷、叔齐与！"谓"柳下惠、少连，降志辱身矣，言中③伦，行中虑，其斯而已矣。"谓"虞仲、夷逸，隐居放④言，身中清，废中权。我则异于是，无可无不可。"

注 释

① 逸民：被世人遗漏的人物，结果做了平民。这样的人往往有超常的品德和才华。

② 虞仲、夷逸、朱张、少连：四位隐士的事迹已经不详。

③ 中：读音同"众"，合乎。

④ 放：舍弃。

评 析

孔子同当时的隐士打了不少交道，听到了他们对孔子的评论。现在轮到孔子评论隐士了。孔子列举历代有名气有影响的隐士，将他们按照类别予以评说。伯夷、叔齐，既保存了自己的志向，又保全了自己的人格，是极其不容易的；柳下惠、少连，明知不可而为之，不知进退，以致不能实现理想，遭受屈辱，同伯夷、叔齐比较起来，就差一等了；其他人不得已地逃避现实，洁身自好，不问世事，就更次一等了。说到这里，孔子的妙论就来了。孔子说自己同他们不一样，"无可无不可"，——做什么和不做什么，没有什么固定的法则，该怎样就怎样，一切依照具体的条件而定：时代需要我的时候，可以站出来勇挑重担，肩负重任；至于干的时间长短，由条件而定；条件好的时候，可以多干；条件恶劣的时候，可以只干一段时间，也可以去职，甚至是当一名隐士。

总之，不要用一种生活模式将自己限定住；否则，那就是孔子所批评的"自画"式僵化。一个人要适应环境，而不要指望环境适应人，这就是孔子说的"君子不器"的精神。一个人如果能够将原则性与灵活性结合起来，那就可以达到万变不离其宗的自如程度。

九、没有人才，就没有文化

大师挚①适齐，亚饭干②适楚，三饭缭③适蔡，四饭缺④适秦，鼓方叔⑤入于河，播鼗武⑥入于汉，少师阳⑦、击磬襄⑧入于海。

注　释

① 大师挚：鲁国的音乐长官名叫挚。大，读音同"太"。

② 亚饭干：第二次吃饭奏乐的乐师名叫干。

③ 三饭缭：第三次吃饭奏乐的乐师名叫缭。

④ 四饭缺：第四次吃饭奏乐的乐师名叫缺。古代天子吃饭时都要奏乐，鲁国诸侯吃饭奏乐是僭越王礼的行为。

⑤ 鼓方叔：击鼓的乐师名叫方叔。

⑥ 播鼗武：摇拨浪鼓的乐师名叫武。鼗，读音同"桃"，拨浪鼓。

⑦ 少师阳：副乐官名叫阳。

⑧ 击磬襄：敲打磬的乐师名叫襄。

评　析

鲁国文化本来与周代文明一脉相承，但是，到了孔子的时代，由于社会动乱，鲁国的文化也衰落了，其中颇有标志的乐文化凋敝不堪。乐师们如鸟兽散。有的流落到别的国家，有的归隐河海。文化是同人才联系在一起的。没有人才的国家，一定没有什么文化。

十、求全责备，失人之端

周公谓鲁公①曰："君子不施②其亲，不使大臣怨乎不以③。故旧④无大故⑤，则不弃也。无求备于一人！"

注　释

① 鲁公：周公旦的儿子伯禽封于鲁。

② 施：同"弛"，这里是疏远的意思。

③ 以：用。

④ 故旧：老朋友、老熟人、老部下都可以称为"故旧"。

⑤ 故：事故，过错。

评　析

孔子非常敬佩周公，他对于周公的遗训是经常重温，牢记在心的。这里的一段话，是周公谈论领导者胸怀的。周公说，君子不要随意疏远自己的亲戚，不要使大臣怨恨自己没有受到重用。老交情如果没有大的过错，就不要随便抛弃他们。对待人，一定不要求全责备。俗话说，金无足赤，人无完人；人非圣贤，孰能无过。心胸宽广的人，才能团结住人，才能笼络人才。这可谓至理名言。

十一、不得其时，有才也枉然

周有八士：伯达、伯适①、仲突、仲忽、叔夜、叔夏、季随、季騧②。

注　释

① 适：读音同"括"。

② 騧：读音同"瓜"。有人认为这八人是四对双胞胎，他们的事迹不详。

评　析

本章的意思上承《泰伯篇》第二十章，周代人才鼎盛，孔子称赞周代的仁德已经到顶了。孔子歆慕周代的读书人身逢盛世，大有作为；同时，他深切感叹现时代读书人命运不济，难逢知遇，以致他们空有报国之志，难以施展才华。

子张篇第十九

导　读

读罢本篇，明显地感到本书正在接近尾声。在本篇中，已经难得一见孔子的议论。倒是孔子的一般学生子张、子夏、子游、曾子活跃起来。他们以孔子的思想为指导，结合自己的实践和体会，阐发孔子的学说，往往直抒胸臆，对于孔子的思想有继承，有发展。这正是编者煞费苦心，别编一章的意图所在吧？

孔子死后，诋毁他的人很活跃，本篇的最后几章为我们提供了一个侧面。卫国大夫公孙朝、鲁国大夫叔孙武叔、陈亢等人用抬学生打老师的策略攻击孔子，都一一被子贡回击，每一次回击都形象生动，义正辞严，体现出学生对老师无限尊敬的真挚情感，体现出学生极力维护老师所创立的学说、思想体系的炽热情怀。这与其说是在借子贡之口神化和圣化孔子，倒不如说是在提倡一种价值观念，表彰子贡对于孔学的赤诚。后世儒家学者皓首穷经，直至献身，也有受到子贡式赤诚引导的成分。子贡式赤诚为后世儒家建构起一套价值范式，使其可以为之奋斗终老，至死不渝。这就是孔子思想及其儒家文化的感召力。

一、衡量读书人有标准

子张曰："士见危致命，见得思义，祭思敬，丧思哀，其可已矣。"

评　析

本章与《宪问篇》第十二章、《季氏篇》第十章和《八佾篇》第十二章、第二十六章相呼应。孔子认为，一个人做得无可挑剔，就表现为"见利思义，见危授命，久要不忘平生之言"；孔子又认为，君子有"九思"，在"得利"之际总能以"义"来约束；孔子还认为，虔诚地祭祀就是自己亲自祭祀，而不是由别人代劳；对于参加丧礼而不悲哀的人，无论如何也不能容忍他。承接上面的意见，孔子在这里指出，对一个标准的读书人的要求是：他能够临危授命，见利思义，祭祀恭敬，居丧悲恸。这实际上是说一个标准的读书人要在四个关节点上经得住考验：一是关系到国家民族生死存亡的危急时刻，一是在物质利益面前，一是在祭祀天地鬼神的时候，一是在亲友故人亡故的时节。根据人们在这些关键时候的表现，去判断他，这就比较确着了。

二、做人要有主心骨

子张曰："执德不弘①，信道不笃，焉能为有？焉能为亡②？"

注 释

① 弘：同"强"，坚强。

② 亡：同"无"，与前文的"有"相对。

评 析

孔子对于道德和人生信仰极为重视。认为"道德"、"信仰"是立人之本；一个人如果抓不住这个根本，那就没有什么指望了。子张在本章阐述了孔子的"立人"思想："一个人不能顽强地履行做人的道德标准，不能忠实地实践自己的人生信仰，你是说他有做人的主心骨呢？还是说他没有做人的主心骨呢？"这里的"焉能为有？焉能为亡？"，是孔子在《为政篇》第二十二章中说"人而无信，不知其可也"的同义语。

三、海纳百川，有容乃大

子夏之门人问交①于子张。子张曰："子夏云何？"

对曰："子夏曰：'可者与②之，其不可者拒之。'"

子张曰："异乎吾所闻也：君子尊贤而容众，嘉③善而矜④不能。我之大贤与，于人何所不容？我之不贤与，人将拒我，如之何其拒人也？"

注　释

① 交：交朋友。

② 与：交往。

③ 嘉：夸奖，表彰。

④ 矜：同情，勉励。

评　析

子夏的学生请教子张交朋友的道理。子夏没有急于答复他，而是反问道：你的老师是怎么说的呢？学生说道：老师告诉我，要同那些品行好的人交往，而不要同那些品行不好的人交往。子张听完后说，可是我们的老师孔子的教诲却不同：君子尊敬贤人并且善于团结人，表彰先进但能勉励后进。既然我是一个品学兼优的人，那么，对于什么人不可以包容呢？既然我做人还很欠缺，人家都厌恶我，我又可以拒绝同谁交往呢？真理在子张一边。子张的意见合乎孔子的交友之道。

四、人生修养最关切

子夏曰："虽小道 ①，必有可观者焉；致远恐泥 ②，是以君子不为也。"

注　释

① 小道：雕虫小技。

② 泥：阻塞不通。

评　析

子夏说，纵然是雕虫小技，也一定有值得肯定的地方；只是担心喧宾夺主，因此，君子并不刻意追求它。俗语说：艺多不养家。这就是由子夏的话衍生出来的。

小道，是相对于孔子主张的大道，——仁道而言。如，文章，书法，音乐，棋牌，工艺等等，都在其列。由于它们不能解决儒家所说的人生观、世界观和价值观问题，因此，它只能算是小道。只有大道可以使人修炼成君子，担负起兼济独善的人生使命。人的精力是有限的，人的兴趣也是有所侧重的，如果他被小道所吸引，就自然妨碍大道的增益了。子张的话重在强调人生修养的提高。

五、学问可求，日积月累

子夏曰："日知其所亡①，月无忘其所能，可谓好学也已矣。"

注 释

① 亡：同"无"。

评 析

在《学而篇》第十二章中，孔子的好学标准是："君子食无求饱，居无求安，敏于事而慎于言，就有道而正焉。"这是就学习态度而言。子夏的话虽然与上引不同，但它还是有依据的。在《述而篇》第十八章中，孔子自况道："其为人也，发愤忘食，乐以忘忧，不知老之将至云尔。"讲的是求知进取精神。本章说的日有所获，月不忘其所能，符合孔子精神的原意。因此，人们不能认为子夏对于"好学"的界定同孔子有什么不同。子夏是就求知精神而言的。有求知欲并能够付诸行动的人，他当然是很好学的了，也是值得提倡的。

六、接近仁道并不难

子夏曰："博学而笃志①，切问而近思，仁在其中矣。"

注 释

① 志：记识。

评 析

如何体验仁，接近仁，这曾经是子夏这一辈人的难题；现在，成为子夏的学生一辈人困扰的问题了。孔子论述了很多如何理解仁道，如何把握仁道，如何实践仁道的道理；现在，子夏又将孔子的意见结合自己的体会讲述给自己的学生听。孔子已经不在世了；但是，孔子的思想依然在继续，在子夏一辈人身上、子夏学生一辈人身上闪光、延续。这就是"薪尽火传"，思想不灭定律。孔子的思想就是这样穿越了两千多年的历史时空，一直没有中断而流传至今。子夏讲述接近仁道的途径没有孔子那么复杂，他认为有四个要素：一是要广泛地学习；二是要牢牢地记识；三是要诚恳地发问；四是要切实地思考。只要做到了这四条，就把握住仁道的根本精神了，他就是在实践仁道了。

七、工具有不同，用心都一样

子夏曰："百工居肆 ① 以成其事，君子学以致其道。"

注　释

① 肆：工匠的作坊。

评　析

子夏循循善诱，以做工同学习求道作比：工匠们在作坊里通过工具来制作各种器具，而学子们则通过学习来获得修身成人的道理，虽然干着不同的事情，但是，其中蕴含的道理相通。总之，人们做工也罢，求学也罢，都需要艰辛的努力才能取得成功；如果他不用心，就将一事无成，枉费日月。

八、对待错误应该有正确态度

子夏曰："小人之过也，必文。"

评　析

孔子阐述过君子对于过错的态度，如，在《子罕篇》第二十五章中，孔子说，"过则勿惮改"；在《卫灵公篇》第三十章中又说，"过而不改，是为过矣"。子夏则发挥道，小人对待过错的态度，是"文过饰非"：有了错误，不仅不自觉认识，予以修正；反而故意掩饰，蒙蔽别人，害人误己。这是很要不得的。君子同小人对待错误的认识和态度有如此大的差异，有利于人们择善而从。

九、君子的风采在内涵而不在外表

子夏曰："君子有三变：望之俨然①，即②之也温，听其言也厉。"

注　释

① 俨然：庄重的样子。俨，读音同"眼"。

② 即：接近。

评　析

本章同《述而篇》第三十八章相呼应。在《述而篇》中，君子的仪表风度被描述为："温而厉，威而不猛，恭而安。"本章是子夏对于君子风度的发挥：君子的风度很有内涵，看上去君子庄严可畏，但是，接近他的时候，又觉得他和蔼可亲；等到他讲话的时候，觉得他严正不苟。君子之风不在仪表，在于内容。有道德修养，有学识积累的人，才能自然展示出如此卓然的风采。

十、交浅言深是大忌

子夏曰："君子信而后其劳民；未信，则以为厉①己也。信而后谏；未信，则以为谤己也。"

注　释

① 厉：危害。

评　析

本章是子夏对于孔子思想的发挥。孔子主张"取信于民"、"使民以时"、"节用而爱民"；又说，"信则人任焉"，赢得信任很重要，有了信任就可以做到无话不谈。子夏根据孔子的思想，说道：君子只有在得到群众的信任后，才能动员群众；否则，群众以为你是在折腾他们，危害他们。只有赢得国君的信任后，才能劝谏他；否则，他以为你是在为难他，诋毁他。信，是联系、协调一切社会关系的根本手段。

十一、循着正道走，轻松过生活

子夏曰："大德不踰①闲，小德出入可也。"

注　释

① 踰：同"逾"，逾越。

评　析

有研究者说，子夏的话是对于孔子原话的转述。对此，学术界历来意见不统一。尽管不能断定这句话是否出自孔子之口，但是，子夏的话还是很符合孔子思想的。在《卫灵公篇》第三十七章中，孔子说："君子贞而不谅。"孔子主张君子成大事而不拘小节。孔子还认为，对待人不可求全责备，也是从看人要看本质和主流，不要纠缠小事小节方面讲的。再看看子夏是怎么说的。子夏说道：仁道的原则不可违背，但是，在生活细节方面大可不必拘泥于原则。

十二、学术争鸣无是非

子游曰："子夏之门人小子，当洒扫应对进退，则可矣，抑①末也。本之则无，如之何？"

子夏闻之，曰："噫！言游过矣！君子之道，孰先传焉？孰后倦焉？譬诸草木，区以别矣。君子之道，焉可诬也？有始有卒②者，其惟圣人乎！"

注　释

① 抑：可是。

② 卒：读音同"足"，终结，完毕。

评 析

孔子以后，子游、子夏、子张等各自开门授徒，他们既相分别，又有交流。这一章，就是子游同子夏交流教学思想和方法的写照。

子游评论子夏的学生，说道："子夏教的学生，要他们做做清洁卫生、应酬宾客和趋走进退的细活，是蛮可以的。但是，这些不过是细枝末节呀！他们没有学到一些大道理，怎么行啊？"子夏听到后，不服气地说："子游的话错了！孔子教给我们的大道理哪些应该先教，哪些应该后一步教，是有分寸的。这就像田园里的草木，各有种类的分别一样。要依据学生的接受能力来选择教学内容，哪里能够满堂灌呢？孔子的大道理，难道是可以随便传授的吗？能够将大道理有始有终一以贯之地讲授出来，只有我们的老师孔子才能做到啊！"子游与子夏的分歧在于：教学生，是着眼于做做清洁卫生、应酬宾客和趋走进退的基础知识，还是大道理（君子之道）？子夏的意见是要因材施教，不可笼而统之地教所谓的大道理，而要立足于基础知识，然后再由外入里，由浅入深地教大道理；子游的意见是，教育的根本目的是立人，仅仅教授基础知识是不够的，应该从大道理入手，使他们从小就明白大道理。他们的争论，是教学流派之争，谁对谁错，很难下结论。不过，从教育实践来看，后世儒学名家如子思、孟子等人，出自子游门下，似乎子游的教育思想更有实践性和生命力一些。但是，作为普及教育来说，子夏的教育思想则又更实用一些。

十三、学习与做官不能分割

子夏曰："仕而优①则学，学而优则仕。"

注 释

①优：有余力。

评 析

子夏对于孔子关于读书与做官、做官与读书的思想概括得既准确，又精辟。孔子说"学也，禄在其中矣"，他是主张学成后做官的；孔子又说，当官的智慧很重要的方面是来自于学习，因此，他主张处理政务之余如饥似渴地读书学习。子夏将孔子的思想进行整合、总结，成为在历史上影响至深至远的中华名言。

　　子夏说，当官尚有余力就要加强学习；学有余力就去做官。子夏的话化生出一系列的传统观念和社会意识：官职与学识不一定成正比，但官职要求学识与它成正比；能者居之，不肖者去之；万般皆下品，唯有读书高；读书好，书中自有千钟粟，书中自有黄金屋，书中自有颜如玉；等等。中国古代的官员基本上是仕读结合的，所以，在他们之间有很多人既是大学者，又是大官僚；既是大官僚，又是大学者。他们是一身二任的人。

十四、死者长已矣，节哀顺变

　　子游曰："丧致乎，哀而止。"

评　析

　　孔子很重视丧礼，从仪式到内容，孔子都论述过。为此，孔子还为着"守孝三年"的问题，同宰予发生过激烈的争论。在子游的时代，情况可能有了一些变化。丧礼过于铺张，已经违背了礼的本意；二是过分强调"丧情"，影响了人们正常的生活。人死不能复生，生活还要继续下去，不要让死人累及活人。于是，子游提出了一个补充的意见：居丧，表达尽哀思就够了，适可而止吧！

十五、固然难能可贵，尚需加倍努力

　　子游曰："吾友张 ① 也为难能也，然而未仁。"

注　释

　　① 张：子张。孔子死后，他是有影响的一家儒家学派。

评　析

　　仁德是孔子的至爱，是做人的最高标准和理想境界，在德、才、学、识上不经历艰苦卓绝的奋斗，不能取得最后成功。除了颜渊以外，孔子未能将仁德许人。这一点，孔子的嫡传弟子一辈人自然尽知。所以，子游虽然很敬佩子张，即便是仍然不能说他就达到了仁德的标准。子游说，我的同窗好友子张敢于负责任，敢于挑重担，敢于办为难的事，他的为人和学识已经是很可贵了，但是，他还是没有达到老师生前说的仁德的标准呢。古人有实事求是的精神，不徇私情，原则性强，即便是顺水人情也不肯做；但是也教条，孔子生前的话，成为衡量孔子死后若干年事物发展程度的标准，这也显得太过了。

十六、高标准，严要求

曾子曰："堂堂^①乎张也，难与并为^②仁矣。"

注 释

① 堂堂：仪表壮伟的样子。

② 并为：一起达到。

评 析

联系上一章来看，似乎是子游曾经同曾子在一起讨论有关仁德的问题，他们都发表了对于子张的评论。曾子附和了子游的意见，他认为，子张尽管表现得很好了，但是还达不到孔子说的仁德标准。子游是从仁德的内涵上看，认为子张没有达到仁德；曾子则从外在因素上看，子张还有欠缺：子张只是自己做得难能可贵罢了，并不能使身边的人朝着仁德的方向努力，这本身就是欠缺仁德的表现。看来，尽管他们是同窗好友，可是，一旦考评道德学问起来，大家还是严谨认真得很呢！这是值得今人学习的。

十七、给父母寄托的哀思最纯真、最完整

曾子曰："吾闻诸夫子：人未有自致^①者也，必也亲^②丧乎！"

注 释

① 致：发挥。

② 亲：父母双亲。

评　析

曾子转述孔子的话，是符合孔子的愿意的。孔子主张居丧要寄托哀思，参加丧礼时一定要表达出悲哀之情，将这种悲痛的情怀看作君子之道的组成部分。对于父母双亲的感情来说，孔子的要求则更胜一筹。从孔子同宰予围绕"守孝三年"话题的争论来看，孔子认为，父母在孩子出生的三年时间里付出了至爱，花的心血比任何时候都多，因此，要在双亲亡故之际，由孝子返还这种至真至纯的感情。由于这个缘故，孔子认为，人只有在失去父母时，自发流露的感情最真实、最完整。曾子在这里转述孔子的话，意在强调这个思想。

十八、真正履行孝道不是一件容易的事情

曾子曰："吾闻诸夫子：孟庄子① 之孝也，其他可能也；其不改父之臣与父之政，是难能也。"

注　释

① 孟庄子：复姓仲孙，名速，鲁国大夫，据说有德名。

评　析

孔子在《学而篇》第十一章中给"孝"明确下过定义："父在，观其志；父没，观其行；三年无改于父之道，可谓孝矣。"父亲在世的时候，由于有父亲的教诲和监督，儿子行孝是不太成问题的。关键是看父亡后儿子的表现了。怎样的表现才合乎孝道呢？"三年无改于父之道"，包括照旧任用父亲的僚属，不改变父亲生前制定的政策、方针等。这当然就不容易了。如果是容易的话，就不会有流传已久的"一朝天子，一朝臣"的说法。一般说来，父亲死后，儿子总是要按照自己的意愿来处理事务，很少有一如既往，不予变更的。所以曾子发挥孔子的话，很有道理：孟庄子的孝行，一般人都能够做到；唯有照过去方针办和沿用旧属，就是不容易做到的了。后面这一条，也正是曾子想要强调的思想。

十九、法也有人情

孟氏使阳肤^①为士师^②，问于曾子。曾子曰："上失其道，民散^③久矣。如得其情^④，则哀矜而勿喜。"

注 释

① 阳肤：曾子的学生。

② 士师：相当于今天的法官。

③ 散：离心离德。

④ 情：真情。

评 析

曾子有民本思想。孟孙氏任命阳肤为法官，阳肤请教老师如何才能当好法官。曾子认为，能够体察民情就够了。曾子说，统治者丧失仁道，老百姓就同他们离心离德了，就有人铤而走险犯罪了。当法官审出真情后，丝毫不要为自己成功破案感到高兴，而要同情老百姓生活的苦处！曾子的民本思想源于他的老师孔子。孔子在《学而篇》第五章中说，"节用而爱人，使民以时"，就是站在老百姓立场上劝告统治者的。

二十、坏事沾上身，洗也洗不清

子贡曰："纣之不善也，不如是之甚也。是以君子恶^①居下流，天下之恶^②皆归焉。"

注 释

① 恶：读音同"雾"，厌恶。

② 恶：读音同"俄"，罪恶。

评 析

在社会上，对人对事，从来都有一个放大定律：有一点好声名，会被越来越放大；有一点坏声名，就会臭名远扬。俗语说，一俊遮百丑，坏事传千里，就是这个原因。一个人沾染了一点坏事，大家都会将所有的坏事都推到他身上，使他变成一个无恶不作的魔头。聪明的人，总是避开坏事，甚至与坏人坏事做斗争。有修养的人懂得这个道理，总是乐居道德的上游，使自己的美名远播。

二十一、知错即改真君子

子贡曰："君子之过也，如日月之蚀也：过也，人皆见之；更也，人皆仰之。"

评　析

孔子反复强调"过则勿惮改"，可见，人知错即改，善于纠正自己的过失，对于修德是多么重要；反之，人不能改正自己的错误，那就是根本性的错误了。在这里，子贡对于孔子思想进行了形象发挥：君子的过失，就像天上的日食和月食一样，大家都看得到；当他改正了错误的时候，大家依然敬仰他。人非圣贤，哪能无错？过则能改，善莫大焉！君子受到景仰，在于他知错即改，决不文过饰非。

二十二、博采众人长，能者即为师

卫公孙朝 ① 问于子贡曰："仲尼焉学？"子贡曰："文武 ② 之道，未坠 ③ 于地，在人。贤者识其大者，不贤者识其小者。莫不有文武之道焉。夫子焉不学？而亦何常师之有？"

注　释

① 公孙朝：卫国大夫。
② 文武：周代开国之君周文王、周武王。
③ 坠：落下来。

评　析

到了子贡这一代人出头的时候，孔子已经确立起一代宗师和圣人的形象与地位，人们仰慕孔子的道德、学识。卫国公孙朝询问子贡的话，就很有代表性。卫国大夫公孙朝问子贡，您的老师孔子是从哪里学来的学问？子贡对于这样的问话似乎不太满意，回答得也很陡：不要看现实的世界纷乱糟糕，周文王、周武王的遗德遗风还没有消散呢，它深深地扎根在人们的心中。贤能的人掌握了周文王、周武王的道术，一般的人只看到周文王、周武王的一些细微方面。应该看到，周文王、周武王的道术遍布于社会生活的各个方面。老师不是天才，怎能不学习呢？但是，老师又不是机械地学习，在老师的眼里，能者即为师，他善于博采众长，在实践中不断提高自己。

二十三、浅薄的眼光闪现浅薄的思想

叔孙武叔①语大夫于朝曰："子贡贤于仲尼。"

子复景伯②以告子贡。

子贡曰："譬之宫墙③也，赐之墙也及肩，窥见室家之好。夫子④之墙也数仞，不得其门而入者，不见宗庙之美，百官⑤之富。得其门者或寡矣。夫子⑥之云，不亦宜乎！"

注 释

① 叔孙武叔：复姓叔孙，名州仇，鲁国大夫。

② 子复景伯：复姓子复，名何，鲁国大夫。

③ 宫墙：围墙。

④ 夫子：指孔子。

⑤ 官：本义是指官府办公地，这里指房舍。

⑥ 夫子：指叔孙武叔。

评 析

子贡有辩才，很会说话。本章子贡对于叔孙武叔的回敬，可见一斑。叔孙武叔在鲁国朝堂上说，看来是青出于蓝，而胜于蓝呢，子贡比他的老师孔子还要好。子复景伯将这个话告诉了子贡。子贡当然不同意这个说法，说道：怎么能这样说呢？就拿围墙做比吧。我家的围墙只有肩膀那么高，人们站在墙外，将家里的一切都看得清清楚楚。老师家的围墙可就高了，以至于找不着大门。站在围墙外，看不清里面庄严的宗庙，整齐的房舍。我不过是因为浅薄，人家就很容易认识罢了，我有什么贤能的？老师则因为太高深莫测，人们很难弄懂他。叔孙武叔夸奖我，不过就是这个原因吧！子贡说话机敏，明明是在嘲笑叔孙武叔眼光浅薄，可他不这样说，偏说是自己浅薄。"不亦宜乎"，就是讥笑叔孙武叔的话。

二十四、圣人的光辉如同日月炽烈

叔孙武叔毁仲尼。子贡曰："无以为①也！仲尼不可毁也。他人之贤者，丘陵也，犹可踰也；仲尼，如日月也，无得而踰焉。人虽欲自绝也，其何伤于日月乎？多②见其不知量也。"

注 释

① 以为："为以"的倒装，以，此、这。

② 多：只，正好。

评 析

读了本章，可以加深对上一章的理解。叔孙武叔在朝堂上褒学生子贡，意在贬低老师孔子。难怪子贡没有好气地说俏皮话"不亦宜乎"。在本章，子贡回击了叔孙武叔对与孔子的毁谤。子贡善于打比方，而且恰到好处。子贡说，一般的贤能，只不过是像一片丘陵，仅仅比平地高出那么一点点，人们很容易超越它，也就没有什么了不起。而老师孔子的贤能却与常人不同了。他像昼夜放射光明的日月。你不想接受日月的照射吗？它偏偏要给你驱散黑暗，你能够损害日月的力量吗？对于孔子来说，也是这样的。你想拒绝他的思想影响吗？但是不能，他的思想一定要影响你。你拒绝他，诋毁他啊，只不过显示你自己自不量力罢了！这虽然是一场论战，也流露出子贡极力吹捧孔子的思想成分。

二十五、才德印在嘴上，不可随便乱说

陈子禽谓子贡曰："子为恭也，仲尼岂贤于子乎？"

子贡曰："君子一言以为知^①，一言以为不知，言不可不慎也！夫子之不可及也，犹天之不可阶而升也。夫子之得邦家^②者，所谓立之斯立，道^③之斯行，绥^④之斯来，动之斯和。其生也荣，其死也哀，如之何其可及也！"

注 释

① 知：同"智"。

② 邦家：邦和家的连称。诸侯统治的地方称为邦；大夫的辖区称为家。这里的意思是孔子为官卿大夫。

③ 道：同"导"。

④ 绥：安。

评 析

陈亢的问话，像叔孙武叔一样，有挑衅性，看起来是要抬高子贡，实际上是要贬低孔子。子贡是个机敏人，当然不干，他采用自己擅长的方式应战了。子贡说，一个人说话表现他的智慧和水平，可不能乱说啊！我比不上我的老师，就像上天不可攀登一样。假如我的老师当上了卿大夫，他一定可以实现他的理想：推行仁道，使老百姓知礼而安；耐心地引导百姓，使老百姓快乐起来；安定的生活，还会吸引远方的人们来投奔；在礼乐文化的教化下，老百姓都能够团结一心，安居乐业。我的老师生前受到人们无限的尊敬；死后，人们还无限地怀念他。有什么人能够比得上他呀！子贡简直是一个机智的演说家。"如之何其可及也"，多么响亮动听的话语，谁能说得过子贡呢？孔子生前评价他能言善辩，看来，这并不是虚言惑众之谈。

尧曰篇第二十

导　读

　　本篇是全书的结尾部分，因此，它有切关宏旨的任务。本篇从哪几个方面"切关宏旨"呢？尽管研究者有不同的理解，但是，笔者认为，本篇在以下三个方面是同孔子思想的全局密切相关的：

　　一是本篇告诉读者，孔子思想同中国文化是一种什么样的关系？是一种承继道统、继往开来的关系。尧舜禹汤，周文王、周武王、周公、孔子，是一脉相承的学统，也是中国文化生生相继的道统。孔子以承续中国文化的道统自任。这就是本篇第一章起自尧舜圣言，终于孔子思想的意旨所在。钱穆先生说："此章所云始是孔子毕生抱负所在，而综括最举其纲要，此亦未必然也。"未必精当之论。

　　二是集中地、全面地论述了如何治理国家的问题。孔子思想宣导读书人的社会责任感与历史使命感，主张积极地入世。管理国家，管理好国家，是每一个有抱负、有作为的读书人的志趣。所以，孔子关心"从政"的问题。破解"从政"的难题贯穿全书始终。本篇第二章的"尊五美"和"屏四恶"，集中了本书关于如何从政、如何管理好国家的论述。

　　三是钩玄提要做人管总的东西。本篇第三章的"三知"论，阐述了做人必须遵循管总的原则，不要脱离做人的管总的东西。社会之所以能够建立一套具有普遍意义的价值体系，就在于做人有管总的要求可供依循。全书所论做人的具体要求、一系列规范和相应的价值标准，都是做人总则的展开和体现。

一、时刻牢记执政之要

尧曰："咨①！尔舜！天之历数②在尔躬，允执③其中。四海困穷，天禄永终。"

舜亦以命④禹。

曰："予小子履⑤敢用玄牡⑥，敢昭告于皇皇后帝：有罪不敢赦。帝臣不蔽，简⑦在帝心。朕⑧躬有罪，无以万方；万方有罪，罪在朕躬。"

周有大赍⑨，善人是富。"虽有周亲⑩，不如仁人。百姓有过，在予一人。"

谨权⑪量⑫，审法度⑬，修废官，四方之政行焉。兴灭国，继绝世，举逸民，天下之民归心焉。

所重：民、食、丧、祭。

宽则得众，信则民任焉，敏则有功，公则民说⑭。

注 释

① 咨：表示肯定的感叹词。

② 历数：古代君王嬗递的秩序。

③ 允执：诚恳地保持。

④ 命：教诲。

⑤ 予小子履：我履。予小子，古代君王的谦称；履，商朝开国君主商汤的名。

⑥ 玄牡：黑色的公牛。

⑦ 简：选择。

⑧ 朕：帝王的自称，我。

⑨ 赍：读音同"赖"，赏赐。

⑩ 周亲：至亲的意思。

⑪ 权：衡量轻重。

⑫ 量：概指容器的计量单位。

⑬ 法度：计量长度的寸、尺、丈、引等等。

⑭ 说：同"悦"。

评　析

本章是否为孔子的原话，历来争执不休。但认为文字脱漏导致语意不连贯，则是研究者一致的认识。

不管是不是孔子说的话，文中阐述的道理，还是符合孔子的思想、主张的。在文末有结语意味的四句话，其中三句已在《阳货篇》第六章"子张问仁"中讲过。至于说到的统治者所注重的四个问题——老百姓、粮食、丧礼和祭祀，孔子已在前面各篇章分别有大量深刻的论述。因此，这四个问题也是孔子立论的话题。让我们来看看本章的思想主题吧：

帝尧在禅位之际对帝舜说，好啊！舜，你听我说：你就要担负起上天交给你的重任了，你要认真坚持公平的原则，不要偏私，不要动摇。假如你统治的老百姓都困苦贫穷，你也就要垮台了。帝舜让位给大禹的时候，也说了这番话。

商汤兴起的时候，立下誓言：我小子履大着胆子用黑公牛来祭祀天帝，是要明白地禀告辉煌神圣的天帝，我决不宽恕有罪的人。我不掩盖您的臣仆的善恶，因为您的心里亮堂。假如我有罪，您一定不要责罚我的臣民；假如我的臣民有罪，也一定是我的不是，那就都由我来承担责罚吧！

周朝仰仗上天的厚爱，人才济济，兴旺发达。周武王革命时立下誓言："殷纣王的至亲虽多，但还是不如周朝的人才多。老百姓如有什么过错，就责怪我吧，千万不要责罚他们啊！"

订立供人遵循的规矩，掌握赏罚尺度，整治不称职的机关，就使国家的政令畅通了。复兴绝灭的诸侯国家，振兴衰落的世家，老百姓就衷心拥护你的统治了。

治国的关键是：老百姓，粮食，丧礼，祭祀。君王要将这四个问题时刻记在心上。

君王宽厚就可以赢得群众的拥护，诚心就可以赢得群众的信赖，机敏就可以取得成绩，公平就可以使老百姓欢颜。

二、从政就要"尊五美"，"屏四恶"

子张问于孔子曰："何如斯可以从政矣？"

子曰："尊五美，屏①四恶，斯可以从政矣。"

子张曰："何谓五美？"

子曰："君子惠而不费②，劳而不怨，欲而不贪，泰而不骄，威而不猛。"

子张曰："何谓惠而不费？"

子曰："因民之所利而利之，斯不亦惠而不费乎？择其可劳而劳之，又谁怨？欲仁而得仁，又焉贪？君子无众寡，无大小，无敢慢，斯不亦泰而不骄乎？君子正其衣冠，尊其瞻视，俨然人望而畏之，斯不亦畏而不猛乎？"

子张曰："何谓四恶？"

子曰："不教而杀谓之虐，不戒视③成谓之暴，慢令致期谓之贼，犹之④与⑤人也，出纳⑥之吝谓之有司⑦。"

注　释

① 屏：排除。

② 费：耗损。

③ 视：察考。

④ 犹之：同样。

⑤ 与：给予。

⑥ 出纳：给予。

⑦ 有司：这里是小器的意思。

评　析

在前面的篇章中，孔子在回答一些"问政"的对答中，对于如何管理国家有大量的论述，但是，本章对于治理国家的论述最集中、最全面。

孔子认为，能够做到"尊五美，屏四恶"，就可以治理好国家了。"五美"，就是五种美德：使老百姓得到实惠，而国家没有损耗；役使老百姓，而老百姓对国家没有怨恨；有奋斗的目标，而不显得贪婪；性情平和，安泰不骄；仪表庄严，态度温和。站在老百姓的利益方面看问题，引导他们，就是让他们获得实惠，国家只要用政策加以引导，就不会耗费国库；"节用而爱民，使民以时"，老百姓就没有怨恨了；推行仁政，就不会贪得无厌，也不会与民争利了；公平行政，整个国家都太平安康，还有谁会躁动不宁呢？无论是在治理国家中，还是在平时的生活中都按照"礼"的要求一丝不苟，就显现出可亲可敬的气象了。孔子阐发的"五美"，综合了《子路篇》第一章"先之劳之，无倦"，《述而篇》第三十八章"威而不猛"，《子路篇》第二十六章"君子泰而不骄"，《子张篇》第九章"君子俨然"的思想。

"四恶"，就是四种恶政：不是事先教民知礼法，而是等到老百姓犯事以后采取严刑峻法，这是虐政；事先不告诫老百姓而要求马上成功，这是暴政；事先不强调时间要求，等到人们误期了就给予处分，这是贼政；本来应该奖励老百姓的，却舍不得拿出来，这是有司政。孔子主张尊五美，去四恶，推行仁政。

三、做人有管总的东西

孔子曰："不知命，无以为君子也；不知礼，无以立也；不知言，无以知人也。"

评　析

这一章是全书的结尾。既是结尾，就不能不涉及全书最关键、最要害的东西。知命，知礼，知言，就那么重要吗？答案是肯定的。因为这三条，是做人管总的东西。

孔学重在成人，将人塑造成君子。孔子说，不懂得人生的自然法则，如生老病死、祸福凶吉，穷塞通达等，就不能够成为君子。在本书中，孔子的大量言论是关于知命的教诲。知命不易，孔子说他自己是"五十而知天命"。知命是一个过程，由普通人成长为一个君子也是一种过程。知礼，涉及立人的重大问题。在《季氏篇》第十三章中，孔子就说过，"不学《礼》，无以立"。孔子在本书中大谈礼的规范，主张复兴周礼，就是从育人立人的关节点上讲的。知言就是知人，这是一种阅历，更是一种人生智慧。语言是思想的表达，它体现人的内心活动，懂得分析人的语言，就容易了解人。《易经·系辞》在分析语言揭示人的心理活动方面，有助于理解知言与知人的关系，它说："将叛者其辞惭，中心疑者其辞枝，吉人之辞寡，躁人之辞多，诬善之人其辞游，失其守者其辞屈。"说得很有见地。人们说话总是基于做人的修养、道德层次、知识水平、利益立场、具体场合等，因此，不善于解读人的语言，要想认识一个人，了解一个人，则是不可能的。

人们要做到"三知"，一生都不能离开学习。学习对于人是很重要的，终身学习是人生的内在要求。从本书的起句"学而时习之"，到本书的结尾，孔子讲"三知"，学习之道，从头到尾一以贯之。可见，在孔子看来，学习是做人的第一要务；学习又是使人变得聪明的正确途径。人们离开了学习，也就谈不上做人的学问了，这是毫无疑问的。

后 记

那些穿越历史时空，总能一代一代被人记起、一代一代地向后流传的著作，像磁场般具有强大的吸引力，吸引人们的眼球，升华人们的思想，牵引人们的注意力，这并不来自于外在的力量因素，乃在于它内生的魅力，或者称为生生不息的文化活力。这种"内在魅力""文化活力"，怎么说得更加具体一点，便于掌握呢？我就把它叫做"智慧"吧！

千百年来，人们经历不断延续拓展，而人的智力、魄力、判断力、处事能力等等也都在不断进化。这种进化、提升，虽然可以用历史来概括，但是，其内在的最核心的东西，则是来自于人的灵性深处的智慧。因此，千百年来，人们一方面在生产、生活和精神活动中创造智慧，常常喜欢被人称为"有智慧""是智慧的"，从而得到肯定，以智慧为荣，以愚笨为耻；另一方面，人们不管在何时何地，都在追求智慧，热爱智慧，甚至是崇拜智慧。人们在干事创业中，喜欢"事半功倍""吃一堑，长一智"等成语，这就足以说明人类是如何的清醒，对待智慧的态度是何等明确！智慧一词，并不是一个新词，也不是一个外来词，如同中国文化源远流长，它在中国文化奠基的先秦时期就已经出现了。如墨家经典《墨子·尚贤中》说："若此之使治国家，则此使不智慧者治国家也，国家之乱，既可得而知已。"这里更倾向于智力优化层面。而后世则将智慧用于能力体现上，如南北朝时期的颜之推在《颜氏家训·归心》中说："万行归空，千门入善，辩才智惠（慧），岂徒七经、百氏之博哉？"爱智慧，创造智慧，是人类的人文特性、人文精神的一种体现。

正是因为人具有人文特性、特征，因此，古往今来，人们很重视对于智慧的总结，这就形成了若干被人们尊崇的文化典籍，中国古代将它们称为"经典"。唐代史学家刘知幾在《史通·叙事》中说："自圣贤述作，是曰经典。"

圣贤的话，集中了人们在社会生活中的智慧，并进行了提炼、升华，因此，习惯上人们把圣贤之作称为经典。当然，在习惯上，人们也认为"经典"中的"智慧"更多更丰富。古人说："君子不羞学，不羞问。"[①] 这就是为什么，人们好学经典，人们热爱经典的原因了。举一个东汉时期的例子。那时人们就有学习经典，重温经典，在经典中吸取智慧的行为习惯和思维方式，如和熹邓皇后"暮诵经典，家人号曰'诸生'。"[②] 邓皇后热爱文化，喜欢在晚上吟诵儒家经典，家人就称她为"儒生"。中国最早的一批经典（《论语》在汉代以后被列为儒家"七经"之一），奠定了中国文化的基础，也成为人们得到智慧启发的重要依据，因此，业师冯天瑜先生称之为"元典"，即最基本、最重要的经典[③]。我们这里所说的智慧依据也罢，所说的经典或是元典囊括、展现智慧也罢，都当然地包括了原发于古代最著名的学者、教育家孔子，而成书于战国之际由孔门弟子所编纂的《论语》。汉代以后，由于《论语》具有通俗性、简易性和深邃的哲理性，而受到了人们的喜爱，于是广为流传、世代传诵。特别是在宋代以后，经过北宋名相赵普的推崇，"半部《论语》治天下"，以至于无人不读《论语》，尤其是士大夫、读书人，如果不精于《论语》，在政治生活，乃至日常生活中，那将是极其尴尬，甚至是引为羞耻的事！

中国历史上下五千多年，有文字记载的文化三千多年，可谓源远流长。无论我们还将走多远，无论我们走到哪里，只要我们还是炎黄子孙，我们就一定会喜爱我们的祖先创造的辉煌文化，我们就一定会珍藏我们的祖先在"筚路蓝缕"中创造的智慧，并将它发扬光大！事实上，即使到了当代社会，人们还是念念不忘在《论语》等经典中探寻智慧、吸取智慧，得到智慧的启发。很多中小学生课余也很喜欢阅读包括《论语》在内的中华经典典籍。2002 年，我著作的《〈论语〉注评》由崇文书局出版，十多年来，中经两次修订再版，十余次增印，总共印行了 20 多万册。这个例证说明，《论语》并没有因为世代交替、现代化的到来，而进入无人问津的"故纸堆"。但是，也要看到，经历时

---

① 刘向：《说苑·说丛》。

② 范晔：《后汉书·皇后纪上·和熹邓皇后》。

③ 冯天瑜先生在《中华元典精神》中说，"元典具有理论性与实践性相统一的鲜明特征"，又说，"元典对自然与人文作出全方位观照，从而创立一种整体性的知识体系"。载冯天瑜：《中华元典精神》，上海人民出版社 1994 年版，第 105 页。

代变易所带来的一个残酷事实：古代经典因为年渊代久，现在人们阅读古人的著作在字、词、意以及话语环境的感悟上，都难免存在距离感、陌生感，甚至是隔膜。这就需要我们在准确掌握古人的思想、情操、智慧的基础上，经过研究、打磨、转化的功夫，运用现代话语表达，使古人深刻的生活经验、理性总结、精神感悟变成我们时代的有益文化，成为我们身处当代社会进行新的文化积累、文化创造的有益资源和可靠借鉴。这就是从文化发展、创新的理路上，理解当代文化创新发展是"根植于"五千多年中华优秀传统文化的优势和自信。将这一文化优势的势能转化为文化创新的效能，将文化自信的信念转化为文化创新创造的实践，使之成为中华文化接续发展的一种有生命力的延续。这种植根于大众性的文化研究、文化传播，正是具有实践生命力的学术创新！它不在象牙塔上，而生存于人们精神需求的活生生的生活之中。

本书正是在准确地把握前人的思想、综合运用已有的研究成果的基础上，将古人的话语体系、思想内涵，特别是智慧成果，站在欣赏的视角和转化吸收的立场上，进行深度挖掘和充分展示，形成一部体现当代话语表达、具有学术深度、思想厚度的《论语》智慧。我相信，建立中国特色、中国气派、中国流派和中国形象的哲学社会科学话语体系，推动当代中国哲学社会科学创新发展，一定涵括继往开来、弘扬先贤的学术工作，一定包括了诸如研究、传播《论语》智慧的文化内容。因此，这项工作，既是时代的召唤，也是大众的需求，更是哲学社会科学工作者不能推辞的使命担当！

特别感谢我的博士后合作导师冯天瑜先生，他对我所做的这项有益而艰苦的工作一直给予大力肯定和无私帮助！记得我在冯老师身边从事博士后研究时，冯老师在谈到古人读书做学问的功力和成就时，点拨我，说道："古人治学不易，就是穷毕生之力，也要精其一家之学，成为一家之学的权威专家，他们往往既懂，又通，还深，更新，绝不迂腐，难能可贵！"他不时鼓励我，要做的事情，就是要做好，做到自己满意为止。在成书后，我请冯老师写序，冯老师欣然允诺；他不顾病体，饶有兴致地花了大量时间通读审阅书稿，既改正文中错讹，又提出值得讨论和修改之处供我提高；而对于书中的一点新意新识，他都表现出十分欣慰。每每看到他在审阅过的书稿上留下的清晰可见的斑斑笔迹，不禁感慨万千！对于我的这部书稿，冯老师是肯定和欣赏的，如他在"序言"中所评论的，拙著将研究性与大众性、学术性与通俗性结合得很好，我艰辛付出的功夫没有白费！这使我得到丝丝欣慰，更坚定了我前进的方向。这本书顺利完成并得以出版，也是对冯老师辛勤教育我、苦心培养我的一个汇报。

当然，做任何一项工作都是这样：没有最好，只有更好。对于复杂的学术文化工作来说，更是如此。最后，还是借用《论语》的智慧表达吧："仰之弥高，钻之弥坚。"① 只有站得更高，才能看得更远；只有用劲钻研，才能体察深邃。学无止境；只要心向往之，就能更多地理解和掌握前贤的智慧，为我所用，提高自己的智慧能力和水平，克服生活、工作和身心上的困难和苦恼，增加人生的幸福感、成就感和归属感、使命感。这或许能够借用我的同乡、著名哲学家、武汉大学哲学院彭富春教授在读《论语》后的哲学表达（也是智慧的一种形式）："人由此能够把握自己的命运，让人的道路和命运的道路合而为一。"②

张艳国

2020 年 4 月 15 日于南昌瑶湖光风霁月斋

---

① 《论语·子罕》。

② 彭富春：《论孔子》，人民出版社 2016 年版，第 383 页。